"DIAMANT" GUIDE-BOOKS

VERSAILLES
AND
THE TRIANONS

2f.50

HACHETTE

PARIS - 79 Boulevard St GERMAIN

LONDON - 18 KING-WILLIAM ST.

CHARING CROSS

Lits, Fauteuils, Voitures et Appareils Mécaniques
pour Malades et Blessés
TRANSPORTS EN AMBULANCES AUTOMOBILES
ORTHOPÉDIE & PROTHÈSE
Jambe artificielle perfectionnée

Chaussures Orthopédiques

DUPONT

Maison fondée en 1847
Fournisseur des Hôpitaux
10, rue Hautefeuille, 10
Entre l'Ecole de Médecine
et la place Saint-Michel
= PARIS (VIe) =
Téléphone :
GOBELINS 18-67 et 60-93

SUCCURSALE A LYON
6, PLACE BELLECOUR

Fauteuil articulé
pour oppressions

Fauteuil roulant
à manivelles

Jambes artificielles
pour toutes amputations

Chaussures orthopédiques
pour Mutilés
Pieds bots, Pieds sensibles
Raccourcissements, etc.

St=NECTAIRE = Albuminuries
Auvergne — Puy-de-Dôme
Par la gare d'Issoire (P.-L.-M) et par celle du Mont-Dore (P.-O.)
Services automobiles

Traitement des ALBUMINURIES
ETABLISSEMENT THERMAL
*Cure de buvette, Hydrothérapie, Affusions lombaires
par les Eaux chaudes naturelles*

Sources minérales à domicile { Source du **PARC**
sur prescriptions médicales { Source **ROUGE**

Eau de table et de régime des { Source des **GRANGES**
ALBUMINURIQUES { pure, limpide, légère
{ Repose le **REIN**

Principaux Hôtels : des Bains Romains, du Mont Cornadore, du Parc, de Paris
Chauffage central
Casino — Parc — Tennis — Villas
Lac Chambon et sa plage, châteaux de Murols, etc.
Saison du 1er Mai au 1er Octobre

Pour tous renseignements s'adresser :
Administration, 63, rue de Turbigo, Paris—*Tél.* : **Archives 12-50**

ESSENCE SPÉCIALE
Pour AUTOMOBILES et AÉROPLANES

GAZO-MOTEUR

(Marque FENAILLE et DESPEAUX)

SAXOL-HUILE FD
pour graissage

LIBRAIRIE HACHETTE 79, bd St-Germain, PARIS

COLLECTION ARS-UNA

HISTOIRE GÉNÉRALE
DE L'ART

Chaque volume de la collection ARS UNA est spécialement consacré à l'étude de l'art d'un seul pays. D'autre part, les auteurs choisis pour la rédaction des textes jouissent près du public de la meilleure notoriété. C'est plus qu'il n'en faut pour assurer le succès de cette collection, véritable publication de luxe, qui doit figurer dans toutes les bibliothèques et que tous les touristes doivent emporter en voyage.

Chaque vol. illustré de 4 planches hors texte en coul. et de plus de 600 grav. dans le texte, rel. toile. **15 fr.**

VOLUMES PARUS DANS LA COLLECTION :

SIR WALTER ARMSTRONG
Directeur de la National Gallery d'Irlande
Grande-Bretagne et Irlande

LOUIS HOURTICQ
Inspecteur des Beaux-Arts de la Ville de Paris
France
(Nouvelle édition, 20 fr.)

MAX ROOSES
Conservateur du Musée Plantin, à Anvers
Flandre

MASPERO
Directeur des Antiquités égyptiennes
Egypte

MARCEL DIEULAFOY
Membre de l'Institut
Espagne et Portugal

CORRADO RICCI
Directeur des Beaux-Arts à Rome
Italie du Nord

Publicité des GUIDES-DIAMANT
Exercice 19..

Type 73

Librairie HACHETTE

COLLECTION DES

*Écrits par des explorateurs, pionniers hardis de la civililes ouvrages de cette collection évoquent la terre dans
riantes; fournaises des industries ou sanctuaires des arts
renseigner sur*

Chaque volume, avec gravures

CHOIX DE VOLUMES PARUS

Adam (Mme Juliette Edmond) : *Impressions françaises en Russie.*
Beauregard (G. de) et L. de Fouchier : *Voyage en Portugal*
— *L'Italie méridionale.* Naples et la Campanie, la Calabre
Berchon (Ch.) : *En Danemark.*
Boland (H.) : *Les Iles de la Manche.*
— *Nouveaux Zigzags en France.*
— *Coins de France.*
— *En douce France.*
Bolte (L.) : *Au Cœur du Maroc.*
Bovet (Mlle M.-A. de) : *Trois mois en Irlande.*
Carol (Jean), *Les Deux Routes du Caucase.*
Chaffanjon (J.) : *L'Orénoque et le Caura.*
Crastre (Fr.) : *A travers l'Argentine moderne.*
Du Plessis (Cte J.) : *L'Alpe enchanteresse*, Salzbourg, le Salzkammergut, les hauts Tauern.
Dybowski (J.) : *Le Congo méconnu.*
Foucher (H.) : *La Frontière indo-afghane.*
Fouchier (L. et C. de) : *A travers la Hollande.*
Grasset (Capitaine) : *A travers la Chaouïa.*
Jaray (J.-L.) : *L'Albanie inconnue.*
Kergorlay (Comte J. de) : *Sites délaissés d'Orient*, du Sinaï à Jérusalem.
Labbé (P.) : *Les Russes en Extrême-Orient.*

79, Boul. Saint-Germain, Paris

VOYAGES ILLUSTRÉS

sation, ou par des artistes, sensibles aux impressions rares, toute sa diversité : contrées proches ou lointaines, sauvages ou C'est la collection indispensable à quiconque voyage et veut se ses voyages.

et cartes, broché. . . 6 fr. »

DANS LA COLLECTION :

Labbé (P.) : *La Vivante Roumanie.*
Launay (L. de) : *La Bulgarie d'hier et de demain.*
— *La Turquie que l'on voit.*
Marche (A.) : *Luçon et Palaouan.* Six années de voyages aux Philippines.
Masson-Forestier : *Forêt Noire et Alsace.* Notes de vacances.
Mathuisieux (A.-M.) : *A travers la Tripolitaine.*
— *La Tripolitaine d'hier et de demain.* 3ᵉ édition.
Montano (D' J.) : *Voyage aux Philippines et en Malaisie.*
Parvinquière (L.) : *La Tripolitaine interdite. Ghadamès.*
Rabot *Aux fjords de Norvège et aux forêts de Suède.*
— *L'Alpinisme au Spitzberg*, traduit et adapté d'après Conway.
— *Au cap Nord.*
Reclus (A.) : *Panama et Darien.* Voyages d'exploration (1876-1878).
Sonolet (L.) : *L'Afrique occidentale française.*
Tanneguy de Wogan : *Voyages du canot en papier le « Qui vive ».* Aventures de son capitaine.
Vallaux (C.) : *L'Archipel de la Manche.*
Vassal (Mᵐᵉ Gabrielle) : *Mes trois ans d'Annam.*
Vasse (G.) : *Trois ans de chasse au Mozambique.*
Villetard de Laguérie : *La Corée indépendante, russe ou japonaise.*

LIBRAIRIE HACHETTE 79, bd St-Germain, PARIS

Collection de Guides-Manuels Artistiques et Archéologiques

Complément indispensable des guides pratiques du voyageur, ces guides-manuels ont été réalisés dans le double but de diriger ses pas et de fixer ses souvenirs.

Celarié (Henriette) : *Un mois en Corse.* 1 vol. avec grav. et plans, in-16 mi-relié. 15 fr.

Commaille (J.) : *Guide aux ruines d'Angkor.* 1 vol. in-16, illustré de 152 grav. et de 3 plans, cart. percaline. 8 fr.

Fouchier (L. et Ch. de) : *Un mois aux Pyrénées*, 1 vol. avec gr. et pl., in-16 mi-relié 15 fr.

Gruyer (Paul) : *Huit jours à Versailles.* 1 vol. avec grav. et plans, in-16 mi-relié. 15 fr.

Maurel (André) : *Un mois à Rome*, ouvrage illustré de 152 gravures et de 32 plans. 1 v. in-16, mi-relié. 15 fr.

— *Quinze jours à Naples.* 1 vol. avec 124 grav. et 16 plans, mi-relié. 15 fr.

— *Quinze jours à Venise.* 1 vol. avec grav. et plans, in-16, mi-relié. 15 fr.

— *Quinze jours à Florence.* 1 vol. avec grav. et plans, mi-relié 15 fr.

Reinach (Salomon), de l'Institut : *Apollo*, histoire générale des arts plastiques, professée en 1902-1903 à l'École du Louvre. 6ᵉ édition revue. 1 v. in-16, illustré de 606 gravures, cart. percal. 15 fr.

Rochegude (Marquis de) : *Promenades dans toutes les rues de Paris par arrondissement.* 20 vol. in-16, cart., contenus dans un élégant étui. 40 fr.

Chaque arrondissement se vend séparément : I, II, III, IV, V, VI, VII, VIII, IX et XVI. Chaque, 2 fr. 50
X, XI, XII, XIII, XIV, XV, XVII, XVIII, XIX et XX Chaque fr. 50

Rodocanachi (E.) : *Le Capitole romain* antique et moderne. 1 vol. in-16, avec 47 gravures et 1 carte en couleurs, cart. percal. 5 fr.

Thédenat (H.), de l'Institut : *Le Forum romain et les Forums impériaux.* 4ᵉ édition refondue. 1 vol. in-16, avec 46 gravures et 2 grands plans, cart. percaline. 6 fr.

San Sébastian

(ESPAGNE)

La plus belle plage du Monde

Climat incomparable toute l'année
La mer et la montagne réunies

11 *heures de Paris*
20 minutes de la frontière française (Hendaye)

SAISON D'HIVER, Printemps. SAISON D'ÉTÉ, Automne

Tirs aux pigeons. — Courses de taureaux, les meilleures en Espagne. — Grandes régates internationales, les plus importantes du littoral. — Concours hippique international avec des prix très importants. — Football. — Tennis. — Golf. — Pêche. — Tous les sports. — Centre d'excursions. — Pays splendide.

GRANDES COURSES DE CHEVAUX
Deux meetings par an : Avril-Mai et Septembre-Octobre
Un million et demi de prix

GRAND CASINO *Ouvert toute l'année*
MÊMES ATTRACTIONS QUE SUR LA RIVIERA

Orchestre de 80 musiciens. — Deux concerts par jour. — Concerts classiques. — Concerts artistiques avec les plus grands artistes. — Festivals. — Représentations théâtrales. — Grands bals cotillons. — Fêtes de nuit. — Restaurant de tout premier ordre à prix fixe et à la carte. — **OUVERT TOUTE L'ANNÉE**

Trésor de la Toilette

Le **Coaltar saponiné Le Beuf** reste l'antiseptique, le microbicide, le détersif par excellence pour les soins sanitaires du corps.

Comme **Dentifrice**, il assainit la bouche et raffermit les dents ; employé en **lotions Capillaires**, il nettoie la tête et s'oppose à la chute des cheveux ; il est également précieux pour le lavage des nourrissons, etc.

Le **Coaltar Saponiné Le Beuf,** qui n'est ni vénéneux, ni caustique, a été officiellement admis dans les **Hôpitaux de Paris.**

Le demander dans les Pharmacies

BIARRITZ

REINE DES PLAGES

SAISON D'ÉTÉ — SAISON D'HIVER

Mer — Montagne — Forêt

Sites admirables — Tous les sports

THERMES SALINS OUVERTS TOUTE L'ANNÉE

Palaces et Hôtels de premier ordre

Hôtels et Pensions de famille
convenant à toutes les bourses

CASINOS TOUTE L'ANNÉE

THE DIAMOND GUIDE BOOKS

VERSAILLES

5 MAPS AND PLANS, 14 ILLUSTRATIONS

LIBRAIRIE HACHETTE

PARIS	LONDON
79, Boul. Saint-Germain	18, King William Street
	Charing Cross

1921

ALL RIGHTS RESERVED

Galerie des Glaces.

Photo Hachette

Photo P. Gruyer.
Entrance Courtyard and statue of Louis XIV.

VERSAILLES

Situation — General outlook.

Versailles (60,458 inhab.), chief residence of the Kings of France during the 17th and 18th centuries, is now ch. town of the département of Seine-et-Oise, see of a bishop and important garrison town. It is built in a hollow about 400 ft above sea-level. The town lies in a pleasant situation between two ranges of hills covered with forests. To the N. lie the forest of Marly and the woods of Fausses-Reposes, to the S. the woods of Satory continued eastward by the forest of Meudon. To the E. of the town the pleasant valley of Sèvres slopes down to the l. bank of the Seine and to the W. lie the beautiful grounds of the Château. The town has kept its former magnificent aspect of Royal residence town and the style of the XVII and XVIIIth c.; it is cut through by the three stately avenues shaded by centuries old elm-trees which converge towards the Place d'Armes and the Château.

Important advice. — To see Versailles properly never choose : 1° *Mondays* as the château and both palaces of Trianon are closed (Easter monday and the Monday after Whitsunday excepted); 2° *or Sundays* because the number of visitors prevents a proper sightseeing, the Grandes-Eaux (see p. 40) being excepted of course, but this is an attraction which deserves a separate visit, and leaves little time to see anything else.

VERSAILLES.

Practical Information.

Railway-stations: — *Rive-droite*, terminus of the trains starting from Paris Saint-Lazare; — *Rive-gauche*, av. Thiers, terminus of the trains starting from Paris-Invalides, or Paris-Montparnasse; — *des Chantiers*, transit station on the lines Paris-Invalides to Dreux and Granville, and Paris-Montparnasse to Rambouillet-Chartres.

Hotels-Restaurants: — ON THE ROAD OF TRIANON: **Trianon-Palace*, (large first class), bd de la Reine. — CLOSE THE STATION RIVE-DROITE: *Restaurant du Lion-d'Or*, in the station yard; *Café-restaurant*, r. Maréchal-Foch, in front of the station; *hôtel du Sabot-d'or*, r. Maréchal-Foch, 23 (close the market); *hôtel-rest. du Cheval-Rouge*, r. André-Chenier, 18, behind the market; *rest. du Chien-qui-fume*, r. André-Chénier, 8, behind the market. Little *dining-rooms*, r. Maréchal-Foch. — BETWEEN THE STATION RIVE-DROITE AND THE CHATEAU: **Hôtel des Réservoirs*, r. des Réservoirs, 9 and 11, large first class, T.C.F. (120 R., suites, lift, motor gar., special entrance to the park); *Vatel*, r. des Réservoirs, 38; *Royal*, r. Petigny, 3, T.C.F. good, (lift, motor gar.); *Café-rest. Avenard*, r. de la Paroisse, 3; *de la Gironde*, r. Le Brun, 28, *du Chapeau-Gris*, r. Hoche, 7. — ON THE PLACE D'ARMES; on the r. looking at the chateau: *Hôtel de France* (gar.) r. Colbert, 5. Several rest.: *de Londres*, *de la Place-d'Armes*, *de Cancale*, *Brasserie Muller*, av. de Saint-Cloud, 23, at the corner of the r. Carnot; on the l. looking at the chateau: *hôtel de la Chasse*, r. de la Chancellerie, 6, T.C.F. (good motor gar.); *hôtel-rest. des Variétés*, r. de la Chancellerie, 16; — CLOSE THE CHANTIERS: *hôtel Terminus*, 4 av. Thiers (in front of the station Rive Gauche); *hôtel de Noailles*, r. de Noailles, 18 and 20, T.C.F. (lift motor gar.); — IN THE PARK: *Rest. de la Flotille du Canal*, at the beginning of the Grand Canal, near the boatwharf.

Electric Tram: — The names in *italics* mark the points where connections are to be found.

Line E (grey disc). — From the station Rive-Droite to the chateau, temporarily suppressed.

Line F (pink disc). — From the station Rive-Gauche to Trianon, through the r. Maréchal-Foch, the Market, r. de la Paroisse, r. des Réservoirs, bd de la Reine, av. Trianon (only on Sundays, Thursdays, and holidays).

Line B (read disc, white band). — From Clagny to the Orangerie, temporarily suppressed.

Line C (green disc). — from the rond-point du Chesnay to the station des Chantiers (through the bd du Roi, r. des Réservoirs, r. de la Paroisse, the Market, r. Maréchal-Foch, av. de Saint-Cloud, r. Saint-Pierre, pl. des Tribunaux, av. de Paris, r. des Chantiers, station des Chantiers; — also a car goes up and down from the station des Chantiers to the gate des Chantiers.

Line A (blue disc. white band). — From Glatigny to Granchamp through the r. de Béthune, r. Duplessis, Market, av. de Saint-Cloud, r. Saint-Pierre, pl. des Tribunaux, av. de Paris, av. Thiers, av. des Sceaux, r. Royale, convent of Grandchamp.

Line D (yellow disc). — From the chapelle de Clagny to the bd de la Republique, through the square Duplessis, r. Maréchal-Foch, the Market, r. Duplessis, av. de Saint-Cloud, r. de Montreuil, bd de Lesseps, bd de la République. (Toll-Gate).

OUT OF TOWN: — **Lines D. C** (white disc, red band) from Versailles, av. Thiers (opposite the rive-gauche station) to Saint-Cyr (military school); 3 M. starts every half hour. — The line follows the r. Royale, r. de l'Orangerie, runs between the Pièce d'eau des Suisses (on the l.) and the Orangerie (on the r.) follows the road of Chartres, keeping along the park of Versailles (r. side), crosses the Allée des Matelots, leaving on the l. the Faisanderie, the Military Engineer's exercise ground and the station des Matelots, and on the r. the Menagerie, passes over the railway line of the Grande-Ceinture and stops at the Military-School.

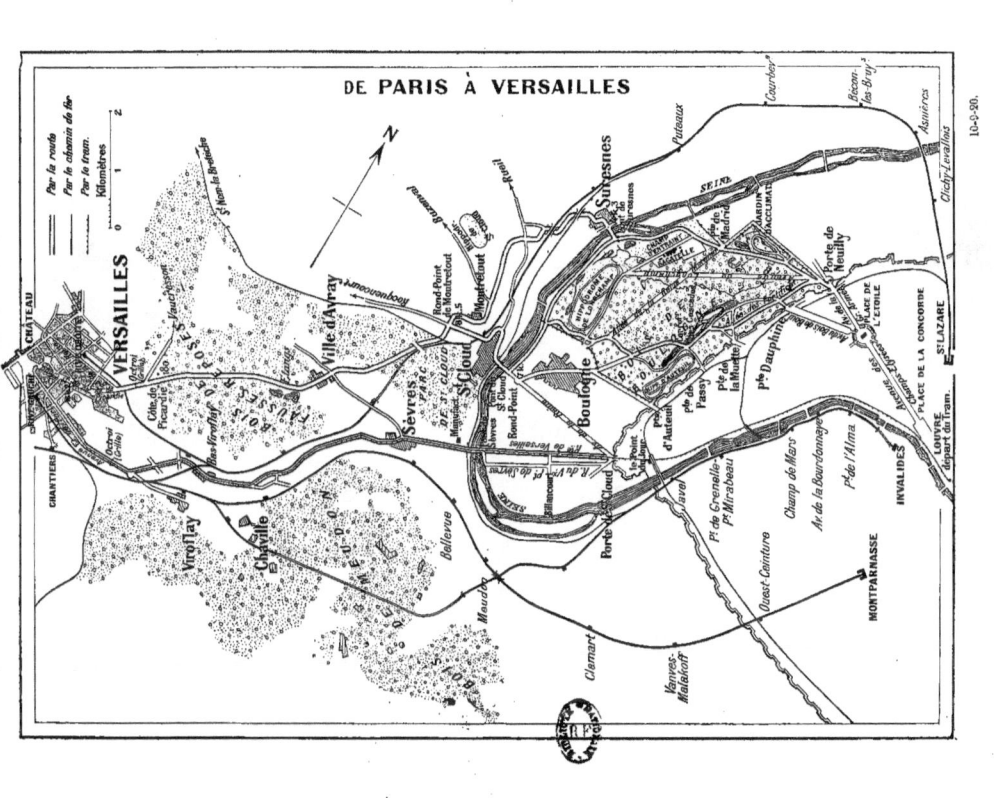

PRACTICAL INFORMATION.

Cabs : — cabstands at the stations *Rive-Droite Rive-Gauche* and *Chantiers*; bd de la Reine 42, and r. des Réservoirs; av. de Sceaux; Courtyard of the Chateau and of the Trianons. Cab-fares : (advertisement in the carriages) the *course*, a drive in town, 3 fr.; — at night (from 10 p. m. to 8 a. m) 4 fr. — A drive to *Trianon*, the *Flottille of the canal* and *Sans-Souci*. 4 or 5 fr. during the week; 5 or 6 fr., on Sundays and holidays, only during the day.

Per hour, in town, 5 or 6 fr. during the week. from 5 to 7 fr. the Sundays and holidays (only during the day). An hours drive, in the park and at Trianons, from 5 to 8 fr. during the week; from 5 to 10 fr. on Sundays and holidays, during the day ; for an hour's drive at night, prices are to be settled with the coachman.

Taxis : — TARIFF N° 1. Inside the limits of the town, during the day : For a drive of *500 m.* (about 1/2 M.) or 6 min's stand 1 fr. 50; after that *200 m.* (about 1/1 M.) or 2 min. 24 s. stand 20 c.; one hour waiting 5 fr.

TARIFF N° 2. In town at night, or outside the limits of the town, but no further than 20 k. (about 12 M.) from Versailles, Paris excepted : same tariff as tariff n° 1 with 25 per cent augmentation. Passengers who leave the motor outside the town must pay for the return journey 1 fr. for 1 k. (about 2/3 M.).

If the taximeter breaks down the usual tariff is : in the town the *course*, 3 fr.; one *hour* 8 fr., the first hour must be paid complete after that the price goes 70 centimes for 5 min, — Outside the town prices are to be settled with the chauffeur.

Motor-Garages (and motors for hire) : — *Sergent*, 19, r. d'Angoulême; *Bouchoir*, 13, av. de Saint-Cloud; Noizeux, 21, r. des Chantiers.

Post-Telegraph and Telephone Office : — The *Hôtel-des-Postes* is av. de Paris, 8, at the corner of the r. des Chantiers. — *Branch-Offices*; r. Maréchal-Foch, (opposite the Rive-Droite station); av. de Saint-Cloud, 40.

Château Gardens and Trianon : — for the *château*, see p. 14; for the *Gardens* see p. 32; for *Trianon*, see p. 41.

Guides : — Guides are to be found around the château or in the court yard; *prices must be settled beforehand*; they are useless if one follows our itineraries and indications.

Grandes-Eaux (water works) : — the first Sunday of each month from May to October (included), from 4. 30 to 5. 30 p. m., and also on some other days notified by posters wich may be found in Paris, particulary at Saint-Lazare, Montparnasse and Invalides stations. For the Grandes-Eaux, see p. 40. — *Grandes-eaux of Trianon*, the third Sunday of summer months.

Military band : — in the gardens in summer, Tuesday, Thursday and Sunday in the afternoon.

Public Library : — r. Gambetta, 5, open every day from 1. 30 to 6 p. m. (Sundays included); in winter open till night-fall).

Theatres : — *Grand-Théâtre*, r. des Réservoirs.

Music School : — r. Saint-Simon.

Baths : — *Bains Notre-Dame*, r. de la Paroisse, 37.

Shooting Stand : — near the pièce d'eau des Suisses.

Golf : — La Boulie golf-links; 18 holes.

Church services : — *English church*, at the corner of r. Carnot and r. du Peintre-Lebrun; — *Protestant*, r. Hoche, 3. — *Roman Catholic* Cathedral Church of Saint-Louis, Church of Notre-Dame, r. de la Paroisse, etc.; *Synagogue*, r. Albert-Joly 10.

Tourists' Information office : — r. Maréchal-Foch, 39; information Kiosk, at the corner of the pl. d'Armes and av. de Paris.

VERSAILLES.

History of the Town and of the Château.

Versailles at the time of King Louis XIII. — Three centuries ago Versailles was but a small village lying amidst forests and marshes with only a few clearings of cultivated land. On August 24, 1607, the young Dauphin (Heir. presumptive to the throne in the ancient French monarchy) who was to be Louis XIII, then six years old, came over from Saint-Germain, to hunt for the first time. Once a King, in 1624, Louis XIII, whose chief pleasure was hunting bought some land at the top of a small eminence and had a pavilion with small side-wings erected as a hunting-lodge. The peacefulness of this residence suited his mournful humour, he had his architect *Le Roy* first to build him two other wings, then to rebuild the front of the lodge erected in 1624. This new edifice was a stone and brick building, decorated with pilasters in Doric order, and topped with gargoyles and leaden roofs. Nothing now remains of it but some foundations and perhaps a screw-staircase now enclosed in a wall. Still this small pavilion is to be considered as the origin of the huge Versailles we see nowaday.

The first château of Louis XIV. — The first time Louis XIV came to Versailles it was also on account of a hunt and he was thirteen years old (April 18, 1651). Then he brought his wife Maria-Theresa of Austria there, four months after their wedding in 1660. In 1661 the Cardinal de Mazarin being dead, Louis XIV decided to govern by himself and to raise an everlasting monument to his own glory and power. Versailles held a strange fascination for him already and the architect *Louis Le Vau* (1613-1670) was entrusted with the care of altering and beautifying the old building which Louis XIV would not hear of destroying. Of the first of Louis XIV's châteaux at Versailles remains only the *Cour de Marbre* (Marble courtyard), which was for a long time and quite erroneously attributed to the time of Louis XIII. The buildings of the time of Louis XIII were then already quite altered and deprived of their original character. At the same time the renowned garden architect *Le Nôtre* (1613-1700) layed out the plans of the *Gardens* the execution of which required enormous labours. The « fontainier » (fountain builder) *François de Francine* contrived the wonderful water-works which enliven the gardens, and erected the celebrated grotte de Thétis, soon pulled down however to make room for the Chapel. Sumptuous feasts at which Moliere and his troop played where given amidst these splendours, first in honour of Mlle de La Vallière, then of Mme de Montespan, in 1664 and 1668.

The second château of Louis XIV. — Soon however the first château ceased to satisfy Louis XIV's ever increasing love of pomp and glory. He ordered Le Vau to hide the front of the château overlooking the gardens, behind a huge stone structure of symmetrical design, with terraced roofs decorated with balusters, trophies, and sculptured flames. This constitutes the main part of the château as we see it to day. — This second château of Louis XIV, which contains the greater part of the *Grands Appartements* (State appartements), was finished after the death of Le Vau by his pupil and friend *François d'Orbay*. The great French painter of the xvıɪth c. *Le Brun* (1619-1690) undertook the interior decoration of the buildings.

The third château of Louis XIV. — When his glory was at its highest, about the time of the Treaty of Nimeguen (1679) the King was in mind to transfer from Paris to Versailles the seat of the Court and of the Govern-

HISTORY OF VERSAILLES.

ment. To this end *Jules Hardouin Mansart* (1645-1708), the greatest French builder of the xviith c., was appointed architect to the King in 1676 and set to work to amplify once more the château built by Le Vau and to give it its lasting features. On the side fronting the town he altered once more the buildings surrounding the Marble courtyard; on the side overlooking the gardens he modified and harmonized the main building and erected the two wings, *Aile du Midi* (south wing, 1682); *Aile du Nord* (north wing, 1684) which make this huge front 1.900 ft. in length. (Wesminster Palace, east front 940 ft.). He also modified the interior of the château and is the author with Le Brun of the *Grande Galerie* or *Galerie des Glaces*. In the gardens, which Le Nôtre had finished laying out, he built the *Orangery* and the powerful-looking double staircase called *Cent Marches* (Hundred steps). His work was completed by the building of the *Chapel* which was finished after his death, by his brother in law *Robert de Cotte* (1656-1735). This is the third château of Versailles, the one we actually see. At the same time as the château, Mansard built for the King in 1687 the Grand Trianon (see p. 41).

The town of Versailles. — The town grew together with the château. On May, 22, 1671, Louis XIV, then at Dunquerque in the midst of the campaign of Flanders, decreed that grounds should be granted to all people asking for them, on condition of their building only according to the plans and rules delivered out by the « Surintendance des Bâtiments ». Three wide avenues, now the avenues of Paris, of Saint-Cloud, and of Sceaux were layed out so as to radiate fan-like from the Place d'Armes. At Louis XIV's death (1715), Versailles already numbered 30,000 inhab.

Versailles under the Regent and Louis XV. — Philip II of Orléans nephew of King Louis XIV, who acted as Regent during the minority of Louis XV, forsook Versailles for Vincennes and Paris during seven years. He came back there, to lead a life of dissipation and scandal and died of an apoplectic stroke on December 2, 1723. Louis XV never inhabited Versailles very regularly as he used to divide his time between this and several other Royal residences. Still during his reign the palace was again modified at least inwardly. To the old appartments were added a series of smaller appartments where the King could feel more at home and free from the burden of etiquette. These are the *Appartements de Louis XV* overlooking the Marble Court, the gilt and carved wood decoration of which is truly wonderful. Outwardly, the architect *Gabriel* (1710-1782) erected one of the heavy pavilions with colonnades and Greek pediments, which now stand at the entrance of the Marble court and spoil the whole prospect by their heaviness and lack of proportions. However the same Gabriel also built for Louis XV the *Opera-house* in the château, and the lovely palace of *Petit Trianon* (see p. 45).

Versailles under Louis XVI. — A new taste in furniture and decoration appears at the time of Louis XVI; simpler and more intimate dwellings are the fashion and Marie-Antoinette, also, has *Petits appartements* (small appartments) arranged for her, over one of the courtyards of the château. The boudoir style triumphs here and the daintiness and charm of the designs is still for us an object of admiration. The evolution in taste shows itself at the same time in garden-architecture. Marie-Antoinette's *Hameau* at Petit Trianon is in a style quite different to the symmetrical lines and large scale of proportions, of the first gardens of the château (see p. 47).

The Revolution. — The States General, Clergy, Noblemen and Tiers Etat (Commons) called together by the Minister Calonne, met in Versailles in a building erected for that purpose and now pulled down, on May 6, 1789. On June 20, the deputies of the Tiers Etat turned out of the Assembly Room adjourned to the salle du Jeu de Paume (see p. 12), under the presidence of Bailly and having assumed the title of *Assemblée Nationale* swore not to cease their meetings till they had given France a Constitution.

Things develope however with amazing rapidity. On July 14, the old state prison in Paris, the Bastille, is pulled down. On October 5, bread being scarce, the mob marches towards Versailles, the next day invades the Château and brings the King and Queen with their children back to Paris, more or less as prisoners. Such is the end of Versailles as a Royal Residence the King and Queen afterwards residing in Paris till their imprisonment.

The château suffered comparatively little during the Revolution but was emptied of all it contained. A certain number of works of art, paintings, and sculptures, and a few pieces of furniture were given to the Louvre Museum. The rest was sold by auction.

Versailles from the XIXth c. to our days. — *Napoleon I*, undertook the task of restoring the château and had in mind alterations which the wars of the last years of his reign left him no time to carry out. He some times inhabited the Grand Trianon. During the invasion of 1814 the Allies came to Versailles. Tzar Alexander of Russia visited it with his two brothers and King Friedrich Wilhelm of Prussia with his sons, one of whom was to be crowned a German Emperor fifty six years later in the Galerie des Glaces.

During the *Restoration* the architecte *Dufour* built on the other side of the entrance courtyard the second pavilion with columns and pediment symetrical to that built by Gabriel. The château was falling almost to ruins when King *Louis-Philippe* saved it by having it restored at his own expense and by creating in it a *Museum* destined to commemorate all the great French illustrations. Unfortunately the King's taste was not always as good as his intentions and though he spent about 25 millions of francs he let many fine things be spoilt for the sake of making room for very indifferent paintings. The best part of his Museum is the rich collection of historical paintings and documents which he gathered there.

In 1855 Queen Victoria and the Prince Consort during their visit to Paris (it was the year of the Exposition Universelle) were received at Versailles by the Emperor Napoléon III and Empress Eugénie on August 21. The Grandes Eaux played for them and at night the gardens were illuminated. A ball was given. Queen Victoria opened it with Napoleon III and supper was served in the Opera-house.

During the *Franco-German war of 1870-71* the Germans quartered in Versailles and on January 18, 1871, King Wilhelm of Prussia was crowned Emperor of Germany (till then only a reunion of small states) in the Galerie des Glaces. This great German Empire was to last a little less than forty eight years. During the insurrection of la *Commune*, at the end of the war, the French Government resided in Versailles. The Assemblée Nationale made use of the Opéra-house at the Château as an Assembly room.

The *Republic* was proclaimed there on February 25, 1875 and the Government and both Assemblées still sat in Versailles for some time. The Sénat kept the opera-house as an assembly room and a new room was built for the Députés in the S. wing of the château (March 8, 1876). On June 19, 1879 both assemblées decreed the return of the Government to Paris.

It seemed that the château itself was to become once more the chief feature of interest at Versailles and *MM. Pierre de Nolhac* and *André Pératé* its curators, *M. Chaussemiche* its architect were careful of preserving its splendours.

But Versailles still had a part to play in the world's history. During the *War of 1914-18*, Trianon was the seat of the Allies War Council and of the Peace conference. The signature of the treaty of Versailles took place in the château itself (galérie des glaces) on June 28 1919.

Photo P. Gruyer.
The Salle du Jeu de Paume.

THE TOWN

The town of Versailles itself numbers a certain amount of monuments capable of interesting the traveller either on account of their artistic value or of their historical associations. The *avenue de Paris* running in a straight line from the château cuts the town in two; the S. part (on the r., if one has one's back to the château) containing chiefly the old Versailles and quartier Saint-Louis (Saint Louis district) with the two *stations Rive Gauche* and *Les Chantiers*; and the N. part (on the l.) containing the quartier Notre-Dame and *Station Rive Droite*.

FIRST ITINERARY : SOUTH PART OF VERSAILLES OR RIVE-GAUCHE, GRAND-COMMUN, BIBLIOTHÈQUE (Library), POTAGER DU ROI (King's kitchen-garden) CHURCH OF SAINT-LOUIS AND JEU DE PAUME. — This itinerary starts from the upper courtyard of the château where the statue of Louis XIV stands.

On the r. of this statue (with one's back to the castle), beyond the railing, an incline leads to the *rue Gambetta*; at nº 1. on the l. is the **Grand-Commun** (Servant's quarters) now the *Military Hospital* built by Mansart in 1682.

On the l. opens the *rue Saint-Julien* with the house in which the *Post-Office* stood from the time of Louis XV till 1914. By continuing the rue Gambetta, at nº 3 may be seen the fine doorway of the *Hôtel de guerre* (War Office 1659, now a *school for N. C. O.*). In the courtyard is a fine *monument of Lazare Carnot*; at nº 5 **Hôtel des**

THE TOWN.

Affaires Étrangères (Foreign Office) now the **Town Library** (open daily from 1.30 to 6 p. m.; Sundays included; closed on sundays and from August 15, to October 15).

This hotel dates from 1761. Finely decorated **doorway**. In addition to the *public Reading Room* (120,000 vol. a certain number of which belonged to Louis XIV, Louis XV, Louis XVI, Marie-Antoinette and Mme du Barry), there is a small museum (paintaings and sculptures; casts of works by *Houdon*). The ancient Salles des Archives (Archives rooms) have kept their fine Louis XV decoration and paintings by *van Blarenberghe*.

We cross the *rue de l'Orangerie* (on the r. road to *Saint-Cyr* and Pièce d'eau des Suisses), and the *rue de La-Quintinie* leads to the *rue Hardy* and the former **Potager du Roi**.

The **Potager du roi**, now the *Horticultural School* (open daily from 8 to 11 a. m. and from 1 to 5 p. m.) was laid out by the famous La Quintinie. From the e*ntrance courtyard* with a bust of the agriculturist *P. Joigneaux* (1815-1892) (on the r. *public salesroom*), one reaches on the l. the terraces of the kitchen-garden; statue of *La Quintinie* (1626-1688) bust of *Hardy* (1821-1891) the first head-master of the modern School of Horticulture. A fine *ironwork railing* of the Louis XIV period lines the school-grounds towards the Pièce d'eau des Suisses.

The rue Hardy leads to the **church of Saint-Louis**, erected between 1742 and 1754, by Jacques Hardouin Mansart de Sagone, nephew to the famous Mansart, and which is the cathedral church of Versailles since 1802.

Interior : The height of the NAVE is 76 ft. to the vaulting; it contains a magnificent organ by Cliquot (1761; restored 1867 3,000 pipes) with sculptured woodwork and on the l. a good xviiith c. *Church-wardens pew*. — R. AISLE 3d chapel : *Presentation of the Holy Virgin*, by C. de Vermont (1755); 4th chapel : **monument of the Duke of Berry** (murdered by Louvel in 1820), by Pradier (1824). — R. ARM OF THE TRANSEPT : The *Adoration of the Shepherds*, a painting by Restout (1761). — SACRISTIE (Vestry) *Resurrection of the widow's son at Naim*, a good painting by Jouvenet (1708). — AMBULATORY (Ancient *confessionnals* with fine carvings) 2d chapel : *Saint Louis*, by Le Moyne; 3d chapel. *The Predication of Saint John the Baptist*, by Boucher. — APSE : *Stained glass windows*, by Devéria (xixth c.). — L. ARM OF TRANSEPT : *Christ taken from the Cross*, by J. B. Pierre (1761). — L. AISLE : 1st chapel when going down, *Saint Peter walking on the water*, by Boucher (1764).

The *square*, in front of the church is decorated, on the l. with a **fountain** with rhymed inscription by Pluyette (1766); and in the middle with the **statue of the Abbé de l'Epée** (born in Versailles, 1712-1789; the great teacher of the deaf and dumb) erected in 1849 by Michaut; *inscriptions*, in Dutch, Italian and French, were added to the monument on the occasion of the second centenary of the abbé's birth in 1912.

Just opposite the church is the rue de l'Orangerie (on the r. may be seen at a distance the monumental *doorway* of the former *Hôtel des Gardes du corps du Roi* (King's guards), 1731, now cavalry barracks) which leads on the l. to the *rue de Satory* (1st on the r.). The rue de Satory, then the *rue du Vieux-Versailles* (1st on the l.).

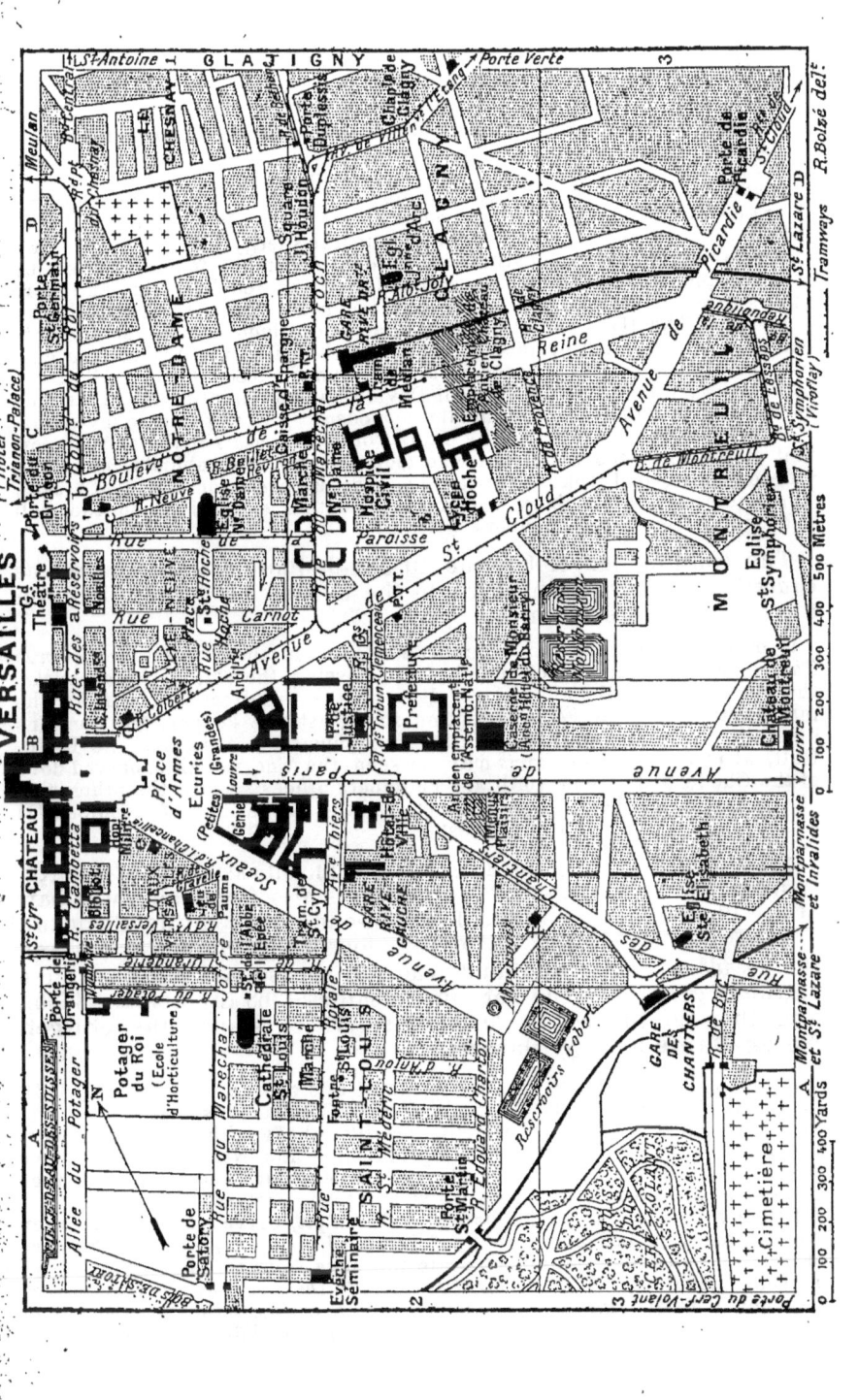

THE TOWN

and the *rue du Jeu-de-Paume* (1st on the r.) lead to the **Jeu de Paume**.

The **Jeu de Paume** (open daily, Mondays excepted, from 1 p. m. to 5 p. m. in summer and 4 p. m. in winter) occupies a large structure dating from 1686 and originally built to serve as tennis court.

History. — On June 20, 1789 the deputies of the Tiers Ordre who held their private sittings in a hall called Salle des Menus-Plaisirs and had invited on June 17, the members belonging to the Clergy and to the Nobility to join them so as to constitute a National Assembly, found it closed, by order of Louis XVI. They then reassembled at the Jeu de Paume and there they swore « not to separate before they had given France a Constitution ».

Visit. — The HALL which has retained the windows with small glass panes and nets which protected them from the balls, and the *covered gallery* for spectators, was turned into a museum in 1883. On the wall at the end : copy by L. Olivier Merson of David's famous painting : **The meeting at the Jeu de Paume**. In the middle *monument of Bailly* (statue by Saint-Marceaux, the coq at the top by Cain). Numerous *busts* of the most important members of the Tiers Etat who took the oath and cabinets containing different historical relics (*plaster mask of Mirabeau* on his death bed). The names of the members who took the oath are inscribed on the wall and copied from these members writing.

The continuation of the rue du Jeu-de-Paume, then the *rue de Gravelle*, on the r., bring back to the avenue de Sceaux, and, on the l. to the Place d'Armes.

If one were to take the avenue de Sceaux to the r. then the *avenue Thiers* on the l., one would reach (first passing the *station Rive-Gauche*) the new **Town-Hall** built in 1898-1900 by the architect Legrand. In the interior the *Salle des Fêtes* (reception room, ask the keeper, fee) contains a number of interesting old paintings and busts. — Adjoining the Town-Hall, at n° 6, *avenue de Paris* may be seen the **fine xviiith c. carved door** of the Chefferie du Génie (military engineers offices). — On the other side of the avenue de Paris is the **Préfecture** built at the time of Napoléon III and devoid of architectural interest.

ITINERARY II. — NORTH PART OF VERSAILLES OR RIVE-DROITE. CHURCH NOTRE-DAME. — This itinerary starts from the lower part of the Place d'Armes, to the l. (with one's back to the Château).

The *rue Hoche* begins at the junction of the Place d'Armes and the *avenue de Saint-Cloud*, and leads to the **square Hoche** with a statue of general Hoche born in Versailles 1768 (by Lemaire 1836), and then to the *rue de la Paroisse* where stands the **church Notre-Dame** built by Mansart.

Louis XIV himself laid the first stone of this church on March 10, 1684. It was the château's parish church. Louis XV made his first Communion in it on August 15, 1722. The front is a little heavy (the pediment bears the *Royal arms of France*, carved by Mazeline and Noel Jouvenet; above the door *Religion* and *Charity* and on the sides *Faith* and *Hope*); the huge clock was put up in 1763. The apse was entirely restored in 1867.

Interior : — NAVE. *Organ* dated 1686; pulpit, carved by Caffieri; they were already in use at the time of Louis XIV ; the *high-altar* is modern (1867); on the pillars which separate the nave from the aisles are twelve marble medallions of the *Apostles* and *Fathers of the church*, carved between 1657 and 1687. — R. AISLE : In the chapel adjoining the vestry is a painting : *Saint Vincent-de-Paul*, by Restout (1739). — The AMBULA-

THE TOWN.   13

tory dates from 1867; it contains an *Assumption*, by Michel Corneille. — L. aisle : 1st chapel from the end : monument (1860) containing the *heart* of general Hoche; *bust* of Mansart with a memorial tablet; black marble *memorial* of La Quintinie; *cenotaph* (1788-1818) of Comte de Vergennes, Minister of State to Louis XVI.

On leaving the church the rue de la Paroisse, taken to the l., leads back to the *rue Maréchal-Foch*, formerly r. Duplessis (*market place*, on the self same spot as at the time of Louis XIII) and the rue Maréchal-Foch, on the l., to the station Rive-Droite.

If instead of turning to the l. we should turn to the r. (on leaving the church Notre-Dame) in the rue de la Paroisse it would lead to the **rue des Réservoirs** : on the l. of the rue des Réservoirs, *theatre* founded in 1777 by the actress Montausier; *hotel of the Reservoirs* (erected in 1752, formerly the dwelling of Mme de Pompadour it has kept its old decorations in some of the drawing-rooms); facing us is the **Grille du Dragon**, which opens on to the Gardens; on the r. the rue des Réservoirs is continued by the boulevard du Roi (trees planted in 1775) at the end of which may be seen the steeple of the modern *church of Saint-Anthony of Padua*.

The hotel des Réservoirs is now an hotel and has acquired new claims to historical fame since it was commandeered in 1919 to receive the German envoys to the **Peace Conference**.

The first lot of the German delegation arrived on April 28, 1918, headed by Herr von Keller; a second party arrived on the 29, with Graf Ulrich von Brockdorff-Rantzau as head of the delegation. Graf von Brockdorff Rantzau is issued from an old Danish family, one member of which Jonas de Rantzau entered the service of the Kings of France according to the custom of the time, was a faithful follower Louis XIII and eventually died Marshal of France. His portrait may be seen in the Galerie des Batailles and his epitaph records that he left some of his limbs and acquired his fame on all the battlefields of his time.

The hotel des Réservoirs as it now stands consists of two parts, the old hotel and the former Préfecture de Seine-et-Oise which was annexed to it in 1868 when the Préfecture was transferred to other buildings. It is this part of the hotel which was allotted to the German envoys, but as their number, with the suite, far exceeded the possibilities of the hotel, the hotel Vatel and the hotel Suisse were also commandeered to receive the lesser dignitaries of the delegation.

A large space in the Gardens (opening straight from the hotel and including the bassin de Neptune) was cut off from public use and put at the disposition of the German delegates. In this enclosure by circuiting round the bassin du Dragon, then by following the bassin de Neptune and the alley which continues the avenue Saint-Antoine, the German delegates could easily reach the *Trianon Palace hotel* (on the boulevard de la Reine) which was the seat of the Allies Superior Council. The Allies War Council sat at the Trianon Palace Hotel. It was presided by M. Clemenceau its members being for Great Britain and Dominions : M. Lloyd George, Lord Milner, Marshal Haig, General sir William Robertson, General sir Henry Wilson; for the United States General Bliss and General Pershing; for France M. Clemenceau, M. Pichon, Marshal Foch, Marshal Pétain, General Weygand; for Italy MM. Orlando and Sonnino, General Alfieri and General Cadorna (afterwards General Diaz). Here it was that on November 4, 1918 the conditions of the armistice were decided upon.

Photo L. Hachette.

The Marble Courtyard.

THE CHÂTEAU

The *greater part* of the Château is now open daily (Mondays excepted) from 12 to 4.30 p. m., or from 1 p. m. to 5.30 p. m. according to the seasons. It is open, by exception, on Easter-monday and Whit-monday. Each morning from 10 to 12 a. m. and on Monday afternoons, one may visit with a guardian the Grands Appartements. The *salle des Croisades* is open at the same hours, on Thursdays and Sundays; the *Salle de la République* and *de l'Empire*, on Wednesdays and Saturdays :

N. B. — *The numbers given are those of the rooms; see the plans.*

FIRST ITINERARY. — *This itinerary which includes the visit of the* ROYAL APPARTMENTS *must be followed in any case, as it shows the things one can't leave Versailles without having seen, and may be done any day.* — *That part of the itinerary which is printed in smaller type and set between brackets [ ], may be added or left aside according to the visitor's taste or the time he disposes of.*

Any conveyance which may have been used to get to the Château always brings the visitor first to the **Place d'Armes** from which the three avenues of **Saint-Cloud**, of **Paris** (in the middle) and of Sceaux radiate. Towards the town the place, semi-circle in shape, is lined with the **Grandes** and **Petites-Ecuries du Roi** (King's stables) built by Mansart and now used as barracks (sculptured *pediments*). Facing this may be seen the main gate of the Château, and beyond it the huge piles of buildings may be taken in at glance.

THE CHÂTEAU. 15

The grille d'Honneur (main gateway) in gilt iron work bears the Royal lilies of France; it is set right and left with *sculptured groups*: the Triumph of France over Austria and Spain (xviith. c.). We then enter the **Avant-Cour** (Fore-court) also called **Cour des Ministres** (Minister's courtyard) which is lined with two stone and brick buildings called **Ailes des Ministres** (Ministers buildings) as they were formerly occupied by the ministers and secretaries of State. King Louis-Philippe caused a double row of rather heavy statues representing famous Frenchmen (statesmen and soldiers) to be set up there, but their transfer to another place is intended.

A second railing, formerly running on the spot where the equestrian statue of **Louis XIV** now stands (by Petitot and Cartellier, 1835) separated the Fore court from the second courtyard called **Cour Royale** (Royal courtyard). The Cour Royale is lined with two pavilions in neo-greek style with columns, one of which (on the r.) was erected at the time of Louis XV, by the architect Gabriel (1772); while the other (on the l.) was finished in 1829 by the architect Dufour. When the Château was turned into a museum by Louis-Philippe he had these words engraved on the pediment: *A toutes les gloires de la France* (to all French celebrities).

Beyond the Cour Royale, is the lovely **Cour de Marbre** (Marble Courtyard) so called because of its marble paving, with stone and brick facades. It stands on the exact spot of the courtyard of the manor of Louis XIII. The facades were altered and rebuilt according to Louis XIV's taste first by Le Vau and after that by Mansart. They are decorated with *busts* in antique style and with *allegorical statues*.

From the Cour de Marbre, we retrace our steps to the aile Gabriel and by turning to the l. between this pile of building, and the Chapel we reach the **Vestibule de la Chapelle** (Chapel's lobby; cloak-room) by which we enter the Château. This vestibule has fine gilded and carved wooden **doorways** (of the time of Louis XIV); and a sculpture by Nicolas and Guillaume Coustou, *Louis XIV passing the Rhine.* — A *small stone staircase*, l. of the Chapel door, with a signboard *Appartements Royaux* leads up to the first floor. The *Sculpture gallery* which one leaves on the l. would lead to the *Salles des Croisades* and to the *Opera-room*; a *Picture-gallery* lines the garden side; see below.

[The **1st Sculpture Gallery** contains *tombstones*, *busts* and *statues* of Kings and Queens of France and other famous people from the time of Mérovée (vth c.) to that of King Henry II (xvith c.). The greater part are only casts but n°s 324 and 325 are said to be by Germain Pilon (explanatory inscriptions). — The salles des Croisades open off the middle of this gallery.

The **salles des Croisades** (Crusades rooms) five in number (salles 17-21) were organized under the supervision of Louis-Philippe. The escutcheons which decorate them are those of French families, one ancester at least of which, was a crusader; the *paintings*, very indifferent for the most part, represent scenes from the *History of the Crusades* (explanatory inscriptions). The **Central Room** contains a fine gothic dorway in cedar wood from the hospital of the Knights of Rhodes; also a bronze **mortar** of similar origin. — From the salles des Croisades we retrace our steps to the Sculpture Gallery at the further end of which is the entrance to the Opera-House.

The **Opera-House** was built at the time of Louis XV (1753-1770) by the architect Gabriel (*visitors are only let in, a few at a time, accompanied by a custodian, small fee*). It was altered in 1871 for the use of the Sénat whose sittings were held in it till 1879. A glass ceiling has been put up instead of the former painted ceiling. The *Foyer* (green-room) has retained its graceful xviiith c. decoration. From the Opera Room one emerges on to a stone STAIRCASE which leads down again to the ground floor and the Picture Gallery lining the gardens (at the time of the Louis XIV the six first rooms were the appartments of the Duke of Maine).

The **1st Gallery of French History** numbers eleven rooms (salles 2-12). The *paintings* belong for the most part to the time of Louis-Philippe with a sprinkling of good older paintings. Their subjects taken from the French history range from Charlemagne to Louis XVI (explanatory inscriptions; notice a curious panoramic view of the battle of Fontenoy). From the staircase mentioned above, this gallery is entered through the salle 12, now turned into a **Salle de l'Indépendance Américaine**. In the centre is the statue of *George Washington*, a bronze reproduction of the marble statue by *Houdon* kept at *Richmond*. — Marble busts of *Lafayette* and *Washington* by *Houdon*. — Portrait of *Louis XVI* by *Duplessis*, and of *Washington* and other famous Americans. — Several paintings showing the principal battles of the Independance War.

Then after passing the ten rooms of the Picture Gallery we reach the Room 2 and return to the vestibule of the chapel.]

The small staircase of the chapel ascends to the FIRST FLOOR and arrives at the remarkable **vestibule** in white marble with white and gold carved wood decoration by Mansart and Robert de Cotte (busts of both by Coysevox). Two graceful statues, *Magnanimity*, by Rousseau and *Glory* by Vassé. — The **Tribune Royale (King's Gallery)** opens on to this Vestibule.

The **Chapel**, built by Mansart in the last years of the reign of Louis XIV, and finished by Robert de Cotte (1699-1710) nephew of Mansart, is a very beautiful monument, a good view of which may be obtained from the tribune royale; just opposite this tribune stands the **high altar**, made of marble and bronze, carved and gilded (sculptures by Van Clève and G. Coustou); the paving is in many coloured marbles; the *stained glass windows* are a modern work (1852), of the Sèvres manufactory; and the **ceiling paintings** are very effective; in the middle of the vaulting, *God the Father* by Antoine Coypel; above the King's Gallery, *Descent of the Holy Ghost*, by Jouvenet; the *Holy-water stoups* are by Coustou.

On the r. of the Vestibule (with one's back to the chapel) we enter the 2d *Sculpture Gallery* which leads to the *Salles d'Afrique, de Crimée, d'Italie, du Mexique* (African, Crimean, Italian, Mexican rooms) and to the Portrait-Gallery of *the N. Attic*; lining the Gardens is the 2d *Galerie de l'histoire de France* (see below).

[The **2d Sculpture Gallery** contains like the ground floor gallery *tombstones, statues* and *busts* (casts for the most part) of Kings and Queens

CHÂTEAU DE VERSAILLES (REZ-DE-CHAUSSÉE) ET PARTERRES DU PARC

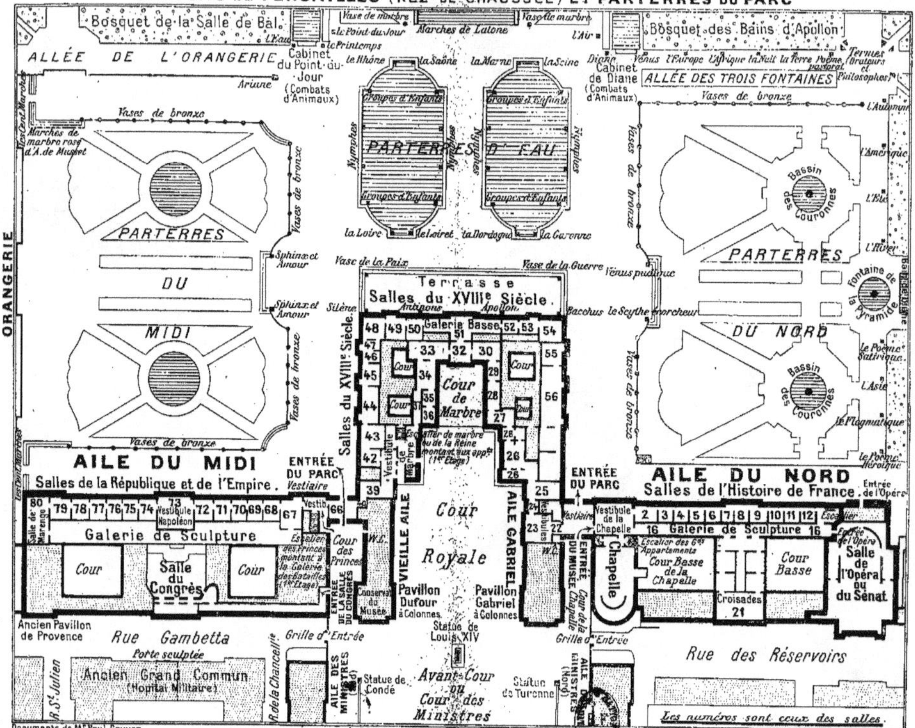

Documents de Mr Paul Gruyer.

↓ VILLE ET PLACE D'ARMES ↓

R. Bolzé, del.

4-12-20.

CHAPEL. — NORTHERN ATTIC. 17

of France, and other famous people (explanatory inscriptions) up to the xviith c. — The African, Crimean, Italian, and Mexican rooms open off the middle of the Gallery.

The **Salles d'Afrique, de Crimée, d'Italie, du Mexique** were organized under the reigns of Louis-Philippe and of Napoléon III. — They are seven in number. — Entrance by Room 98 (to the r.): paintings by Horace Vernet (*portraits of Mac-Mahon, Canrobert*); by Dubufe, Hébert, etc. — Room 99 : two fine paintings by A. Yvon (*Retreat of Russia*) and by G. Doré (*Battle of Inkermann*). — Room 103 : large paintings by Horace Vernet relating the conquest of Algiers (*Fight of Habrah and Siege of Constantine*) and the Conquest of Mexico (*Storming of the Fort of St John of Ulloa*); the artistic interest of some of these paintings is rather small, but they are curious documents on account of the historical portraits, the costumes, etc. In a small passage between rooms 103 and 104 is a curious xviiith c. *English clock* by Handley and Moore, London. — Room 104 (to the r. of the former) : a famous painting by **Horace Vernet** showing the **Capture of the Smalah of Abd-el-Kader** (70 ft in length and 16 ft in height) rather a panoramic view than an ordinary painting (the different episodes are ingenious and amusing but the colour is dull); notice (on the r. wall of the room) 12 *gouache works by Siméon Fort*, relating the conquest of Algiers more interesting than the Vernet paintings. — Room 102 (to the l. of the room 103) : large paintings by A. Yvon relative to the Crimean War (*Ravine, Tower, Curtains of Malakoff Solferino, Magenta*); on the wall 21 *small fine paintings by Durand Brager*, describing the siege of Sebastopol. — Room 101 (entrance through room 103) : *Horace Vernet*, Louis-Philippe inaugurating Versailles. — Room 100 : *Muller*, Roll-call of the last victims of the Terreur (in the middle portrait of A. Chénier). — We have returned thus to the sculpture gallery at the end of which a STAIRCASE ascends to the N. Attic.

The **Northern Attic** (2d story) divided into 7 rooms contains an interesting collection of authentic historical portraits (xvth-xviith c.) begun by Louis-Philippe and continued in our days; they are for the most part by unknown authors. — Room 153 (we begin with the xvth c.); curious **Votive-Offering** (to the l. of the entrance) showing **Joan of Arc** (l.), the *Blessed Virgin* and *St Michael*; Portraits of *Charles VI, Jean sans Peur, Charles le Téméraire, Henri II, Diane of Poitiers, Charles IX, Henri III, Henri IV*. — Room 154 (continuation of the xvith c.); portraits of *Henri IV* and *Gabrielle d'Estrées*, of the *Duc of Montmorency* of *Marie de Médicis*, etc. — Room 155 (continuation of the xvith c.) : Royal families of Spain and Austria (*Philip II, Don Carlos, Philip III*). — Room 156 (beginning of the xviith c.) : portraits of *Anne of Austria. Marie de Médicis* (by Porbus), *Gaston de Foix, Duchess of Chevreuse* (as Diana with a stag), *Anne of Austria*; **Thomas of Savoy by Van Dick**. — Room 157 (xviith c.) curious **plan-pictures** of sieges and battles under Louis XIII; among the portraits : *Richelieu*, by Philippe de Champaigne. — Room 158 : other *plan pictures* and **Louis XIII by Simon Vouet**. — Room 159 : portraits of *Françoise de Souvré*, governess of the Enfants de France (Louis XIV, wearing a cap with blue feathers and his brother Philippe of Orléans), of *Anne of Austria, Gaston of Orléans*, **Louis XIV and his nurse**, *Henriette of France, Cromwell*. — We then go down to the first story to visit the 2d Picture Gallery.

The **2d Galerie de l'Histoire de France** (lining the Park) is divided in 10 rooms (R. 84 to 93). — The paintings which belong chiefly to the time of Louis-Philippe, are for the most part devoid of artistic interest though they may be curious enough from an historical point of view. Only the names of the most remarkable are given here. The subjects range from the time of the Revolution to that of Louis-Philippe (explanatory inscriptions). — Entrance through ROOM 93 : episodes of the *Révolution de Juillet* (July 1830; overthrow of the Bourbon family and access to the throne of the Orléans who were the cadet branch). — Room 92 : **Coronation of**

Charles X (the last Bourbon to reign) by **Gérard**. — Room 91 : Louis XVIII at the Tuileries (after *Gérard*); Louis XVIII leaving the Tuileries at the news of the landing of Napoléon at golfe Juan, by *Gros*. — Room 90 : Napoléon's farewell to his soldiers at Fontainebleau (after *H. Vernet*). — Room 89 : rather poor pictures relating the *History of the Empire*. —

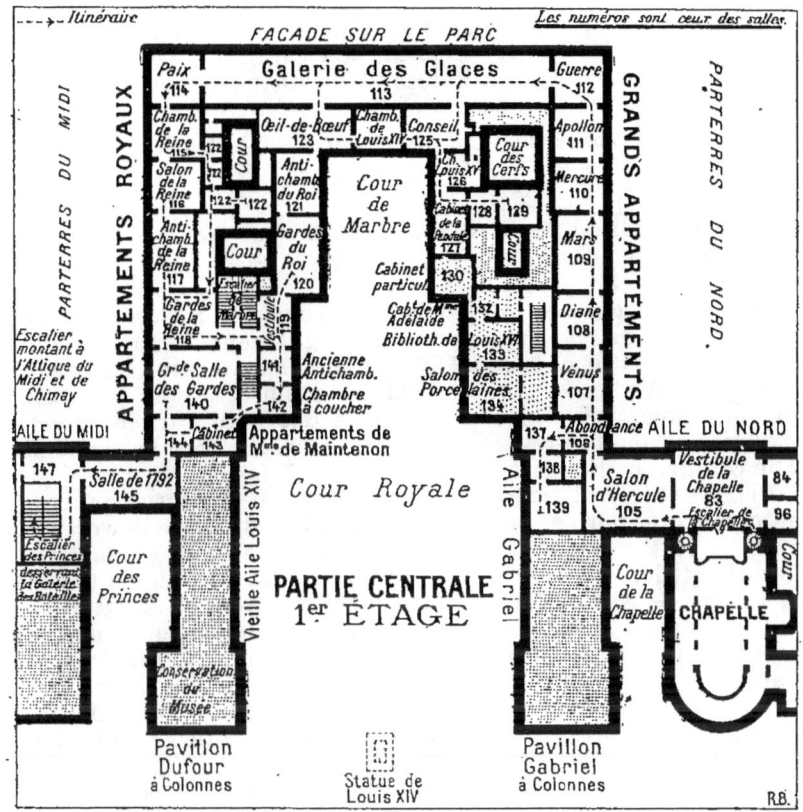

Room 88 : Napoléon wounded at Ratisbon by *Gautherot*. — Room 87 : Other paintings relating the *History of the Empire*. — Room 86 : **The Senat receiving flags captured from the Austrian** by G.-B. Regnault. — Rooms 85 and 84 : episodes of the *History of the Empire*. — We find ourselves once more in the vestibule of the Chapel.]

L. of this vestibule (with one's back to the Chapel) we enter the Salon d'Hercule.

The **Salon d'Hercule** (R. 105) was built under Louis XV, but in Louis XIV style. — Its rich bronze decoration consisting in the **chimney-piece**, the *pilasters* and the big *frame* is the work of the sculptor **Vassé**. In this frame *Louis XIV crossing the Rhine*, after Le Brun and Van der Meulen has taken the place of a painting by Veronese. — On the chimney-piece *portrait of Louis XIV* by

SALON DE L'ABONDANCE. 19

Mignard. — Huge ceiling-painting (61 ft by 56) by Le Moyne depicting the Apotheosis of Hercules.

We enter the GRANDS APPARTEMENTS (dating from the time of Louis XIV) by the **Salon de l'Abondance** (R. 106) which was used as a refreshment room when the King held his court. The ceiling (restored) by Houasse represents the *Royal Abundance*. On the walls paintings by Van der Meulen (*Siege* and *storming of Charleroi, Lille, Valenciennes, Cambrai, Fribourg*). — The crosslegged stools which may be seen here and in other parts of the Château were made for the Coronation of Charles X.

[Two small rooms (ROOMS 137 AND 138) open off the Salon de l'Abondance. In these rooms may be noticed some remarkable gouache paintings by Van Blarenberghe representing the campaigns of the reign of Louis XV, and drawings of old French military costumes. — Beyond these rooms : Room 139 : called DES ÉTATS GÉNÉRAUX, created at the time of Louis-Philippe and containing modern paintings by *A. de Neuville, G. Bertrand, Aimé Morot*, etc.]

From the Salon de l'Abondance we enter the **Salon de Vénus** (R. 107). The marble decoration is magnificent. — In the central niche; fine statue of Louis XIV as a Roman Emperor but wearing a wig, by Warin. — R. and l. of the room *decorative paintings* by Jacques Rousseau. — Notice the fine doors in carved wood by Caffieri and the bas-reliefs in gilt bronze which are above them. — The ceiling, by Houasse, represents the *Triumphs of Venus*.

Room 108 called **Salon de Diane**. As in the former room the decoration in marble, carved wood and chased bronze is worth noticing. — In the middle of the room, marble bust of Louis XIV by Bernini (1665). — The ceiling by Blanchard represents the story of *Diana*. — Above the chimney-piece portrait of *Marie-Thérèse*, wife of Louis XIV by Beaubrun; on the mantel-piece, remarkable *bas-relief* in white marble, the *Flight in Egypt* by Van Opstal. — Table in carved and gilt wood (florentine mosaïc) a production of the Gobelins at the time of Louis XIV, and an autograph report by Mansart, with notes by Louis XIV himself, relative to the work going on at Versailles.

Room 109 called **Salon de Mars**. — On the walls Gobelins tapestries; on the floor a very fine *carpet* produced by the Savonnerie of Paris (the famous carpet manufactory). — Above the chimney-piece, portrait of **Louis XIV** by Simon Vouet (the King aged about ten, riding a white horse). — The ceiling by Audran, represents *Mars*, the God of war, on a chariot drawn by wolves. The paintings above the doors (*Justice, Moderation, Strength* and *Prudence*) are by Simon Vouet. — Against the light, **King David**, picture by Domenichino which was formerly in the bedroom of Louis XIV. — Fine epergne representing a colonnade, a work produced at the time of Louis XV for the use of Marie-Antoinette then the Dauphine. Automatic clock made in 1706 for Louis XIV by Morand (when the clock strikes, two cocks emerge from a small cloud singing and fluttering their wings, whilst a bust of Louis XIV crowned by Victory slowly arises).

Room 110 called **Salon de Mercure**. — A bed of state stood here; at the death of Louis XIV, his body was on view in this room for eight days. — On the walls, Gobelins tapestries; on the floor a carpet made at the Savonnerie. — The ceiling, by J.-B. de Champaigne, represents *Mercury* (on a chariot drawn by two cocks and led by the Morning Star).

Room 111 called **Salon d'Apollon**. — Formerly the Throne Room where the ambassadors were received by the king. — The fine ceiling by La Fosse, represents *Apollo* (on a chariot and accompanied by the *Seasons*) as the personification of Louis XIV.

This is the end of the Grands Appartements and we now reach the central part of the Château.

Room 112 called the **Salon de la Guerre**. This room and the Salon de la Paix which is symmetrical, are situated at each end of the Salle des Glaces, and are a part of the magnificent decorative design realized in this splendid way. The Salon de la Guerre was finished in 1678. The decoration in many coloured marbles and chased bronzes is just as it was at the time of Louis XIV. — The six *busts* of Roman Emperors, the heads in porphyry and the draperies in multi-coloured marble belonged to Mazarin. — Mirrors on the sham doors. — Above the mantel-piece, stucco bas-relief by Coysevox, Louis XIV on horseback (the enemies of the King are trampled under the horse's hoofs). — The ceiling, by Le Brun represents Victorious France wearing an helmet and armed with a cuirass, holding in one hand the thunder and in the other the portrait of Louis XIV. The spandrels represent: *Germany, Holland* and *Spain* vanquished by France and *Bellona transported with fury*.

The Galerie des Glaces or **Grande Galerie** is considered the artistic master-piece of the time of Louis XIV and is one of the finest rooms existing. Begun by Mansart after 1679 it was finished in 1682. The decoration was made under the direction of Le Brun who executed also the paintings of the ceiling. It measures 72 m. (220 ft) in length, 10 m. 50 (35 ft) in width and 13 m. (42 ft) in height. Seventeen large *windows* open on to the beautiful view of the park and gardens with the fine prospect of the Grand Canal. — On the wall facing the windows seventeen *sham windows* are covered with feather edged square *mirrors* joined together by ornaments in gilt and chased bronze. The ceiling a colossal work of Lebrun and his pupils, is formed of six large pictures and 22 smaller ones. All these pictures represent the *Wars and Victories of France* against Holland, Germany and Spain and the *Protection given by Louis XIV to the Arts and to his subjects*.

The other chief paintings in this room are: *Alliance between Germany, Spain and Holland* (1672) above the entrance to the **Salon de la Guerre** and *Peace between Germany, Spain and Holland* (1678) above the entrance to the **Salon de la Paix**. The figures of children, on the cornice, as well as part of the trophies, are by *Coysevox*. Beneath the paintings are inscriptions that have been attributed to Racine and Boileau.

GALERIE DES GLACES; ŒIL-DE-BŒUF.

At the time of Louis XIV some magnificent feasts were given in the Galerie, amongst them the wedding of the Duc de Bourgogne and the reception of the Ambassador of the King of Persia, upon which occasion the throne was brought into this Gallery. Until the Revolution the Court balls and feasts, especially masquerades, were always given in this room. During the Franco-German war of 1870-1871, King William of Prussia whose headquarters were then at Versailles, whilst the German Army besieged Paris, chose the Galerie des Glaces to be crowned there Emperor of Germany on January 18, 1871, as a result of the victorious war which brought about the unification of Germany (up to date a reunion of small states) and the usurpation of the two French provinces of Alsace and Lorraine. All the German Kings and Princes, as well as the military chiefs Moltke and Roon, the Iron Chancellor Bismarck, the high dignitaries, military and civil, assisted at the ceremony.

In 1878, the Galerie des Glaces was used for an official French ceremony, under President Mac Mahon, as a symbol of the renewed prosperity of France, to which the success of the Exposition Universelle brought another testimonial. In 1889 another and still greater festivity marked the hundredth anniversary of the States General of 1789.

But it was only in 1919 that the Galeries des Glaces was purified in the French feeling, of its degradation of 1870, with the signing of the Peace Treaty, victoriously ending the Great War, and the return of Alsace and Lorraine to France. The signature of the Peace treaty took place on June 28, 1919 at 3 p. m. The weather was very fine and the few guests to the ceremony enjoyed a most wonderful sight. Troops lined the Cour Royale and Cour de Marbre and saluted the delegates of the Allies on their arrival and departure, and the Germans only after peace had been signed. Throngs of people filled the Gardens and outskirts of the château. In the Galeries des Glaces a huge horse-shoe table was erected at which M. Clemenceau presided with President Wilson and M. Lloyd George.

On the right of M. Clemenceau sat the delegates of the United States (President Wilson, Colonel House, General Bliss), on the left, the delegates of Great Britain (M. Lloyd George, M. Balfour, Lord Milner, M. Barnes) and of the Dominions, then to the right and the left those of France, Italy, Belgium, Greece, Poland, Portugal, Rumania, Serbia, Tcheco-Slovac, Siam, Hedjaz, Japan, Brazil, Bolivia, Cuba, Ecuador, Guatemala, Honduras, Liberia, Nicaragua, Panama, Peru, Uruguay and the three German delegates MM. Hermann, Muller, and Bell. The table upon which the Peace treaty was signed stood inside the horse shoe, opposite the President. The secretaries tables were also inside the horse-shoe. Places for the civil and military (some of them war-invalids) guests were kept near the Salon de la Paix whilst those for the journalists from all parts of the world were near the Salon de la Guerre.

After a very short speech by M. Clemenceau the delegates put their signature to the treaty, the Germans signing last at 3, 12 p. m. They then immediately retired and the Allies delegates adjourned to the windows and enjoyed the sight of the the gardens where waters played and the crowd cheered.

The pen with which the Treaty was signed and the inkstand, are kept at the Château and will shortly be under view.

Room 123, called **Œil-de-Bœuf**, so called on account of the *œil-de-bœuf*, small oval window, which is to be seen at the end of the room. It was used as a waiting-room to the Royal Bedroom and here the courtiers would wait until the King got up. The room has kept its fine decoration of the time of Louis XIV; notice the *frieze* in gilt stucco representing *Children at play*, by van Clève, Hurtrelle and Flamen. — On the mantel-piece **bust of Louis XIV** by Coysevox. — Fine statues of the time of Louis XIV. — Curious painting by Nocret, representing **Louis XIV** and his family, with the emblems of the divinities of the *Olympus* (Louis XIV half naked is represented as *Apollo*; Marie-Thérèse, his wife as the *Mother of Cupid*; Princess Henriette of England as *Flora*.

Room 124 called the **Chambre du Roi** or **Chambre à coucher de Louis XIV**. It opens into the Œil-de-Bœuf (to the left) and over

Photo Hachette
Bed-room of Louis XIV.

looks the Marble Courtyard. It was here that the ceremony of the *Lever du Roi* took place every morning, the King's shirt being handed to him by one of the first gentlemen at Court, about 1 p.m. the King had his dinner at a small table placed before the central window. Louis XIV died in this room on Sept. 1st, 1715. — The decoration in white and gold carved wood, has been well preserved. — The authentic gilt balustrade dating back to Louis XIV separates the bed from the remainder of the room. The bed dates from the time of Louis-Philippe; it is only a bad reconstitution (the bed of Louis XIV was a four-poster bed with curtains entirely closed), but the materials covering the dais and the draperies are supposed to have been those of the state-bed in the Salon de Mercure and its mythological decorations were embroidered by Delobel, chief upholsterer to the King. The lace bed cover with embroidered initials of Louis XIV and his wife Marie-Thérèse of Austria was worked about 1682 for the Queen's own bed. — On

APARTMENTS OF LOUIS XV.

each side of the bed are two fine pieces of furniture by Boulle in inlaid wood. — Royal holy-water stoup bought at the time of the Revolution by an old lady of Versailles, who kept it until quieter days came. — **Waxen image of Louis XIV** by Antoine Benoist, upon which is a wig perhaps worn by the King himself, giving a vivid impression of life. It is one of the most precious effigies of the monarch. (the King was 68 years old). — Bronze by the same artist. — The ceiling has kept its former aspect; above the bed is an arch decorated with figures in gilt stucco by Nicolas Coustou (Allegorical figures of Fame some holding trumpets, and in the middle France watching the King's slumber with the crown and the sceptre among trophies). — On the l. mantel-piece (looking towards the bed) fine bust of the **Duchesse de Bourgogne** (grand daughter in-law to Louis XIV and mother of Louis XV), by Coysevox. — Above the cornice the *Evangelists* by Valentin, dating from the time of Louis XIV.

Room 125, called the **Cabinet du Conseil** (Council Chamber) follows the Chambre du Roi; its actual disposition dates from the time of Louis XV (1755). It was here that the King worked with his ministers, received the ambassadors and held his audiences. At the time of Louis XIV, the room was only half its actual size. — The decoration, in carved and gilt wood is by Antoine Rousseau. — Fine red marble chimney-piece in Louis XV style with bronze ornements. Above the doors are paintings by Houasse (*Story of Minerva* from the Grand Trianon).

The **Apartments of Louis XV** open into the Cabinet du Conseil.

[The **Apartments Louis XV** or **Cabinets du Roi** were organized under the reign of Louis XV who wanted more confort and a more independent life than the pompous apartments of Louis XIV and the rules of court etiquette could procure him. — BEDROOM OF LOUIS XV in which are magnificent woodcarvings by Verbeckt, and Gobelins tapestries. — Louis XV suffering with small-pox was brought here from Trianon on april 17, 1774 and here he died a month after, on mai 10. — A recessed door opens into a small *cabinet de la garde-robe* (dressing-room, closet, now closed) of the time of Louis XV. — CABINET DE LA PENDULE (Clock-Room). — So called because of the beautiful **Clock by Passement** (1753) indicating the phasis of the sun, the moon and the planets according to the system of Copernic, which was and still is, kept here. On the floor is a *copper meridian*, attributed to the time of Louis XVI but dating in reality from Louis XV. The wood carvings, a fine gilded network, are by Verberckt. *Curious tables* in stucco, the top of each being a map of one of the Royal Forests. — CABINET DES CHIENS or *Cabinet des Chasses* so called because of its pretty stucco frieze representing hunting episodes. It contains portraits (which have returned to their ancient place) of the time of Louis XIV. — SALLE A MANGER, the private dining room of Louis XV who often took his meals here with his four daughters or with Mme de Pompadour. On the table, between the windows, tools used by Louis XVI who was very fond of locksmith's work. *Paintings* on porcelain. Small *busts*. *Clock* in Louis XIV style. The windows open on to the Cour des cerfs (stags courtyard), so called because on the wall were painted and carved heads of stags. At the time of Louis XV the *quarry* took place there. Just above these apartments are the *apartments of Mme du Barry* (no admittance) which arrangement made it easy for the King to visit his mistress by a secret staircase.]

We now return to the Cabinet du Conseil, which opens right into the Galerie des Glaces which we follow to the l. until its end where we find the Salon de la Paix.

Room 114, called the **Salon de la Paix** is symmetrical to the Salon de la Guerre, and has a similar decoration. It marks the angle of the palace towards the Aile Sud, the Orangerie and the Pièce d'eau des Suisses. — Green marble *chimney-piece* decorated with a *Cleopatra* or *Ariane* after the antique. — Above the mantelpiece *Louis XV making peace in Europe* by F. Le Moyne (1729). — The ceiling painting by Le Brun is the glorification of *Peace* which in the central picture is followed by *France* on a chariot drawn by four doves surrounded by allegorical figures; the other nations are rejoicing in Peace.

It was here that Louis XIV seated on a silver throne received the Doge of Genoa who came to implore the clemency of the Monarch. — The Salon de la Paix was the *Salon de Jeu* of the Queen and the beginning of her Apartments.

Room 115, called **Chambre de la Reine** (Queen's Bedroom), dates from the time of Louis XIV but Louis XV and Louis XVI changed its organization (the fine *mirror* between the windows dates from the time of Louis XV); Marie-Thérèse the wife of Louis XIV died here; and Louis XV was born in the room; the four children of Marie-Antoinette were also born in it. On the walls tapestries representing the **Story of Esther** and Assuerus by De Troy. — *Above the door*, paintings by Natoire and De Troy. — In the spandrels four camaïeu paintings by Boucher (*Fidelity, Abundance, Charity, Prudence*); in the middle *sham cupola*; at the angles, Austrian eagles in gilt-stucco carved by Rousseau for Marie-Antoinette. — At the end of the room above two doors hidden by the hangings, *Marie Leczinska* wife of Louis XV by Nattier (to the r.) and *Marie-Antoinette* by Mme Vigée-Lebrun (to the l.).

One of the two *hidden doors* gives access to the **Cabinets de la Reine** or **Small Apartments of Marie-Antoinette** (*very interesting*). The visit under the guidance of a custodian is unfortunately too rapid (fee). — *N. B. It is preferable to visit immediately the two rooms on the facade overlooking the gardens, beyond the Queen's bedroom : the Salon de la Reine (see p. 25) and the Antichambre de la Reine (see p. 25) as, after the visit of the Petits Appartements de Marie-Antoinette, one does not return to the first room, but leaves by the Salle des Gardes de la Reine (see p. 25).*

[The first arrangement of the **Petits Appartements de Marie-Antoinette** or more exactly *Cabinets de la Reine* was made for Marie Leczinska the wife of Louis XV, who was very fond retiring in them to pray, read, paint and meditate. Their actual aspect and their **magnificent decoration** only date from the time of Marie-Antoinette. — They are only after all low ceilinged rooms overlooking a melancholy courtyard where no sunshine ever shows in except in summer, but in this huge palace it was the only refuge where the Queen could escape the dreary rules of etiquette. — Boudoir or Petite Méridienne de la Reine. Charming room, designed by Mique about 1771, for Marie-Antoinette. — Fine *chimney-piece* in red marble with bronze ornaments, two *doors* having *plain glass* panes set with wonderful

SALON DE LA REINE. 25

bronze ornaments by Gouthière and Forestier; charming gilt and carved *wood-work*; opposite the window a *niche* set with *mirrors* containing a sofa. — BIBLIOTHÈQUE (Library) formerly used as a studio by Marie Leczinska; modified by Marie-Antoinette. Fine white and gold *bookcases* in Louis XVI style, delightful *statuettes in Sèvres porcelain*. The doors are decorated with sham books. — PETITE BIBLIOTHÈQUE (used as a bath-room by Marie Leczinska) it was the waiting-room of the Queen's women; *casket* in embroidered and painted silk offered to Marie-Antoinette in 1782 by the town of Paris; it was destined to hold the baby-linen of the Dauphin. — GRAND CABINET or SALON DE LA REINE (Queen's drawing-room). It is the most interesting of these rooms because of its decoration (1783) and because of all the memories connected with it. — The **woodcarvings** by the brothers Rousseau are in purest Louis XVI style. Niche set with mirrors with the top covered with silk (looking in the mirror from a certain place, one sees oneself without a head; after the death of Marie-Antoinette there sprung a legend which attributed to Marie-Antoinette the presentment of the death she was to die because she had once seen her headless image in this mirror). Fine **chimney-piece** in red marble; small *clock* in Sèvres porcelain which belonged to Marie-Antoinette. Graceful furniture and lustre by Gouthière. Bust of Marie-Antoinette by Pajou. — This was Marie-Antoinette's favourite drawing-room in which she had her harp, a harpsicord her work-basket and where she used to receive her most intimate friends. — SALLE DE BAINS. The bath and taps may still be seen, but the Queen usually had her bath in her bed-room. — In this room is a very curious musical clock which used to play tunes for the Queen. — CHAMBRE DE REPOS now SALON JAUNE (yellow drawing-room) modern silk hangings. — Painting by Marie Leczinska representing a landscape. — Visitors here leave the Apartments of Marie-Antoinette by the *Queen's Guards-Room* (see below).]

Room 116, **Salon de la Reine** (Queen's drawing-room). — The *Cercle de la Reine*, the Queen's private circle, was held by her in this room; here also people not yet admitted to the circle were presented to the Queen. When the Queen died the room was turned into a funeral chapel to which the public was admitted. — On the walls **Gobelins** tapestries. Magnificent **jewel-case**, in Louis XVI style which belonged to Marie-Antoinette, decorated with medallions in blue and white porcelain (from the Château de Saint-Cloud). The ceiling painting by Michel Corneille represents *Mercury as the Protector of the Arts and Sciences*.

Room 117, called **Antichambre** or **Salle du Grand Couvert de la Reine** (Public dining hall) because the ceremonial of the *grand couvert* took place there, that is to say an official meal was served for the Queen, who took it either alone or with the King or the Fils de France (sons or grandsons of the King) in public, anybody being allowed to assist to it. This uncomfortable custom was abolished at the time of Marie-Antoinette. The ceiling represents *The Family of Darius at the feet of Alexander*, a copy of the painting by Le Brun in the Louvre. — On the walls **Gobelins** tapestries. — In the middle of the room, elegant table, dating of Louis XV, on which the peacetreaty was signed, in the Galerie des Glaces, on June 11, 1919.

Room 118, called **Salle des Gardes de la Reine** (Queen's guards-room); this is the issue of the Petits Appartements of Marie-Antoinette. Here it was that on October 6, 1789 when the mob invaded the château, a few invaders attacked the Guards; the Queen had barely time to escape. — The room has kept complete its decoration in coloured marble of the time of Louis XIV. — Above the mantel-piece *The Grand-Dauphin and his family*, an old copy after Mignard's painting; facing it is a portrait of the *Duchess of Bourgogne*, by Santerre. — *Table* in gilt wood (time of Louis XIV) upon which stands a rough sketch of Girardon's statue of *Winter* which is in the gardens (near the Fontaine de la Pyramide). — Fine series of xviith and xviiith c. marble busts: *Marie-Antoinette*, by Le Comte; *Louis XVI*, *Marie Leczinska*, by Coustou; busts with *quaint headgears* of the time of Marie-Antoinette. — Ceiling by Noël Coypel (the elder), one of the finest in the Château; in the middle: *Jupiter accompanied by Justice and Piety*; all round, leaning over the cornice, men and women's figures in Louis XIV costume seem to peer down into the room.

Photo P. Gruyer.
Queen's guardsroom.

The Salle des Gardes de la Reine opens on the l. on to the landing of the Escalier de Marbre.

The **Escalier de Marbre** (Marble staircase) or **Escalier de la Reine** (Queen's stairs) dates from the time of Louis XIV; it was begun by Le Vau and finished by Mansart. It was used to reach the King's bedroom and is the real old way of access to the Château. — Its decorations, all marble and gilt ornaments, is very beautiful. A niche on the upper landing contains a group of Cupids by Masson supporting the intertwined initials of the King and Queen. — Fine loggia opening on to the Cour de Marbre. — Large painting, in Italian fashion representing a palace, by Meusnier, Poerson, and Blain de Fontenay. — At the foot of the staircase (it opens on to the Cour de Marbre), is a *bust of Louis XIV*, by Warin.

ATTIQUE DE CHIMAY ET DU MIDI. 27

If in a hurry one may leave by the Escalier de Marbre and Cour de Marbre. — Otherwise the *Escalier de Stuc* (Stucco staircase) which continues the marble staircase over the first floor, leads to the *Attique de Chimay* and *Attique du Midi*.

[The **Attique de Chimay** opens at the top of the STUCCO STAIRCASE (which was built at the time of Louis-Philippe) on the r. and consists in ten rooms containing interesting portraits, and other documents relative to the Révolution and the Empire. — ROOM 174 : portraits of *Mirabeau* (by Bounieu), *Robespierre* (Carlyle's « sea-green incorruptible ») by David, *Marie-Antoinette* in the prison of the Temple (Kocharsky), *Mme Roland*, *Charlotte Corday* (Hauer); *Marat* water colour by Byron (1790). — ROOM 176 (on the l. of this room is the Attique du Midi; see below) : portraits of *Bonaparte*, by Gros and David, of *Mme Récamier* (the friend of Chateaubriand and other famous men) by Mme Morin, of *Mme de Genlis*, by Mme Ducrest. — ROOM 177 (on the r.) : *Battles of the Révolution and the Empire*, by General Lejeune. — ROOMS 178 TO 184 : these rooms are devoted to *Napoleon, his family*, his generals, and other famous contemporaries among which English celebrities : *Fox*, *Pitt*, *Viscount Castlereagh*; the most important are by Gérard, Gros, Mme Vigée-Lebrun, and David. — We retrace our steps to room 176 whence a corridor leads to the Attique du Midi.

The **Attique du Midi** contains : — ROOM 171 : differents scenes from the life of Napoléon : Napoléon giving rewards to the artists at the « Salon » of 1808, by *Gros*; Wedding of Napoléon and Marie-Louise, by Garnier. — ROOM 170 : portraits of the time of the Empire. — ROOM 169 : portraits of the time of the Restauration (Restoration of the Bourbon dynasty to the throne of France) : *Charles X*, *Duke and Duchess of Angoulême*, *Duke and Duchess of Berry*, *Chateaubriand* the writer, the *Duke of Reichstadt* : these portraits by Gérard, Gros, Girodet-Trioson, Kraft. — ROOM 168 : portraits (documents) and historical scenes relating to the Restauration, the reign of Louis-Philippe, and that of Napoléon III. Observe the number of portraits painted by Winterhalter (*Queen Victoria* in 1842; the *Duchess and Prince of Saxe-Coburg*; *Louis-Philippe and his wife Queen Marie-Amélie*; the *Empress Eugénie* [a copy]; and those by Ingres (*the Duke of Orléans*) and by Flandrin (*Napoléon III*). — ROOMS 167 AND 166 contains other paintings by Winterhalter (*Louis-Philippe and queen Victoria on board the Royal Yacht « Victoria and Albert »*; *Louis-Philippe in Court costume*; *King Léopold I of Belgium and his wife* (daughter to Louis-Philippe); the *Duchess of Kent*); portraits by Ary Scheffer (*Armand Carrel* on his death-bed; the dancer *Taglioni*; *Gounod* the musician; *General Cavaignac*, etc.), and by Hébert, Daumier, Delaroche, Deroy, etc.; *the Arrival at Cherbourg of the ship « Belle-Poule » with the remains of Napoleon I*, by Isabey; *Arrival of Queen Victoria at le Tréport*, and *Arrival of Queen Victoria at the Chateau d'Eu* (1843), by Lami, etc.; busts of *Napoleon III* and the *Prince Impérial* by Carpeaux.]

We cross the landing of the Marble staircase to reach the loggia overlooking the Marble Courtyard. On the l. we return to the OEil-de-Bœuf and the Chambre of Louis XIV, but going to the r. we enter the **Apartments of Mme de Maintenon** unfortunately much damaged at the time of Louis-Philippe. — Room 141 called the ANTICHAMBRE (lobby). Interesting portraits : Turenne by *Le Brun*, Mlle de la Vallière, by *Nocret*. — BEDROOM (R. 142). GRAND CABINET (R. 143). In this room the King assisted to the repetition of *Esther* by Racine, and in 1702, Princes and Princesses acted here *Athalie* by the same author.

Room 144 : overlooking the façade on the gardens and containing interesting portraits of famous people living at the time of Louis XIV; some of them being by H. Rigaud, *Mignard*; by F. De Troy, *Mansard*; by Mignard, *Colbert*; Largillière.

[To the r. of this room, is Room 140 called **Grande Salle des Gardes** (Big Guards Room) in which the King used to wash the feet of 13 poor children the day before good Friday. — This great room has been completely altered at the time of Louis-Philippe. — The ceiling by Callet represents *the Allegory of the 18 Brumaire*. Above the doors : *Courage, Genius, Generosity, Constancy* paintings by Gérard. On the walls, three large pictures : **Distribution of the Eagles on december 5. 1804** one of **David's** most celebrated paintings; Battle of Aboukir (july 25, 1799) by Gros (ordered by Murat who is seen heading the charge); Hundredth anniversary of the States General of 1789 (the President of the Republique then M. Carnot inaugurating the bassin of Neptune in 1889) by Roll. In the middle of the room a *Dying Napoleon* (marble) by Vela. — We return to the room we came from.]

Room 145 (on the l.). — This room was open to shopkeepers from the town who turned it into a sort of all round shop from which the inhabitants of the Château could purchase stationery, perfumery and other such articles. It was turned into a *Salle de 1792* (paintings of military events of that year, *column in Sèvres porcelain* presented to Napoléon by the town of Paris).

Room 147 : Vestibule and **Staircase** called **des Princes**. This staircase leads to the Aile du Midi formerly inhabited by the Princes du sang (Princes of Royal blood), hence its name. Fine bas-reliefs in stone (children playing with helmets and arms). In a niche, *the Grâces*, by Pradier. — We cross the landing and enter the Galerie des Batailles.

Room 148, called **Galerie des Batailles** : occupies the whole of the first floor of the AILE DU MIDI. It was organized on the spot of the former apartments by the architects Fontaine and Percier in 1836, in the time of Louis-Philippe, and provoked a general admiration at the time. It is 393 ft long and 42 ft. wide; its decoration is a tardy and rather poor instance of Empire style. — It contains a quantity of *busts*, for the most part totally devoid of artistic interest, but representing famous generals, admirals, and other famous French warriors killed in action.

N. B. — *In summer the galerie is often used for an exhibition of Gobelins tapestries which hide the paintings from view.*

On the wall are hung a series of huge *pictures* depicting the principal battles which occurred in French history; their artistic value is for the most part very small, with a few exceptions. Only the best are mentioned here in chronological order (starting on the l. side of the room) the name of the painter and the subject are inscribed under each picture : — *Ary Scheffer*, Battle of Tolbiac. — 4. *Horace Vernet*, Battle of Bouvines. — 5. **Delacroix, Battle of Taillebourg** (this painting is much above the others in artistic value being one of the best productions of the master). — (the 4th painting before reaching the end) *Gérard*, Henri IV entering Paris. — At the end of the galerie : SALLE DE 1830 (rather poor ceiling painted by Picot, 1835 : *Truth protects France*). — *Gérard*,

GALERIE DES BATAILLES. 29

Louis-Philippe at the Hôtel de Ville in Paris, on July 31, 1830. — *Court*, Louis-Philippe giving the national Guards their flags.

We return to the galerie and walk down along the opposite wall : — *Devéria*, Battle of La Marsaille.— *Horace Vernet*, Fontenoy. — *Couder*, Battle of Lawfeld. — *Philippoteaux*, Rivoli. — *Gérard*, Austerlitz. — *H. Vernet* : Jéna; Friedland; Wagram. — One modern painting by Bertrand : *Patrie*, represents an episode of the war of 1870.

[Behind the Galerie des Batailles is a **Galerie de sculpture** (open on Sundays, chiefly casts).]

Going dow again by the Escalier des princes we arrive to the **Vestibule de la Cour des Princes**, opening on to the Gardens at the other end of the Château.

[On the ground floor of the Aile du Midi lining the Gardens are the **Rooms of the République and the Empire**. These rooms (decorated at the time of Louis-Philippe) fourteen in number (Rooms 67 to 80) contain paintings depicting the chief events of French history between 1796 and 1810. Each of the paintings bears the name of the painter and the designation of the subject; the principal being by Gros, Girodet-Trioson, Thevenin, Drolling, Horace and Carle Vernet. — Right in the middle of these rooms the VESTIBULE NAPOLÉON (Room 73) contains : *Voltaire*, by Houdon (a cast); *The Empress Josephine*, by Vital Dubray ; *Washington*, by Houdon (bronze). — Room 80, called SALLE DE MARENGO, terminates the Aile du Midi. We retrace our steps either through the same rooms or through a very rarely open GALERIE DE SCULPTURE (busts, statues, casts) which is parallel to the rooms on the courtyard side and leads back to the vestibule.]

N. B. — *If the visitor is in a hurry he may here begin immediately the visit of the gardens (p. 32); but the 2^d itinerary of the Château which is rather short and includes the XVIIIth c. Rooms is worthy of a visit from any one interested ever so slightly in the history or arts of this epoch. These rooms are to be reached by the door facing the exit of the Escalier des Princes.*

2^d *ITINERARY*. — This begins in the columned *Vestibule* of the *Cour des Princes* (see below). A door opens off this vestibule, opposite to the Galeries of the Empire and near a statue of *Louis XIV* in Roman costume by Gilles-Guérin (time of Louis XIV). We pass through the ARCADE DU MIDI (a few statues among which that of General *Hoche* in Greek costume by Milhomme) and reach the **Vestibule de l'Escalier de Marbre** (busts and statues). On the l. of this, overlooking the gardens are the XVIIIth c. Rooms.

Rooms 42 to 54, called **Salles du XVIII° siècle**. — They occupy a series of former appartements inhabited among others by the Régent and after that by the daughters of Louis XV. A rare collection of XVIIIth c. *portraits* is now kept there.

Room 42 (opening into the vestibule de marbre) : *H. Rigaud*, The Régent; H. Rigaud, Louis XV as a child.

Room 43 : Magnificent Louis XV Clock (the sun shining on the world); *Bust of Nicolas Coustou*, by Nogaret (after G. Coustou); **J.-B. Van Loo** and **Ch. Parrocel**, Equestrian portrait of Louis XV; *J.-B. Van Loo*, Marie Leczinska; *P.-D. Martin*, Coronation of Louis XV at Reims; *De Troy (School. of)*, Voltaire as a young man.

Room 44 : *L. M. Van Loo*, Philip V and the Royal Family of Spain (sketch of a picture kept in the Prado Museum at Madrid); *Belle*, Philip V, King of Spain and grandson to Louis XIV; J. Raoux, **Mme Boucher d'Orsay** (as a vestal); *Rigaud* (after), Cardinal de Fleury; H. Rigaud, **Louis XV** (1730).

Room 45 : It was in this room that Louis XVI, Louis XVIII and Charles X were born and it also was the bedroom of Marie-Antoinette when she came to France to be married to Louis XVI, then the Dauphin; *Anonymous*, Gabriel (the architect of Versailles at the time of Louis XV and also of the Petit Trianon); *Aved*, the poet J.-B. Rousseau; *Roslin*, Choiseul; *L. M. Van Loo*, Choiseul (this portrait is quite different from that of Roslin); *Michel van Loo*, Carl van Loo with his family. — Fine *clock* (Louis XV style).

Room 46 : Nattier, **Mme Adélaïde** a lovely portrait of Louis XV's daughter (1756) holding a spindle; Nattier, **Mme de Pompadour**; Tocqué, A.-F. Poisson, Marquis of Marigny (Mme de Pompadour's brother); Nattier, **Marie-Josephe de Saxe** (wife of the Grand-Dauphin son of Louis XV); *Rostin*, Boucher, the painter; Nattier, Marie Leczinska (in 1748).

Room 47 : *Music-room of the Grand-Dauphin* (son of Louis XV), which has partly kept its charming decoration restored in our days.

Room 48, large corner room. — Nattier, **Portraits of the daughters of Louis XV** (*Mmes Victoire, Elizabeth, Adélaïde, Sophie, Louise, Henriette*) with fine ancient frames. — Outside a fine balcony in Louis XIV style. Magnificent view on the Gardens and the Parterres d'Eau.

Room 49 : Formerly the *Study of the Regent* (he died of an apoplexy here on December 2, 1723, assisted by the Duchess de Falari). The room has partly kept its fine decoration : gilt doors and windows and frieze of the ceiling.; **mirror frame** carved by Verberckt (against the light); magnificent **chimney-piece** with gilt and carved bronzes (*Flora* and *Zephire*, by Jacques Caffieri): — above the chimney-piece, Gobelins tapestry designed after the *Louis XV* by Carle Van Loo; Nattier, the **Infanta Maria-Isabella** (Louis XV's grand-daughter); Nattier, **Mme Adelaïde** (as Diana), **Mme Henriette** (as Flora; two lovely pictures).

Room 50 : *Ducreux* (after), Marie-Antoinette as a girl; *Gauthier-Dagoty*, **Mme du Barry**; *Drouais*, Mme Elizabeth as a child (Louis XVI's sister); Drouais, **The Comte d'Artois** (afterwards Charles X) and **Mme Clotilde** (his sister) as children (the little Princess is seated on a goat; lovely picture in the pastoral style then in fashion); L. M. Van Loo, Louis XVI as a child (1769); L. M. Van Loo, Louis XVIII as a young man.

Room 51 or **Galerie Basse**, overlooking the gardens from the centre of the Palace's facade. Interesting paintings representing the **Battles of Louis XV**, in ancient frames, by **Martin** and **Lenfant**.

We pass several rooms lining the Marble Courtyard and containing *historical portraits* and modern *paintings, busts*, and *casts*, which are behind the Galerie Basse, to continue the visit of the rooms lining the gardens.

Room 52 : At the time of Louis XIV this was the *Bath Room*; *Anonymous*, Louis-Philippe d'Orléans (Philippe-Egalité the father of King Louis-Philippe; he voted the death of Louis XVI but was himself beheaded in 1793); *Callet*, **Louis XVI**; *Hubert-Robert*, **The Gardens of Versailles in 1795** (*Entrance of the Tapis Vert and the Bains d'Apollon*; at this time the gardens were entirely replanted); Pajou, Marie-Antoinette (in 1774; marbre medallion; the Queen is less flattered than in her portraits by Mme Vigée-Lebrun.

Room 53 : Mme Labille-Guiard, Mme Infante (Louis XV's daughter, as an old lady in 1788, with a parrot); Schillin, the duc d'Enghien as a child;

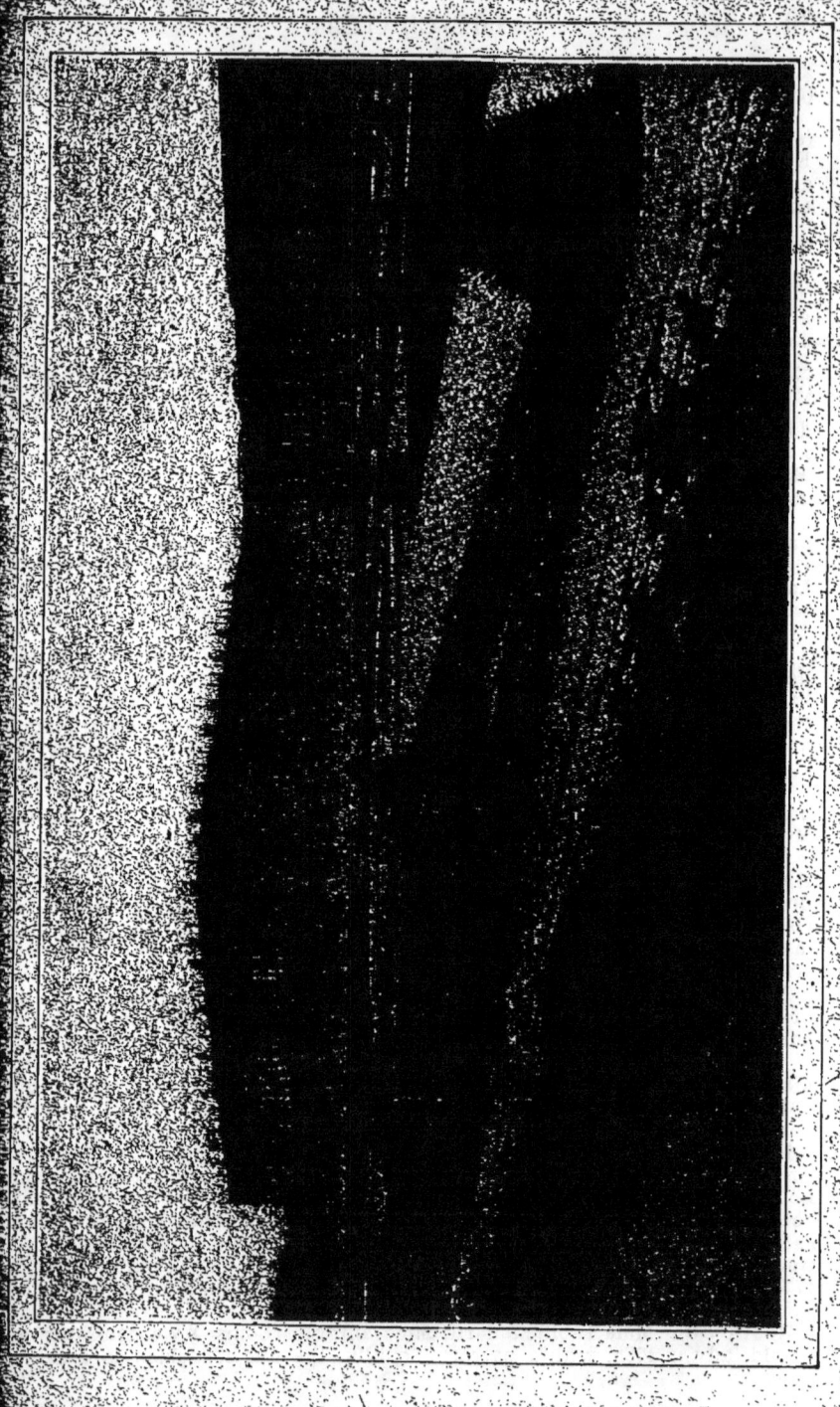

Photo P. Grigaut.

The Château seen from the Gardens.

Mme Vigée-Lebrun, **the Dauphin and Mme Royale** (it is a portrait of the first Dauphin who died in 1789, on the eve of the Revolution, and of the future Duchesse of Angoulême who died in 1851 at Frohsdorff; the two children are seated on a lawn and holding a bird's nest); *Mme Vigée-Lebrun*, **Marie-Antoinette and her children** (in 1787: the Queen wears a toque and a red dress; on her lap the Duke de Normandie then 2 years old who died in the Temple prison in 1795; near the Queen stand Mme Royale her daughter and the first Dauphin (see above the other portrait); celebrated picture painted at Versailles); *Mme Vigée-Lebrun*, **Mme Elizabeth** (Louis XVI's sister), **Marie-Antoinette with a rose** (one of the most famous portraits of the Queen).

Room 54 : Corner Room; interesting remains of its **decoration** by Verbeckt (1763), ordered by the daughters of Louis XV (doors, shutters, pannels, cornice); *Mme Vigée-Lebrun*, **Duchesse d'Orléans** (wife of Philippe-Egalité); *Mme Labille-Guiard*, Mme Victoire (Louis XV's daughter, in 1788); *Anonymous*, Princesse of Lamballe (curious headgear); *Anonymous*, Louvel the murderer of the Duc de Berry) in 1820; *Mme Labille-Guiard*, Mme Adélaïde (Louis XV's daughter as an old lady in 1787); *Mme Filleul*, The Duke d'Angoulême (eldest son of Charles X and husband to Mme Royale daughter of Louis XVI and Marie-Antoinette. — Between the windows, 6 *vases* on fine pedestals.

We retrace our steps as far as the Vestibule of the Princes Courtyard from which we have entered. — In the **Princes Courtyard** on the r. side (opposite the Gardens) the Salle du Congrès (Congress Room) may also be visited. A poster marks the entrance.

The **Salle du Congrès** (which belongs to the Chambre des Députés of Paris, may be visited with a guardian; fee traditional) used now-a-days for the election of the Presidents of the French Republic, was built in 1875 to receive the Chambre des Députés but this Parliament only sat here till 1879. — The **Salle des Séances** is an hémicycle with a colonnade; above the tribune a large painting, the *Opening of the Etats Generaux in 1789* by Couder : on the walls right and left of the picture, **Gobelins tapestries** ; the desks which belonged to Gambetta, Thiers, Félix Faure and Carnot are marked with posters. — The last President elected in this room was Millerand on September 23, 1920.

After seeing this we enter the Gardens.

THE PARK

The *park* is open from morning till dusk; in summer even till 10 p. m. — The *Bosquets* (gardens) enclosed with railings are closed from nov. 1st to April 30; some of them are also closed in summer; but it is possible to visit all of them by applying to the *Poste des gardiens* (custodians office) which is to be found at the beginning (on the l.) of the Tapis Vert (Great lawn). A gratuity is expected.

The **Park**, or more exactly the **Gardens** of Versailles, is the result of the combined efforts of *Le Nôtre* (1613-1708) the famous head gardener, who laid out the plans for Louis XIV, and of the civil engineer *François de Porcine* who undertook the machinery and water works. The first plans of the gardens were designed in

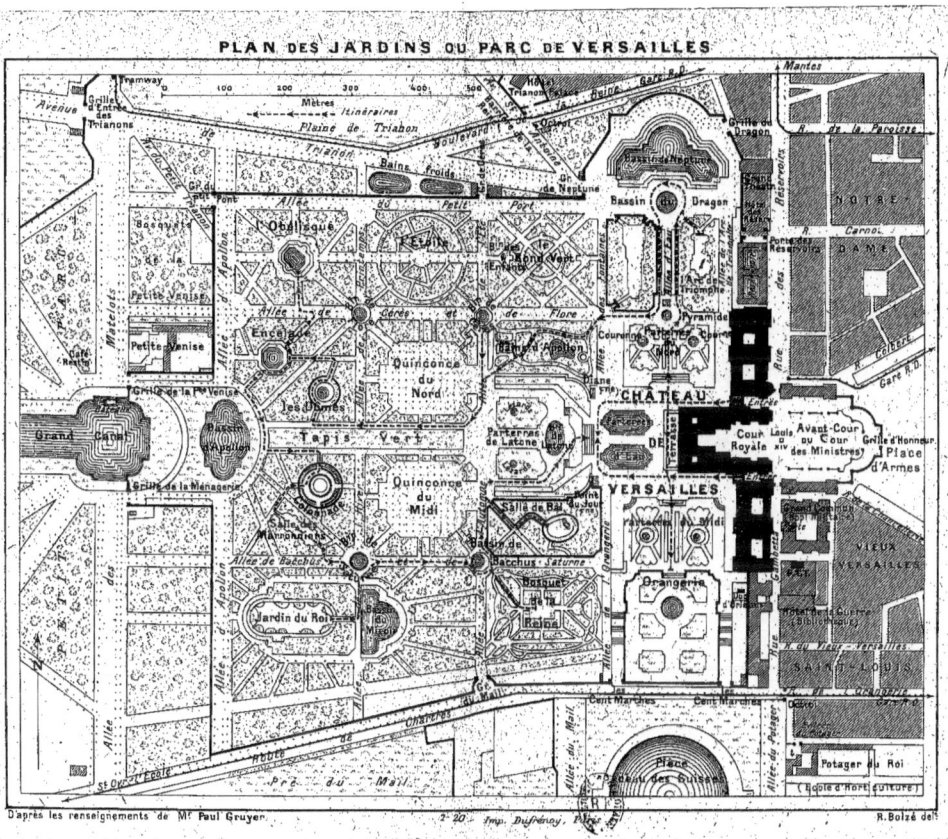

BASSIN DE LATONE.

1661 and the last touch was given in 1668. They are the most complete example of what a « French garden » is.

ITINERARY. — UPPER TERRACE, BASSIN OF LATONE, ORANGERIE, PIÈCE D'EAU DES SUISSES, ALLÉE D'EAU, BASSIN OF NEPTUNE. — Whichever way one enters the Gardens, be it by the Passage near the Chapel or the Vestibule des Princes, the first thing one gets out to is the large Terrasse and the Parterres d'Eau (water-gardens).

The **Terrasse du Château** (see the plan) lies just in front of the central part of the Château's ground-floor and is raised above the rest of the gardens by seven steps. It is decorated with 4 bronze *statues* from the antique, and two fine marble vases one representing : *War*, by Coysevox (on the r. with one's back to the Castle) and the other *Peace*, by Turby (on the l.).

The **Water Gardens** are rectangular ponds set just below the terrace, and decorated, at the time of Louis XIV, with bronze figures cast by the brothers Keller, and representing the principal Rivers of France. Between these are alternate statues of recumbent Water-Nymphs, and graceful Groups of Children.

Beyond the Water Gardens is the beautiful **Perspective des marches de Latone**.

From the top of these steps (r. and l. two fine marble vases), on one side (backward view) towers the château's gigantic façade (647 yds long from end to end, 375 windows). On the other side the view is quite as beautiful; — directly below the steps is the **Bassin de Latone** with its fine groups in gilt lead of a rich colour. On Grandes Eaux days, the men and animals which constitute the groups all shoot jets of water towards the goddess. — Still lower are two other water gardens inappropriately called **Bassins des Lézards** (Fountains of the lizards). — On each side of the two **horse shoe shaped inclines**, planted with ilex, which converge towards the Tapis Vert are rows of statues mostly after the antique. Beyond this the Tapis Vert (p. 36) runs down in a straight line to the Bassin d'Apollon (p. 37) and the Grand Canal (p. 37) thus allowing a wide expanse of view.

On the terrace itself, on both sides of the Marches de Latone are two fountains : **Fontaine de Diane** (on the r. with one's back to the château) and **Fontaine du Point du Jour** (on the l.) also called **Cabinets des animaux** because of their fine bronze groups representing fighting animals. Both fountains are set between two lovely *marble statues* (*Diana* and *Venus* at the fontaine de Diane, *Spring* and *Water* at the fontaine du Point du Jour).

At the l. end of the terrace are the **Parterres du Midi** overlooking the **Cent Marches**, the **Orangerie**, and the **Pièce d'eau des Suisses**.

The **Parterres du Midi** (south gardens), are decorated with « embroideries of box-hedge » gracefully running on the ground ; bronze vases by Dallin with marble vases at the angles line them. They lead to the upper terrace of the Orangerie and to the Cent Marches. — The double staircase called **Escalier des Cent Marches** (103 steps) are included in the Orangerie buildings erected by Mansart. — The **Orangerie** (*no admittance, but the upper terrace to which the public is admitted affords a magnificent view*) has powerful basements supporting the Parterres du Midi. The interior galleries have very fine vaultings and measure in their greatest length 1259 ft.

The **Pièce d'Eau des Suisses** which the terrace overlooks is separated from the Orangerie and the Cent Marches by the road from Versailles to Saint-Cyr. It was dug out between 1678 and 1682 by a regiment of Swiss Guards (hence its name). This pond which formerly had a stone margin, is 459 ft. long and ends at the outskirts of the *woods of Satory*. At that end there is a *statue of Louis XIV* by Bernini; but Louis XIV was not satisfied with it and had is transformed into a *Marcus Curtius* by Girardon.

We return to the great terrace, on the r. of which are the **Parterres du Nord** (North gardens) lying in front of the *Aile du Nord* of the Château. Above the buildings rise the graceful roofing of the Chapel and the glass roof of the Opera house. From the Terrace (just opposite the War vase) a marble staircase (on the r. *Scythian knife-grinder*, fine bronze after the antique; on the l. a *squatting Venus* by Coysevox) leads down to the Parterres du Nord. The middle alley lined with small ilexes passes between two pretty round ponds : **Bassins des Couronnes, or des Sirènes** and ends at the **Fontaine de la Pyramide**.

This fountain, in lead, is a delightful work of Girardon, after the plans of Claude Perrault the architect of the Louvre; when the waters play water springs at the top and rushes gurgling from one cup to the other, hence the popular name of *Pot Bouillant* (Boiling Pot), given to it by the crowd. Statues line the hornbeam r. and l. of the Fontaine de la Pyramide; observe on the l. Winter represented by Girardon as an old man warming himself by a fire. — Below the fountain the **Bain de Diane** (Diana's bath), shows a delightful bas-relief by Girardon, Diana and her nymphs at play among some rushes.

From the Bain de Diane starts the **Allée d'eau** or **Allée des Marmousets** (small children), which one must follow. Its plans were given by Claude Perrault and Le Brun (1676-1688). It consists of 22 small ponds each of them being decorated by a bronze group of three children.

The Allée d'Eau leads to the **Bassin du Dragon**, the **Bosquet de l'Arc de Triomphe** and the **Bassin de Neptune** perhaps the grandest of all those which the gardens contain.

The **Bassin du Dragon** was rebuilt in 1889, according to its former plans and drawings, which still existed, by the sculptor Tony Noël. The central figure represents a **Dragon deadly wounded** by an arrow shot by one of the children riding on swans, which surround him. The monster vomits a huge column of water.

The entrance to the **Bosquet de l'Arc de Triomphe** is to be found on the r. of the Bassin du Dragon. It has been much altered since the time of Louis XIV, the ironwork *triumphal arch* from which its name is derived and from which water sprung on feast days, exists no more. But the fine group of **France triomphante**, by Tuby and Coysevox still stands at the entrance of the bosquet. Among other busts and statues observe, on the l. a quaint Æsop, in coloured lead, by Le Gros, and quite at the farthest end a marble group of *Meleager and the dead boar*.

The **Bassin de Neptune** was begun at the time of Louis XIV by Le Nôtre and Mansart, but was only completed in 1740 under the reign of Louis XV; it was restored in 1889. It consists in a large semicircle rising as an amphiteatre. The grass-grown slopes front a wall decorated with **22 very rich leaden vases**. The main group **Neptune and Amphitrite** by Sigisbert Adam rests upon this wall. On the r. of it is a figure of the **Ocean**

PARTERRES ET BOSQUETS DU NORD.

with a marine animal by J.-B. Le Moine; on the l. Proteus the other sea-God, with an unicorn, by Bouchardon. At both ends two fantastic sea dragons driven by Cupids also by Bouchardon.

From the Bassin de Neptune (on the side opposite to the town, *route de Trianon*) we retrace our steps along the Allée d'eau

Photo P. Gruyer.

Bassin de Neptune.

to the Fontaine de la Pyramide; there we must turn to the r. near the statue of Winter, follow along the hornbeam to reach a cross-road in circular shape decorated with fine marble busts representing Statesmen and Philosophers of the Antiquity. L. of this cross-road is the entrance to the Bosquet des Bains d'Apollon.

BOSQUETS DU NORD (Northern Bosquets) : — BAINS D'APOLLON, BASSIN DE CÉRÈS and BASSIN DE FLORE, the DÔMES, the ENCELADE, TAPIS-VERT, BASSIN D'APOLLON, and GRAND CANAL (see the plan). — *N. B. If a bosquet was closed visitors should apply to the custodian's office (Poste des gardiens; gratuity) at the beginning of the Tapis-Vert. In summer custodians are generally to be found at the entrance of each bosquet.*

The **Bains d'Apollon** (Bath of Apollo), is quite different on the whole from the other bosquets. This comes from its having been rebuilt at the time of Louis XVI (although it already existed at the time of Louis XIV) according to the taste of the epoch, after the designs of the painter Hubert Robert, in 1776. It belongs to the type of « landscape gardening » created by the xvııth c.

In a huge artificial rock has been dug a sort of grotto in which stands the marble group by Girardon and Regnaudin of the **Bath of Apollo** (executed at the time of Louis XIV for another bosquet now no more existing); r. and l. of this group are two others : The **Horses of Apollo watered by Tritons**, the work of Guérin and of the brothers Marsy.

On leaving this bosquet by the r. corner (with one's back to the rock of Apollo) one finds immediately the charming **Bassin de Cérès** or **de l'Eté** (of summer), by Regnaudin.

[Beyond the Bassin de Cérès a little to the r. one could see, in a recess of the hornbeam the small **Bassin des Enfants** (Children's pond) with graceful statuettes by Hardy.]

From the Bains d'Apollon and the Bassin de Cérès the **Allée d'été** leads back (fine marble busts with mythological subjects) on the l. to the beginning of the Tapis Vert. — On the r. of this allée, at the bottom of the Rampe de Latone, is a lovely statue of **Venus** with a shell by Coysevox. (It is only a copy; the original is now in the Louvre).

The **Tapis-Vert** is the sequence to the Descente de Latone according to the huge landscape ordnance opening in front of the Château. Before it is a **Demi-Lune** (crescent shaped *esplanade*; on the l. *Custodian's office* where the keys of the closed bosquets are kept) decorated with four sculptured groups among which *Laocoon* and his sons, after the antique.

[*If one be in a hurry it is better to cross straight through the esplanade of the Tapis-Vert and to go directly, to the Bosquet de la Salle de Bal or of the Rocailles (p. 39), on the l. of the Allée de l'Automne which is the continuation of the Allée de l'Eté; after which one may return to the Tapis-Vert.*]

The Tapis-Vert was called, at the time of Louis XIV, Allée Royale; it was stone-flagged and used as a drive by the Court-carriages. It is now a lawn 362 yds long, and 44 yds wide, ending at the Bassin d'Apollon, and decorated on both sides with fine marble vases and statues. — By going down along the r. side of the Tapis-Vert one reaches the entrance of the Bosquet des Dômes.

The **Bosquet des Dômes** (r. and l. of it formerly stood two domed pavillons, hence its name) shows a fine decoration in marble, and gilt lead, which was lately restored. Among the statues *Galatea* and *Acis*, by Tuby, are worth notice.

On leaving the Bosquet des Dômes by the door on the side opposite to the Tapis-Vert one finds : on the r. the **Bassin de Flore** or **du Printemps** (of spring) by Tuby; on the l. the Bassin de l'Encelade.

The **Bassin de l'Encelade**, consists in a mass of rock-work emerging from the water and under which the **Titan Enceladus**, by B. Marsy, is half buried.

The **Bosquet de l'Obélisque**, also called la *Gerbe* (the sheaf)

TAPIS-VERT. — BASSIN D'APOLLON.

or the *Cent-Tuyaux* (the hundred pipes) is just beyond the Bassin de l'Encelade (with one's back to the Tapis-Vert and the Bassin d'Apollon). In the middle is a fountain erected above grassy slopes; from this fountain emerges a mass of reeds from which the waters spring in the shape of an obelisk.

The Tapis-Vert and the bassin d'Apollon.

[*By continuing straight on beyond the Bosquet de l'Obélisque one could reach Trianon in about 5 or 10 minutes.*]

From the Bosquet de l'Obélisque the fine **Allée d'Apollon**, on the l., leads back to the Bassin d'Apollon.

The **Bassin d'Apollon**, a vast, octogon-shaped fountain, is remarkable for its fine group, by Tuby, of the **Chariot of Apollo**, rising from the waters at dawn. — The half-moon esplanade, in front of the Bassin d'Apollon and the allées on both sides are lined with statues and busts.

Two gates separate the esplanade of the Bassin d'Apollon, from the **Grand Canal** thus marking the difference between the gardens, or Park of Versailles, proper, and the former **Petit-Parc** which lay beyond.

Boats : — Motor and rowing boats; collective trips to *Trianon* and round the *Canal*; fishing-license.
Restaurant : — *de la Flotille du Canal* at the beginning of the Canal near the small wharf for the boats.
The **Grand Canal**, dug out at the time of Louis XIV, is about 1 M. long and its medium width is 68 yds, while the extreme is 208 yds. It is cross-shaped having two branches (549 yds. long each), the one extending towards

THE PARK.

Trianon and the other towards the former **Ménagerie** (now a School for Military Pontoneers) from which the Jardin des Plantes in Paris originated. Its total perimeter is about 3 M. and it covers an area of about 57 acres.

The **Petit-Parc**, the magnificent timber of which lines the canal, was formerly used as a game preserve. Large alleys cut through it, some of them running on the r. towards the Grand Trianon, and beyond it towards *Marly*; others, on the l. towards *Saint-Cyr*. It ends at the **Grille Royale** which may be seen at the far end of the Canal.

Beyond the Petit-Parc formerly lay the **Grand-Parc** which was used for hunting and covered an area of about 15,000 acres of land enclosing many villages and the lakes of the higher plateau which still supply the water for the Grandes Eaux (Water works).

[*From the top of the Canal it is easy to go straight on to Trianon either by boat (see above) or by the large alley called avenue de Saint-Antoine which is just opposite the wharf. — On the other side of the Canal the continuation of this avenue then called allée des Matelots joins the Versailles road at Saint-Cyr.*]

BOSQUETS DU MIDI — (Southern Bosquets) : COLONNADE, SALLE DES MARRONNIERS, JARDIN DU ROI (King's garden), BASSINS OF SATURNE and OF BACCHUS, SALLE DE BAL (Ball-room) : — With one's back to the Tapis-Vert and Bassin d'Apollon one goes straight up, by the r. of the Tapis-Vert to the entrance of the Bosquet de la Colonnade.

La **Colonnade**, one of the finest decorations of the Gardens is the work of Mansart (1685-1688). It is inspired by the Italian architecture of the late Renaissance and consists in a circular porticoed gallery. Under each arch is a round marble basin from the middle of which the water springs and falls into a circular pipe. In the centre stands the group of the **Rape of Proserpine by Pluto**, perhaps the masterpiece of Girardon. At the time of Louis XIV the Colonnade was used as a refreshment room in summer: Marie-Antoinette had musical entertainments given there in the evenings.

Behind the Colonnade is the **Salle des Marronniers** (Chestnut-tree hall); only two statues and 8 moss grown busts, after the antique, may now be seen in it.

A few steps take one from the salle des Marronniers to the **Bassin de Saturne** or **de l'Hiver** (Fountain of Winter) by Girardon (lovely group of an old bearded man, representing Time, surrounded by small winged Cupids one of which holds a pair of bellows).

Adjoining this, on the r., is the **Jardin du Roi**, in front of which rise the green slopes of the **Bassin du Miroir** (Mirror Fountain).

The plans of the **Jardin du Roi** were given at the time of Louis XVIII by the architect Dufour. It is chiefly renowned for its *flowers*, A railing protects it from the outside and in the middle stands a single graceful column bearing a small statue of Flora. Outside the railing are two gigantic statues the *Farnese Hercules* and the *Farnese Flora*, both copies after the antique, made at the time of Louis XIV.

Having returned to the Bassin de Saturne a few steps down the same allée bring one to the **Bassin de Bacchus**, or of

Autumn, with a charming group by Marsy. In the distance, at the end of the alley, may be seen the huge walls of the Orangery. On the r. of the Bassin de Bacchus is the **Bosquet de la Reine**.

The Bosquet de la Reine was laid out at the time of Louis XVI on the spot of a former **labyrinthe** and was called at first *Bosquet de Vénus*. It is decorated with statues and busts. In this bosquet took place the beginning of the famous **Affaire du Collier** in which an adventuress, Mme de la Motte mystified the Cardinal de Rohan. The Cardinal had displeased the Queen and being anxious to regain her favour, let himself be persuaded by Mme de la Motte that she was an intimate friend of the Queen and that through her intercession he might obtain a few instants conversation with the Queen, in the gardens, at dusk. Accordingly on August 11, 1784, the night being very dark, a girl, Nicole d'Oliva, very like Marie-Antoinette in stature, and dressed like her, was brought to the Bosquet by Mme de la Motte. She gave Cardinal de Rohan a rose, which he received kneeling, and a few days later he paid into the hands of Mme de la Motte fifty thousand livres which she told him the Queen wanted him to lend her. A year later, encouraged by her success Mme de la Motte persuaded the Cardinal that the Queen wanted him to buy for her a diamond necklace worth 1,600,000 livres which the Queen would pay back in small instalments. The Cardinal consented, and Mme de la Motte got the necklace and began selling the stones one by one. But the whole thing was soon found out and instead of hushing it up the Queen had Cardinal de Rohan thrown into prison although it was clear that he had been no party to the forgery but only a victim; the Parliament declared him innocent and it was the first cause of the discredit that the Queen's frivolous and expensive tastes were to bring down upon her, and with her, upon the monarchy in France.

Photo P. Gruyer.
The Colonnade.

From the Bassin de Bacchus, but on the side opposite to the Bosquet de la Reine, the **Allée de l'automne** decorated with marble **busts**, leads to the descent de Latone and the beginning of the Tapis-Vert. — Shortly before reaching the rampe de Latone, on the r., is the entrance to the Bosquet de la salle de Bal.

The **Bosquet de la Salle de Bal** (Ball room) or **des Rocailles** (grotto-room) dates back to Louis XIV, but has been restored since then. It is a lawn in amphiteatre-shape facing a fine grotto from which spring a series of waterfalls. Torch-holders and vases, in lead, anciently gilded and a group of *Cupid overpowering a satyr* complete the decoration. From the Ball-room one must return to the beginning of the Tapis-Vert, leaving on the l., the **quinconce du midi** and on the r., the statue of the *Dying Gladiator*.

(To reach both Palaces of Trianon the best is to go down the Tapis-Vert and round the Bassin d'Apollon, to the beginning of the Grand Canal. Hence by boat to the Grand Trianon or on foot; to the r., by the wide avenue de Saint-Antoine (facing the boat wharf) wich leads to the gate common to both the Palaces of Trianon).

ORDER OF DISPLAY OF THE GRANDES EAUX. — The **Grandes Eaux** (water playing in the fountains; days and hours see p. 5) are one of Versailles' chief attractions. The jets are 607 in number needing a supply of thirty four thousand quarters; the water after having been used in the higher parts is collected again and made to pass in the lower fountains. The length of the underground pipes would cover about 15 M.

To see the whole of the Grandes Eaux (the *show lasts an hour and is calculated so that one may see the whole play of a fountain, and move on to the next, without being obliged to hurry*) the following itinerary which the movements of the crowd indicate, is to be used : — first wait on the Terrace of the Château the beginning of the Grandes Eaux which takes place at the *Parterres d'eau* (the engineers may be seen applying huge keys to the cast-iron locks of the underground pipes). Then r. and l. of the Marches de Latone the *Fontaine de Diane* and the *Fontaine du Point du Jour* (also called *Fontaines des Animaux*) start playing. Below the Parterres d'Eau the frogs and tortoises of the *Bassin de Latone* intermix their jets above the goddess's head. — We go down the Descente de Latone towards the Tapis-Vert. Shortly before reaching it, on the l. : *Salle de Bal* or *des Rocailles*; where the water falls down along the rock-work in sheets of silver. — Returning to the Tapis-Vert we continue down on the l. till the *Colonnade*, one of the most curious fountains on account of the strange sound produced by the water as it falls on the marble. — We return once more to the Tapis Vert and proceed to its end where the *Bassin d'Apollon* is seen.

From the bassin d'Apollon we reach on the r. the *Bassin de l'Encelade* (the jet is 75 ft. high), and a little further the *Obelisk*, where a number of jets spring from a tuft of reeds. — Retracing our steps, and turning our back to the Obelisk we pass the small *Bassin de Flore*, and reach on the r. near the Tapis Vert, the *Bassin des Dômes*, all the banisters of which are turned into streamlets. — Then going up the Tapis-Vert towards the Château; at it's extremity on the l., we enter the bosquet des *Bains d'Apollon*. — We leave it on the opposite side at the lower end of the Parterres du Nord where we see the *Bassins des Couronnes* or *des Sirènes*; and the *Fontaine de la Pyramide* called *Pot Bouillant*. — After this, through the *Bain de Diane*, and the *Allée des Marmousets* (just below the Pot Bouillant) we reach the *Bassin du Dragon*; (this jet is the highest in the gardens being 88 ft high) and the *Bassin de Neptune*. This fountain, the last to play, is also the finest of the Grandes Eaux display; 63 jets rise as so many shining spears from the leaden vases on the margin and from the margin itself, whilst the central group of Neptune and Amphitrite is nearly hidden by the spray from the huge silvery spouts. The Grandes Eaux which had stopped playing during the war were resumed for the first time for the signature of the Peace, June 28, 1919.

Photo P. Gruyer.
The Grand Trianon.

THE TRIANONS

1° The Grand Trianon.

The *Grand Trianon* and the *Petit Trianon*, are open from 1 to 5.30 p. m. from April 1 st. to September 30, and from 12 to 4.30 p. m. from October 1 st. to March 31 except on Mondays.

The *park* and *gardens* are open daily until dusk.

Access to both palaces of Trianon: — *from the town*, by the boulevard de la Reine and the avenue de Trianon; tram line (pink disk) from the Rive-Droite station to Trianon (only on Thursdays and Sundays); — cabs and taxis, settle of the price with the driver; — *from the Château*, through the gardens, in about 20 minutes walk.

The tram coming from the town, and the avenue Saint-Antoine coming from the Château grounds (at the beginning of the Grand Canal) both bring to the **entrance gate** opening in the wall which encloses both Grand and Petit Trianon; from this gate we discover just opposite the *Grand Trianon* and on the r. the *Petit Trianon*. Carriages and motors are allowed to pass through the gate and drive right up to the entrance of both palaces.

The **Palais du Grand Trianon**, only one story high, was built by order of Louis XIV who wished to get away sometimes from the splendours and pomp of Versailles. The balustrades on the roofs were formerly decorated with vases and groups of children

THE TRIANONS.

History. — Since the beginning of the erection of Versailles Louis XIV had on this spot a small pleasaunce called the *Trianon de porcelaine* (China-Trianon). He had it pulled down in 1687, and the actual Trianon was then built by *Mansart*, probably with the assistance of his brother in law *Robert de Cotte*; he also gave the plans for the gardens. — Louis XV had the interior greatly altered in order to make the rooms less cold and more comfortable; he also had the gardens considerably enlarged to the r. and built the *Petit Trianon*. (see p. 45). — The Grand Trianon was emptied of all its furniture at the time of the Revolution, as was the Château of Versailles itself, but Napoleon had it refurnished and inhabited it on several occasions, particularly on December 16, 1809, the day he was divorced from Josephine. He brought Marie-Louise to Trianon in 1810. The fine *Empire furniture* dating from that time partly remained in its original place or has been returned to it after various adventures.

Although Queen Victoria never paid at Trianon the visit Louis-Philippe expected, Trianon was visited at an early period by English sovereigns. On February 7, 1689 King James was received at Trianon and entertained with ballet and opera. In 1697 the King and Queen of England assisted to the feasts given at Trianon for the wedding of the Princess of Savoie.

The **Cour du Grand-Trianon** is limited on one side by a small ditch. On the l. of the courtyard may be seen the former **Communs** (Servants quarters) now the Curator's office. — Having crossed the bridge and passed through the central *gate* we find a square courtyard at the further end of which a beautiful **Peristyle**, with marble columns and pilasters, opens on to the wide prospect of the park with its groups of fine old trees. *The entrance of the palace is in this courtyard on the l.; tourists are shown round by groups under guidance of a custodian (a gratuity is of rule).*

AILE GAUCHE (Left wing). — A long *corridor* leads to the **Salon des Glaces**, decorated with square mirrors; this decoration dates back to the time of Louis XIV and the room is accordingly *one of the most interesting* in the palace from the aesthetic point of view. — *Chimney-piece* of the time of Louis XVI. — Rather fine *furniture* in Empire style. — Large *table* used at the time of Louis-Philippe for Cabinet-councils (it is in Malabar oak all in one piece, 9 ft. wide with rather clumsy carving).

Chambre de Monseigneur (Monseigneur's bedroom). — At first *Louis XIV's bedroom*, then *Monseigneur's* (the Dauphin, son of Louis XIV) it afterwards became the *bedroom of Madame Mère* (Mother of Napoleon I). then that of *Louis-Philippe*. The fine gilded bed is that of **Madame Mère**: Louis-Philippe afterwards used it and had his initials set on it.

Antichambre de Monseigneur (Monseigneur's waiting-room). — Wainscotting of the time of Louis XIV. — Paintings by Houasse (*Story of Minerva*).

Salon de la Chapelle (chapel-drawing-room). — This room was used as a temporary chapel in the time of Louis XIV; the altar stood in a recess at the far end of the room. — Pictures of *flowers*, by Monnoyer (time of Louis XIV). — Portraits of *Louis XV* and *Marie Leczinska* his wife, by J. B. Van Loo.

Salle des Princes ou des Seigneurs (Princes-room). — This room was used similarly to that of the Œil-de-Bœuf of the Château of Versailles. — Above the chimney-piece the *Escutcheon of Louis XIV* painted by Mignard. Then we pass through the peristyle to enter the other wing or Aile Droite.

AILE DROITE. — **Salon des Colonnes** or **Salon Rond** (drawing-room with columns or round drawing room). — Its fine decoration belongs for the most part to the time of Louis XIV, but the paintings above the doors

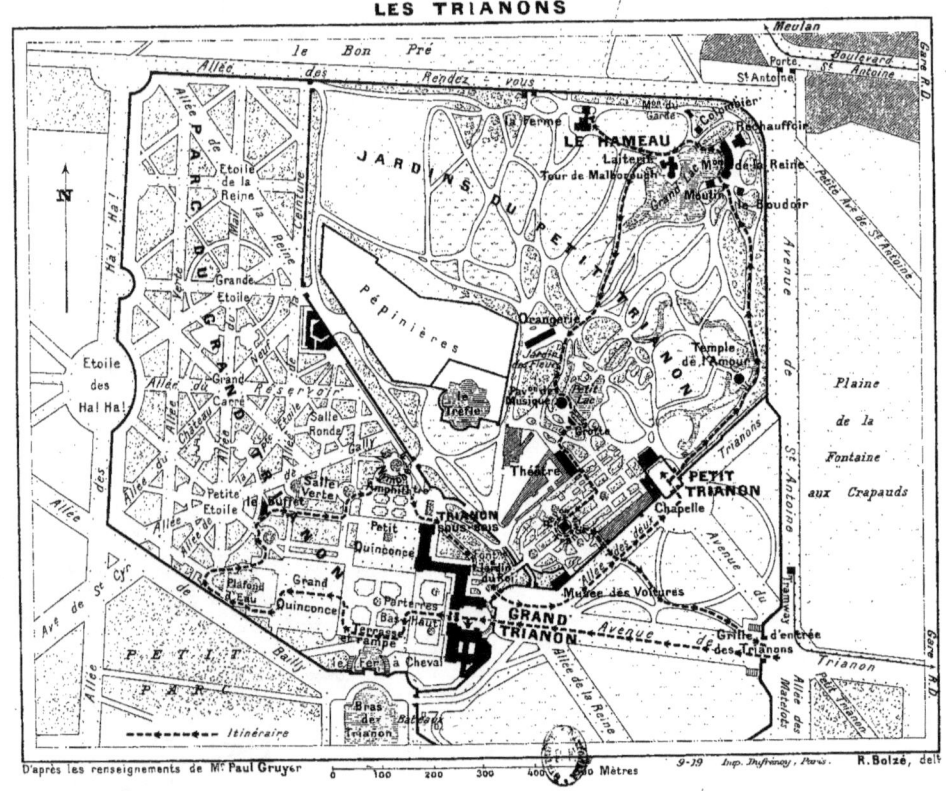

are Louis XV; at that time the room was turned into a chapel, and remained so under Louis XVI.

Salon de Musique (Music-room). In this and the following rooms the wainscotting dates back to the time of Louis XIV. — Paintings: *Louis XV*, by Van Loo; *Marie Leczinska*, by Nattier.

Grand Salon (Drawing-room). — At the time of Louis XIV this room was cut in halves, the *Antichambre des Jeux* for the King's game, a regular Royal function and *Chambre du Sommeil* (the room of Slumber) furnished with sophas.

Cabinet du Couchant (Sunset closet). — It is situated at the angle of the main front and of the r. wing, overlooking the Gardens, and owes its name to the way it is exposed to the sun.

Salon Frais (cool drawing-room, it being shaded by large old trees). — Sundry *pictures* and Royal *portraits*. — **Cup and vases in malachite** (wonderful mosaic made of very small pieces) given by Emperor Alexander I of Russia to Napoleon after the conclusion of the Treaty of Tilsitt (the carved settings are French), hence the other name given to this room of *Salon des Malachites*.

AILE EN RETOUR (Rear wing). — The **Grande Galerie**, which keeps its old decoration by Mansart, opens off the Salon Frais, on the l.; the red marble and gilded bas-relief were added by Louis-Philippe. — Between the windows may be seen curious old **paintings** in mythological style by Cotelle showing the gardens of Versailles at the time of Louis XIV. — The Grande Galerie terminates in a drawing-room called **Salon des Jardins**, opening on one side on to the gardens, and on the other on to the wing called Trianon-sous-Bois.

The AILE DE TRIANON-SOUS-BOIS (no admittance) was built at the time of Louis XIV so as to enlarge the original building. It is the only part of Grand Trianon which is two stories high. Louis-Philippe had a *Chapel* arranged in this wing but it is not interesting. We return to the Salon Frais.

Salon des Sources (Drawing-room of the streams). — It was thus named in the time of Louis XIV on account of the many small streams flowing through the grounds which lay under its windows. — **Paintings by Boucher** (hence its other name of Salon des Bouchers). *Neptune and Amymona; Venus and Vulcan; The Fortune-teller; Fishing*. — Over the Chimney-piece: **The old aqueduct of Nero**, in Rome, by **Hubert Robert**; — **Winter**, by N. Coypel. — Napoléon turned this room into a *Library*.

Beyond this Salle the windows of the five following rooms open on to the *Jardin du Roi*. These five rooms were, at the time of Louis XIV the *Apartments of Mme de Maintenon*; they were afterwards inhabited by Louis XV and Mme de Pompadour. Lastly they were turned into the APARTMENTS OF NAPOLÉON AND OF MARIE-LOUISE and their actual decoration and furniture date back to that time.

Antichambre (Lobby). Yellow hangings (restored). — **Cabinet de Travail** de Napoléon (Napoléon's study). *Blue hangings*, old. — **Salle de Bains** (Bathroom). The bath is hidden under a sopha. — **Chambre de Marie-Louise** (Bedroom of Marie-Louise; the exact situation of Napoléon's bedroom is unknown). Bed in elm-wood with gilt bronze decoration (from the Château de Meudon) a remarkable specimen of Empire style.

Salon Jaune (Yellow drawing room). **Table in Roman mosaic**, given to Napoléon by the Pope. The setting is indifferent but the mosaic is very valuable.

The following rooms open on to the other side of the Jardin du Roi; they were inhabited by Louis XIV but have been much spoilt.

Antichambre du Roi (King's waiting-room). Fine **Chimney-piece** (time of Louis XV) in purple breccia. Fine table (time of Louis XIV) with mosaic top.

Chambre du Roi (King's bedroom) Louis-Philippe had it entirely refurnished in expectation of a visit of Queen Victoria who never came. The furniture and bed are in Louis-Philippe style. — Paintings of *Fruits* and *Flowers* (time of Louis XIV).

The visit of the palace ends here and visitors come out into the courtyard by which they entered.

Parc du Grand Trianon. — The Park (gardens) of Grand Trianon was designed by Mansart. The fountains play in summer, on the third Sunday of each month.

From the lovely Peristyle, coming down among rich flower beds, in front of us we see the Bassin du Plafond d'eau (see below), its rich red marble enhanced by the deep masses of trees which surround it. A little further on the l. is the **Terrace** of the **Escalier du Grand Canal** (a double stone staircase horseshoe shaped with closed iron gates at the top) commanding an unic prospect of the Grand Canal (just opposite is the old *Ménagerie* branch of the Grand Canal). Here the Court landed when coming from Versailles to Trianon in gondolas. *Actually the boats starting from the wharf on the Grand Canal land their passengers on the same spot.*
We then return towards the l. in oblique line to the **Bassin du Plafond-d'eau**, or **du Miroir** (Water-ceiling or Mirror), decorated with two *dragons* in Chinese style. — A little further to the r. of the **Plafond d'eau** (with one's back to the palace) is the **Buffet** (dresser) a fine fountain designed by Mansart in the shape of a dresser, a lovely blending of pale red and white marbles, and of gilt lead. It is the most important piece of the water works of Grand Trianon. — From the Buffet we retrace our steps along the alley facing it and arrive to the front of the Trianon-sous-Bois wing, hidden among the trees. Just before reaching it on the l. is the **Amphithéâtre**, decorated with twentyfive *busts* after the antique and with a fountain bearing four charming statues of **Nymphs**. Returning towards Trianon-sous-Bois we go round it to the l., and pass under some fine pine-trees and near the lovely **Fontaine de l'Amour** by Marsy (restored) to reach the small square grounds called **Jardin du Roi**. From the Jardin du Roi a bridge, on the l. (built at the time of Napoléon), connects the Grand with the Petit Trianon, whilst a door opening in the wall which encloses the park leads back to the courtyard in front of the Grand Trianon.

In a small pavilion, l. of the Palace of Grand Trianon and of the issue from the Jardin du Roi, is the quaint **Musée des Voitures**.

Coronation carriage of Charles X, a huge gilt affair, afterwards used for the baptism of the Prince Impérial, son of Napoléon III (at the top is a group: Fame holding the Imperial crown, the Napoleonic Eagle having replaced the Royal arms of France). Calèche (barouche) used for the baptism (1820) of the Duke of Bordeaux (afterwards Count of Chambord) and after that for the wedding of the Emperor Napoleon III with the Empress Eugenie (1853). — Calèche of Napoleon Ier, called la *Topaze*, used for his wedding with Marie-Louise. — Sedan chairs belonging to Marie Leczinska and Marie-Antoinette. — XVII and XVIII. c. Sledges.

Coming out from the Musée des Voitures on the l., one reaches the entrance of the Petit Trianon.

2° *The Petit Trianon*.

The **Palace of Petit Trianon** was built for Louis XV, in 1766 by the architect Gabriel; but is chiefly known as the favourite resort of Marie-Antoinette who caused the gardens to be conside-

PETIT TRIANON.

rably enlarged and created the famous Hameau, in rustic style, still existing in our days.

History. — To amuse Louis XV Mme de Pompadour, in 1749, imagined a small rustic *Ménagerie*, containing cows, hens, pigeons, in the immediate vicinity of the Grand Trianon. To this was soon added a garden-house called *Pavillon Français*. Between 1762 and 1768 Louis XV caused *Gabriel*

Photo Hachette.

The Petit Trianon.

to build on this spot the palace called Petit Trianon. After Mme de Pompadour's death, in 1764, it was Mme Du Barry, the new favorite, who made use of the Petit Trianon; and it was there that in 1774 Louis XV, then aged 64, fell ill of infectious small pox which caused his death. — When Louis XVI became King he gave both Trianons to Marie-Antoinette but it was chiefly Petit Trianon which the Queen delighted in. When the Court was at Versailles the Queen came daily to Trianon or even settled there for weeks to rest from Court etiquette and pomp. She then lived very quietly her only society being her two brothers in law the Counts of Provence and of Artois (afterwards Louis XVIII and Charles X) the Princess of Lamballe and a few other members of her intimate circle. A small *Theatre*, organized in the Palace, was an occasion for te Queen to attempt the stage which she did on August 1st, 1780. Nevertheless the chief attraction of the Petit Trianon was the then quite recent *Anglo-Chinese garden*, or *Landscape garden* created between 1774 and 1786 and which contained artificial grottoes, rocks, a river, small pavilions, exotic trees and lastly the *rustic hamlet*; all of which quite suited the craze for « nature » brought into fashion by Rousseau; it also was a reaction against the ancient French gardens. — At the Revolution nothing was left of the Petit Trianon's furniture; since then a good deal has been brought back to it (chiefly from Fontainebleau); some of this new furniture belonged to Marie-Antoinette, the rest is only contemporary to her.

THE TRIANONS.

The courtyard of the Petit Trianon is closed by a gate. Having entered it one sees on the l. the chapel (1772, no admittance) and just opposite to the gate the palace of Petit Trianon itself with a flat roof lined with balustres. The main front overlooks the gardens, on the l. *The visit of the palace takes place by groups under guidance of a guardian* (tip of rule).

From the entrance VESTIBULE a very fine **staircase** with iron work banisters (time of Louis XV) to which gilt initials of Marie-Antoinette were afterwards added, leads to the first floor; the lantern dates back to the time of Louis XVI.

Antichambre (lobby, *1st floor*). — The paintings over the doors were executed by Natoire for Louis XV and Mme de Pompadour; the subjects are: *Beauty re-lighting Cupid's torch; Diana's sleep; Telemachus and Calypso* (Telemachus being represented with the features of Louis XV).

Grande salle à manger (large dining-room). — **Interesting decoration** of the time of Louis XV, executed for Mme Du Barry, after the designs of Gabriel. — On the walls are hung two **paintings** which Marie-Antoinette caused to be put there as they recorded a *Ballet* which she (then aged 10) and her brothers *danced at Schönbrunn*. — At the time of Louis XV by an ingenious mechanical device a trap opened in the floor and a *large table* ready laid for meals ascended from the kitchens.

Petit salon (small drawing-room). — Different pieces of furniture belonging to the time of Louis XVI have been assembled in it. — Portrait of *Louis XVII* (the Petit Dauphin who died in the Prison of the Temple during the Revolution) a copy of a crayon by Kocharsky.

Grand Salon (Big drawing-room) this was the most important room of the Petit Trianon. Marie-Antoinette had her harpsichord placed here and used to play and give concerts to her guests. Splendid carved wood **decoration** (time of Louis XV). — Fine **furniture** with the initials of Marie-Antoinette. — *Harpsichord*. — Two *vases in petrified wood* (Vienna, 1780) which belonged to Marie-Antoinette. — Over the doors paintings by Pater (*Dance; the Swing, Rest, Rustic Concert*).

Boudoir. — Marie-Antoinette had it altered, according to her taste, by Mique, her architect (observe *wood work* and *chimney-piece*); on the mantelpiece is a *bust* of the Queen which was broken at the time of the Revolution.

Chambre à coucher (Bedroom). Formerly *Study of Louis XV*, turned into a bedroom for Marie-Antoinette. — On the mantel-piece a charming *clock* with the Austrian eagles stands between 2 *vases* with carved bronze settings; inlaid *table* with the initials of Louis XVI and Marie-Antoinette; *chest of drawers* with fine bronze appliques; chairs bearing the Queen's initials. — The *bed* is not hers, but the **bed-cover** was, and bears her initials and those of the King.

Salle de bains (Bath-room). — Organized for Marie-Antoinette in the former *Botanical Library* of Louis XV.

Having seen all this one leaves the Palace and enters (on the l.) the **Gardens**.

These gardens are remarkable for their fine vegetation specially for the *rare exotic trees* they contain. Some of those trees, particularly the *cedars*, date back to the time of Louis XV (for whom botany was a whilom hobby); the main part however were re-planted in 1830.

Entering the Gardens by the courtyard of the palace we follow on the r. the hornbeam which delineates them and soon approach the lovely small **Temple de l'Amour** (Temple of love) rising on a small island. The statue in it, by Bouchardon, represents *Cupid making himself an arrow out of Hercules club.*

Further on, along the same alley one reaches the **hameau** with structures imitating brick constructions and thatched roofs, like a village in a play. — First we find the **moulin** (mill) with its wheel, lining the **étang** (pond) or **grand lac**. Then on the r. is the

The Temple de l'Amour.

boudoir, and beyond it the **maison de la Reine** (Queen's house) in semi circular shape with wooden arcades and a covered balcony. It contained a *dining-room, Cabinet de jeu* for playing tric-trac, *billiard-room* and two *drawing-rooms*. — Behind the Queen's house, a small house called the **réchauffoir** (warming pan) was used as a kitchen.

A small stone bridge crosses the river which flows out of the lake (great quantity of fish) and near which, on the r. but set a little apart, is the **maison du Colombier** (pigeon-house). — On the l. near the lake may be seen the pretty **laiterie** (Dairy) with its marble tables, adjoining the wooden **tour de Malboroug** (Tower of Malborough) with stone basement, exterior staircase and circular balcony at the top. — Lastly on the r. one reaches the *ferme* (Farm-house) the different structures of which including the *vacherie* (byre) and *Étables* (stables) are connected by a stone portico.

Going round the lake on the l., we walk along the small stream which supplies it with water until we reach another small lake above which rises an eminence covered with box called **Montagne de l'Escargot** (Snail's mountain). — At the top of this stands the **Belvédère**, an octogon shaped pavilion, designed by Mique in néo-classical style; it is surrounded by *Sphinxes* and its interior decoration recalls the paintings of Pompeii and Herculaneum. — On the r. of the belvedere (if looking towards the lake) is the **grotte**, an artificial grotto with a wooden bridge thrown across a ravine. Marie-Antoinette was sitting in this grotto on October 5, 1789, when a page came to tell her that the Paris mob had marched towards Versailles.

Behind the eminence upon which the belvedere stands, lies the interesting **jardin fleuriste** (flower-garden), full of exotic trees and rare flowers, created in 1850.

From the belvedere and grotto we return towards the palace which may be seen half hidden by the trees, and slightly bearing to the r. we find the entrance of the **Théâtre of Trianon** emerging from the trees; it was built for Marie-Antoinette who only acted herself a few times (admittance only by special authorization). From the Théâtre we reach the **Jardin Français** (French garden) of Trianon, dating from Louis XV, and very pleasantly laid out. On the l. may be seen the front of the palace of Petit Trianon and its stone steps. — Towards the r. is the **Pavillon Français**, built in 1751 by Gabriel for Louis XV and Mme de Pompadour; it is not open but from the outside one may see quite easily through the large windows the richly gilt columns and splendid frieze of the central room.

By continuing the alley beyond the Pavillon Français we could find the bridge leading back to the Grand Trianon. There are three ways of exit from the Petit Trianon either by this bridge, or else by returning to the courtyard of the Petit Trianon, or more simply still by a small door opening in the enclosure of the gardens near the Pavillon Français, behind the hornbeam (see the map.).

674-20. — Coulommiers. Imp. Paul BRODARD. — 12-20.

SOCIÉTÉ CENTRALE
des BANQUES de PROVINCE

Société Anonyme au capital de 200 000 000 de francs
Siège Social : 41, rue Cambon, PARIS

TÉLÉPHONE : Centr. 54-98, Gut. 68-55, 27-73 — Inter. 433
ADRESSES TÉLÉGRAPHIQUES : SYNPROBANK et CENTROBOURSE

La Société Centrale des Banques de Province fait toutes opérations de Banque : dépôts d'argent, dépôts de titres, encaissements de coupons, ordres de bourse, souscriptions, chèques et lettres de crédit sur tous pays, prêts sur titres, achats et ventes de monnaies, matières et billets étrangers, service de location de coffres-forts.

AGENCES DANS PARIS

Agence **A** : 42, Rue de Bretagne.
— **B** : 2, Rue de la Tour.
— **C** : 18, Rue Pierre-Lescot.
— **D** : 39, Avenue des Champs-Élysées.
— **E** : 128, Rue Réaumur.
— **F** : 1, Rue de l'Aqueduc.
— **G** : 88, Avenue Ledru-Rollin.
— **H** : 119, Rue de Rennes.
— **I** : 15 et 17, Av. du Pont-de-Flandre.
— **IA** : 198, Av. Jean-Jaurès (Bureau annexe).
— **J** : 21, Rue Saint-Antoine.
— **K** : 72, Rue de Clichy.
— **L** : 53, Rue de l'Echiquier.
— **M** : 20, Avenue des Gobelins.
— **MA** : 12, Avenue Jean-Jaurès, à Gentilly (Bureau annexe).
— **N** : 91, Avenue du Président-Wilson, à Levallois.
— **O** : 13, Place de Vaugirard.
— **P** : 91, Rue d'Alésia.
— **R** : 26, Avenue Trudaine.

Succursale à **NEUILLY** : 50, Avenue de Neuilly.

LUCHON

REINE DES PYRÉNÉES
630 MÈTRES D'ALTITUDE

Célèbre par :

La Beauté de ses Sites ;
    La Douceur de son Climat
        L'Efficacité de ses Eaux

LUCHON est la Capitale du Soufre (Landouzy)

Possède les Sources les plus Radioactives de France.

Établissement thermal ouvert toute l'année

CASINO DE PREMIER ORDRE

Golf — Sports d'Hiver

VENUS

LE CRAYON PARFAIT

GRAPHITE ET A COPIER

GOMMES VENUS

Chez tous les Papetiers

PUBLICITÉ DES GUIDES DIAMANT
EXERCICE 1921

I. Adresses utiles — Sociétés financières
Journaux — Chemins de fer — Indicateurs
Compagnies aériennes — Compagnies maritimes

ADRESSES UTILES

AGENCES DE BAGAGES

AGENCE DE BAGAGES
Enlèvement des Bagages
A domicile et à l'étage
ENREGISTREMENT — EXPÉDITION
Grande et petite vitesse
MESSAGERIES DU TOURISME
8, rue Michel-Chasles, PARIS
En face la gare du P.-L.-M.
TÉLÉPHONE Roquette 30.18

ANTISEPSIE

Bain stimulant de
J.-A. PENNÈS
Vinaigre antiseptique de
J.-A. PENNÈS
H.-E. PENNÈS et TOULET
Toutes Pharmacies et
3, rue de Latran, *PARIS (5e)*

AGENCES DE LOCATIONS

Votre temps est précieux
Ne le perdez pas à chercher vous-
même des APPARTEMENTS A LOUER.
Votre intérêt est de vous adresser de
suite à l'**AGENCE CAUCHOIS**,
26, rue Vivienne, Paris, qui procure
rapidement tous locaux à louer et
rembourse en cas de non-réussite. Se
charge également des Ventes de
Propriétés, Fonds de commerce, etc.

AGENCE BOITTIAUX
46, Boul. Sébastopol, 46, Paris
TÉLÉPHONE (ARCH. 06.08)
INDICATEUR D'APPARTEMENTS
Meublés et non - Boutiques - Locaux, etc.
Achat — Vente et location
de propriétés meublées et non
PARIS - BANLIEUE - PROVINCE

Agence des Étrangers
11, rue Tronchet, PARIS
Téléph. : Central 87.16
VENTE & LOCATION
Appartements meublés et non meublés. — Immeubles, Hôtels particuliers, Châteaux, Villas, Bains
de mer, Terrains, Fermes.

L'Agence Immobilière de Paris
J.-M. ESNAULT, Directeur
152, boulevard Haussmann, 152
délivre la liste exacte et complète de
tous les Appartements et Hôtels,
meublés ou non meublés, Boutiques,
Locaux commerciaux et Industriels
à louer dans t. les quartiers de Paris.
Renseign.ts sérieux et tenus à jour

Publicité des **GUIDES DIAMANT**   TYPE **B**
Exercice 1921

ANIODOL

LE PLUS PUISSANT ANTISEPTIQUE
SANS MERCURE NI CUIVRE
PRÉVIENT et GUÉRIT TOUTES MALADIES INFECTIEUSES

EXTERNE — HYGIÈNE de la Femme :
Contre : MÉTRITES, PERTES, CANCERS
Pansement des Plaies.
Une division du flacon par litre d'eau.

INTERNE — INDISPENSABLE contre les ÉPIDÉMIES
Contre GRIPPE, ANGINES, FIÈVRE TYPHOÏDE
MALADIES GASTRO-INTESTINALES
Doses : 10 à 50 gouttes dans une infusion après chaque repas.

SAVON — DÉSODORISANT PARFAIT
Aseptise, Tonifie et Embellit la Peau
Contre : Démangeaisons, Dartres, Rougeurs

POUDRE — Insoluble, Remplace l'Iodoforme
CICATRISATION RAPIDE des PLAIES

Aniodol-CREAM — CONSERVATION et PURETÉ du TEINT
Assouplissement de l'ÉPIDERME

Algatan
CORPS NOUVEAU
contre la **TUBERCULOSE**
En boîte de 30 cachets : 1 à 2 cachets au milieu des repas.

Pour tous renseignements et brochures, s'adresser :
Sté de l'ANIODOL, 40, Rue Condorcet, PARIS
DÉTAIL DANS TOUTES PHARMACIES

**Recherches spéciales
D'APPARTEMENTS**
et tous autres locaux, meublés ou non, à louer
*Achats et ventes d'Immeubles,
Terrains, Fonds de Commerce, etc.*
PRÊTS HYPOTHÉCAIRES, ASSURANCES

AGENCE MAURICE BERTRAND
62, CHAUSSÉE D'ANTIN
Tél. : Trudaine 62-67   **PARIS**

Indicateur BERTRAND
18ᵉ année - 11, r. du Louvre, Paris, 1ᵉʳ
Ventes et locations
:-: de Propriétés :-:
Paris - Banlieue - Province
Aucune commission à payer ni
par les propriétaires ni par les
locataires ou acquéreurs.

Agence Ancⁿᵉ Mᵒⁿ John Arthur et Cⁱᵉ
Fondée en 1818
TIFFEN, Directeur
**22, rue des Capucines,
PARIS**
Location d'Appartements
VENTE ET ACHAT HOTELS,
CHATEAUX.

ARCHITECTES PAYSAGISTES
EUGÈNE DENY ✻C✠
Louis et Alfred DENY
Successeurs ○✻☼
**Création de Parcs et Jardins
Entreprise de Travaux
publics**
30, rue Spontini, PARIS (XVIᵉ)
TÉLÉPHONE : PASSY 87.35

Ed. REDONT,
O✠, O✠, O✠✠, ✠
ARCHITECTE-PAYSAGISTE H. C.
PARIS, 90, boulevard Magenta (Xᵉ)
LE JEUDI, JUSQU'A MIDI
TÉLÉPHONE : Nord 56.76

Parcs et jardins publics des villes
de Reims, Bucarest, Craïova, Sinaïa
et des palais nationaux. — Parcs et
jardins des résidences royales de
Roumanie. — Parc des Sports
Pommery, à Reims. — Entreprise
générale France et Étranger.

ARMURIERS

FUSILS DE CHASSE
TOUS MODÈLES

Spécialité de Hammerless

ÉJECTEURS

CARABINES DIVERSES
REVOLVERS
Pistolets automatiques

Cartouches sans fumée

Étabᵗˢ GUINARD & Cⁱᵉ
**14, av. de l'Opéra
PARIS**

MARQUE DÉPOSÉE
TÉLÉPHONE : Central 16.17

ARMURIERS (Suite)

FABRIQUE D'ARMES
CHASSE ET TIR

Anc⁰ Maison WARNIER

M. CANTARINI, S⁺

11, boul. Bonne-Nouvelle
PARIS (2ᵉ)

TÉLÉPH. : GUTENBERG 29-20

Fusils à percussion centrale
HAMMERLESS
Éjecteurs et à Platines

Armes automatiques

Spécialité de Cartouches chargées

ARTICLES DE CHASSE ET ACCESSOIRES

Manufactures Réunies d'Armes

70, rue Lafayette, 70
PARIS

Directeur : **PIERRE FOURY**
Expert près le Tribunal de la Seine

ARMES, MUNITIONS
de Tir et de Chasse

Spécialité de Fusils de Tir aux Pigeons

ALCOOL DE MENTHE
de RICQLÈS. (Voir page 68.)

AMBULANCES

DUPONT, 10, rue Hautefeuille, Paris.
(Voir page de couverture au commencement du volume.)

ARTICLES DE VOYAGE

DODDS

7, Rue Scribe

PARIS

Tél.: Gut. 11.17
Adr. télég. : Palspori-Paris

Malles
Porte-Habits
Nécessaires de Voyage
Sacs
Maroquinerie
Sacs de Dames

DÉPOT de l'OPÉRA
pour les MALLES
INNOVATION

ARTICLES DE VOYAGE (suite)

BARCLAY
18 et 20, av. de l'Opéra, Paris
Adresse télégr. : Arepo-Paris
☎ Central 96.16 — 96.34

ARTICLES DE VOYAGE
MALLES — VALISES
MAROQUINERIE RICHE
COUVERTURES DE VOYAGE

MALLES
LAVOLAILLE
BELLET, LENOIR, MAGNIEN, PASQUIER
Réunies
L. ARTUS, Succ^r
Spécialité pour Voyageurs de commerce. Malles, Sacs, Valises, etc.
2, rue du Bouloi, PARIS
☎ Central 73-01

A SAINT-HUBERT
41, rue de ROME, PARIS
☎ Central 15.94

ARTICLES DE VOYAGE
Malles, Valises, Sacs,
Articles de chasse, Armes,
Munitions et Equipements
CATALOGUE FRANCO

AU TOURISTE
Maison fondée en 1847
Léon PIAULT, gendre et succ^r
de C. FLANDIN
Malles, Mallettes, Sacs, Nécessaires de toilette, Bagages pour automobiles.
Avenue de l'Opéra, 36 bis
☎ Central 39.95

LES MAROQUINIERS RÉUNIS

MAGASINS A PARIS :
111, boulevard Beaumarchais.
53, boulevard Saint-Martin.
56, rue Saint-Antoine.
52, rue du Commerce.
74, boulevard Magenta.
50, rue du Faubourg-du-Temple.
163, rue de Rennes.
10, rue Notre-Dame-de-Lorette.
5, rue Réaumur.
44, avenue des Ternes.
60, avenue de Clichy.
80, avenue d'Orléans.
A LEVALLOIS
44, rue du Président-Wilson.
A DIJON :
5, place Emile-Zola.
AU HAVRE :
81, rue de Paris.
A BESANÇON
11, Grande-Rue.
A ROUBAIX :
10, rue de Lannoy.

SACS DE DAMES-SACS DE VOYAGE
VALISES-MALLETTES, etc.
PORTE-MONNAIE-PORTEFEUILLES

MAISON VENDANT BON MARCHÉ
TRÈS GRAND CHOIX

ARTICLES DE PÊCHE
Au Pêcheur Ecossais
47, rue Joubert
PARIS
La plus grande spécialité d'articles de pêche. — Superbe catalogue illustré de 250 pages, le plus complet de tous.

BANQUES

BANQUE NATIONALE DE CRÉDIT.
(Voir page 31.)

BANQUES (suite)

Compagnie Algérienne. (Voir page 32.)

Comptoir National d'Escompte de Paris. (Voir p. 30.)

Crédit Foncier d'Algérie et de Tunisie. (Voir page 33.)

Crédit Lyonnais. (Voir p. 28.)

Société Centrale des Banques de Province. (Voir page bleue à la fin du texte du volume.)

Société Générale. (Voir p. 26.)

ASPIRATEURS DE POUSSIÈRES

Pour nettoyer les tapis, parquets, tentures, literie, etc., employez :

L'EVERYBODY'S

de tous les aspirateurs de poussière, le plus efficace et le plus simple : il est garanti un an et pèse seulement 1 kg. 250. Indispensable dans tout intérieur, hôtel, pension, etc.. *Agent général,* **P. HAY**, 63, rue de Dunkerque, *PARIS*. Représentants dans toute la France

BANDES MOLLETIÈRES

DEMANDEZ

LA TOURISTE
Spirale extensible

TROIS COURBES

Supprimant tout glissement

Nouveaux coloris :
Série **Maréchal-Foch**. — En vente dans les Grands Magasins, Maisons de chaussures, Nouveautés, Sports.
Gros : *La Touriste, Paris.*

BIJOUTERIE

Quel mois êtes-vous né ? Le Signe du Zodiaque du mois de votre naissance vous donnera : *Chance, Réussite, Bonheur*. Le plus ancien, le plus puissant, le plus sur

TALISMAN

Vermeil	22 fr.
Vermeil 2 tons	24 fr.
Or	160 fr.

Demandez-le aux Bijoutiers et Grands Magasins. Si vous ne le trouvez pas, il vous sera expédié franco contre mandat par l'éditeur M. LESPOUS, 76, rue Charlot, PARIS

Exiger la présentat. sur cette mappem.

pour avoir les signes authentiq.

BIJOUTIERS-JOAILLIERS

LOUIS
JOAILLIER-BIJOUTIER
29, boul. des Capucines, PARIS
BIJOUX — BRILLANTS
PERLES FINES
et Fantaisie pour Cadeaux
Prix modérés — English spoken

BICYCLETTES
CYCLES, PNEUS & ACCESSOIRES
La plus importante Maison de Paris.

Louis COMPAIN et Cie
CAPITAL 1 MILLION
29, rue Salneuve, PARIS, 17e Ae
Fournisseurs de l'Armée et de la Marine. — Catalogue franco.

BREVETS D'INVENTION
BREVETS D'INVENTION
FRANCE — ÉTRANGER
MARQUES DE FABRIQUE — MODÈLES

Ed. ACHERAY
Ingénieur civil
Conseil en matière de Propriété industrielle.
25, rue Gaumartin, PARIS
Tél. : Louvre 46-48

ARMENGAUD AINÉ
Maison fondée en 1836
Dépôt de
BREVETS D'INVENTION, Marques de fabrique et Modèles en France et à l'Étranger. Recherches d'Antériorités. Consultations techniques et légales.
21, Bd POISSONNIÈRE, PARIS (2e)
TÉLÉPHONE Gutenberg 11.94

BREVETS D'INVENTION
(suite)

C. BLÉTRY O✻
Office fondé en 1866
2, Bd de Strasbourg
PARIS (Xe)
TÉLÉPHONE NORD 21.93

H. BLOUIN
Ingr Conseil ✻ I
43, Boulev. Voltaire, Paris

BREVETS
Marques — Modèles — Recherches
Procès — Consultations

CABINET
J. BONNET-THIRION
G. BRETON C✻, P. AUDY
J. ROUSSET, A. VERGE

Brevets, Modèles, Marques
95, boul. Beaumarchais, PARIS
Téléph. : Archives 01.13

PICARD
INGÉNIEUR E.G.P.
Étude, dépôt, obtention des
BREVETS
en tous Pays
97, r. St-Lazare, PARIS-9e

BREVETS D'INVENTION (suite)

Gul. 11.16 — Weismann & Marx — PARIS rue d'Amsterdam 84

CAOUTCHOUC DE VOYAGE
HYGIÈNE — CHIRURGIE

Maison Charbonnier
G. CACQUEZ, Gendre et succr de
J. VECRIGNER

375, rue Saint-Honoré, Paris

Caoutchouc manufacturé anglais, français et américain. Chaussures américaines, bottes de marais, gommes pures.
Comptoir général de tous articles d'Hygiène, Médecine, Chirurgie et Voyages.
Réparations de tous articles.
Téléphone 41.67

CARTES POSTALES EN SOIE TISSÉE

Pochettes et Cartes Postales
en soie tissée
TOUTES LES VILLES-MARTYRES
Echarpes, Sachets, Tabliers,
Napperons, Mouchoirs-Pochettes
Théières, Sacs à main
Dessus de piano, Broderie main et machine

E. DEFFRÈNE
25, Bd Bonne-Nouvelle, PARIS-2e

CHAUSSURES ORTHOPÉDIQUES

DUPONT, 10, rue Hautefeuille, Paris

(Voir page de couverture au commencement du volume.)

CHAUSSURES POUR PIEDS SENSIBLES

Grande Cordonnerie des Sports
Mon DAUMY JEUNE
32, r. Étienne-Marcel, Paris-2e

CHAUSSURES EN TOUS GENRES
La plus Grande Spécialité
pour **Pieds sensibles**

Souliers de Salles satin et cuir

Articles spéciaux pour
Tourisme
Sports Cycliste, Gymnastique, Box.

Pieds sensibles si vous souffrez des pieds les Appareils du Dr Scholl vous guériront.

Le **Foot-Eazer**
Appareils
soutien-pieds

Le **Rœ Flex**
repousse l'orteil vers la ligne normale

Le Bunion
soulage immédiatement l'oignon

Formes pratiques, largeurs exceptionnelles. Pointures pr Dames du 35 au 44. Pr Messieurs du 39 au 48.
GRANDE SPÉCIALITÉ D'ARTICLES DE FATIGUE & CÉRÉMONIE
Rayons pour Enfants, Fillettes et Garçonnets

Tous nos articles sont garantis à l'usage

Expéditions en Province et à l'Etranger contre mandats

Si vous souffrez des pieds, adressez-vous à la

Manufacture Française
DES
CHAUSSURES PILLOT

G^{de} Spécialité pour pieds sensibles

TALONS PLATS ET DEMI-BOTTIERS

Grandes tailles et largeurs exceptionnelles dans tous les genres { Dames, du 33 au 44 — Hommes, du 37 au 49

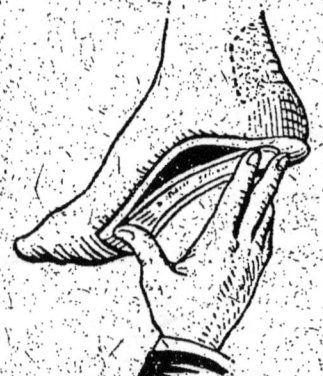

CHOIX VARIÉ D'APPAREILS POUR PIEDS PLATS ET DOULOUREUX
pouvant se placer dans votre chaussure ordinaire

SOULAGEMENT IMMÉDIAT

Maisons de vente {
126, boulevard Voltaire (en face mairie du XIe)
48, rue Ordener.
57, rue Turbigo.
102, rue de Clignancourt.

PARIS
Téléphone : Roquette 18-72

Adresser toute la correspondance à
A. AUBAUT, 126, boul. Voltaire, Paris (XIe)

CHAUSSURES et APPAREILS pour PIEDS SENSIBLES

TAILLES EXCEPTIONNELLES au CHOIX

Gde SPÉCIALITÉ DE CHAUSSURES & APPAREILS POUR PIEDS SENSIBLES

5 RUE DU LOUVRE et 21, RUE LEPIC
— PARIS —

LES SOUTIEN-PIEDS se placent dans toutes les CHAUSSURES
Sans GÊNE ni FATIGUE

Téléph. Central 43-90

COMESTIBLES
CHATRIOT

Expédition en Province et à l'Étranger de tous les comestibles de premier choix : Poissons, Volailles, Gibiers, Fruits et Primeurs.
Spécialité de Pâtés.
97, rue St-Lazare, PARIS
Téléphone 221-61

CONSTRUCTIONS
POUR CONSTRUIRE SA MAISON

L'OUVRAGE de L'HABITATION

25, boul. Bonne-Nouvelle, Paris

Permettant de construire soi-même sa maison, contenant 200 études de plans, coupes, élévations avec devis des maisons exécutées dans toutes les régions de la France.

L'ouvrage est envoyé contre mandat-poste de 22 francs 50.

CONSTRUCTIONS DÉMONTABLES
CONSTRUCTIONS DÉMONTABLES

CHALETS
HANGARS
REMISES
ÉCOLES
CHAPELLES
etc.

Cie des Constructions Démontables et Hygiéniques
54, rue Lafayette, PARIS
Fondée en 1894

LA CONSTRUCTION MANUFACTURÉE

9, rue Chaptal, PARIS

MAISONS en BOIS et FIBROCIMENT
HANGARS AGRICOLES
COUVERTURES en FIBROCIMENT

CONSTRUCTIONS DÉMONTABLES (suite)
RECONSTRUCTIONS
DANS LES RÉGIONS DÉVASTÉES
Maison LECŒUR
Établissements H. MORIQUAND,
141, rue Brova, PARIS (13e).
Téléphone : Gob. 804-49.

Type Lecœur, bois ignifugé, transport et démontage faciles, montage en 2 jours, avec 5 hommes.
Toutes autres constructions : usines, hangars, pavillons, bureaux, écoles, hôpitaux, installations de boutiques, magasins, décoration d'intérieurs. — Études et projets sur demande. — Album franco.

COUTELLERIE
COUTELLERIE FINE
A L'ÉPERON D'OR
83bis, r. de Rivoli (1er arr.)
Métro : LOUVRE

ÉPERONS :: MORS :: ÉTRIERS

A LA GLACE BRISÉE
COUTELLERIE FINE
PICARD
68, RUE DE RIVOLI :: PARIS
Place de l'Hôtel-de-Ville
Services de table, Articles jardinage
Couteaux fermant
Ciseaux en tous genres
Rasoirs de tous modèles garantis
Téléphone : Archives 32-28

CRAYONS
SOCIÉTÉ DU CRAYON "VENUS"
(Voir page bleue à la fin du texte du volume.)

DENTIFRICES
Docteur Pierre. (V. p. 70).

DÉTECTIVE
VILLIOD
Détective
37, boulevard Malesherbes
PARIS
Téléph. : ÉLYSÉES 06-65
Adr. télégr. : DÉTECVILLE-PARIS

Missions Confidentielles
ENQUÊTES
SURVEILLANCES

Renseignements sur tous
intérêts commerciaux,
industriels, de famille

Protection contre chantages
et vols domestiques

Enquêtes sur projets de
mariage
et en vue de divorces

Surveillances spéciales
pour villégiatures
et bains de mer

ÉLECTRICITÉ

Ch. MILDÉ Fils et Cie
60, rue Desrenaudes, PARIS

ENTREPRISE GÉNÉRALE D'ÉLECTRICITÉ

LUMIÈRE, SONNERIE, TÉLÉPHONIE
PARATONNERRES

Bronzes d'Éclairage

ÉLECTRICITÉ MÉDICALE

Ch. CHARDIN I. ()

Traitement E. C. V.

UNIVERSEL ET SANS DANGER
Ni Drogue, ni Faculté

ÉLECTRICITÉ : 160 références

Brochure contre 0 fr. 50

5, rue de Châteaudun, 5
PARIS

ESSENCES et HUILES POUR
AUTOMOBILES
AÉROPLANES, MARINE
GAZO-MOTEUR

Marque Fenaille et Despeaux
(*Voir page de garde en tête du volume*)

SPIDOLÉINE

Sté Anme A. ANDRÉ Fils
8, rue de la Tour-des-Dames,
Paris. (*Voir page 69*)

FAUTEUILS MÉCANIQUES ET ROULANTS POUR MALADES.

DUPONT, 10, rue Hautefeuille, Paris
(*Voir page de couverture au commencement du volume.*)

EXTINCTEURS D'INCENDIE

Le Phalène

L'EXTINCTEUR D'INCENDIE IDÉAL

Fabrication française

Adopté par les Cies d'Assurances pour une réduction de Prime

HERRMANN - AUCLAIR
244, r. de la Révolte
LEVALLOIS-PERRET
(Seine)
Tél. : Wagram 08-19

FILTRES

FILTRE CHAMBERLAND
SYSTÈME PASTEUR
11, rue TRONCHET
PARIS TÉLÉPHONE 274-56

VENTES, LOCATION
ENTRETIEN A DOMICILE

FONDS DE COMMERCE (*Vente*)

AGENCE BOITTIAUX

46, boul. Sébastopol, 46, Paris
TÉLÉPHONE (ARCH. 06.08)

ACHAT ET VENTE
D'INDUSTRIES ET DE COMMERCES
DE GROS
ET DE TOUS COMMERCES DE LUXE
Paris - Banlieue - Province

GARAGES D'AUTOMOBILES

GARAGE DE L'ARC DE TRIOMPHE
3o, rue de Tilsitt, Paris (17°)
CARROSSERIES DE LUXE
Location de grandes remises
Achat—Vente—Réparations
Téléph. : Wagram 12-36
Adr. Télégr. : Garatrionf-Paris

Grand Garage Chaptal
23, rue Chaptal, PARIS (IX°)
Téléphone : TRUDAINE 54-07
Adr. Télégr. : Garchaptag-Paris
(Métro BLANCHE-N.S. PIGALLE)
Atelier spécial de réparations.
Location de voitures de luxe.
Vente, Achat, Location, Entretien,
Fosse, Accessoires, Fournitures.
Ouvert toute la nuit.
Installation moderne.

GRAND GARAGE DE L'OPÉRA
POUR 300 VOITURES
E. BONNEFOY et PEZON
Directeurs propriétaires
Agents : Pic-Pic, Rolland-Pilain.
Vente, Achat, Réparations
Maison principale, 26, rue Buffault, Tél. : Trudaine 67-81
Annexe, 73, rue Rochechouart
(Tél. Trudaine 60-45)

GARAGE SAUTAREL
77, rue d'Auteuil (en face la Gare)
PARIS (16°)
Automobiles, Camions, Camionnettes neufs et d'occasion. Accessoires. Réparations. Garage gratuit pour voitures à vendre.
TELEPHONE Auteuil 24.67

SAINT GERMAIN AUTOS
268 bis, boul. Saint-Germain
De Goularé Delafontaine, Direct'
ACHAT — VENTE — RÉPARATIONS
Location d'Automobiles au mois et à la journée
Tél. : Fleurus 27-06. PARIS

HORLOGERS-BIJOUTIERS

CHRONOMÈTRE

LIP

MONTRES DE PRÉCISION
EN VENTE CHEZ LES HORLOGERS

HOTELS

HOTEL BAYARD
11, rue Richer, PARIS
En plein centre des Affaires
Eau courante dans toutes les chambres. Appartements et chambres avec salle de bains.
RESTAURANT

ÉLYSÉE BELLEVUE HOTEL
Rond-Point des Champs-Élysées
PARIS
Réouverture, entièrement transformé, Mars 1920. Restaurant Terrasse 1er ordre. Appartements avec tout confort moderne.
M. LEFRANC, Directeur

HOTELS (Suite)

HOTEL LOUVOIS
square Louvois, Paris
Entièrement neuf
Confort moderne
Eau courante chaude et froide
dans toutes les chambres
100 chambres — 60 salles de bains

Gᴅ HOTEL ᴅᴇ MALTE
63, Rue de Richelieu
EN PLEIN CENTRE DE PARIS

Chauffage central, électricité, confort moderne, bains, douches. Arrangements pour séjour.
CAVE RENOMMÉE
TELEPHONE Gutenberg 0.98

HOTEL MATIGNON
6, Avenue Matignon, 6
(Rond-Point des Champs-Élysées)
PARIS
HOTEL DE 1ᵉʳ ORDRE
TOUT LE CONFORT MODERNE
RESTAURANT
A. LANZ, Directeur

Hôtel Mondial
CITÉ BERGÈRE, 5. (Grands boulevards.) Ascenseur. Chauffage central. Chambres avec salle de bains. Toilettes eau courante. Restaurant
TELEPHONE : Central 21.32
Adr. télégr. : Hôtel-Mondial-Paris
Mêmes Maisons :
Hôtel de la Cité Bergère, 4, cité Bergère. Hôtel de France, 2, cité Bergère

HOTEL MONTE-CARLO
10-12, boulᵈ des Italiens
PARIS
Ascenseur, chauffage central
Confort moderne
Adr. télég. : Montecarotel-Paris
TELEPHONE : Central 66.00

HOTEL ᴅᴇ L'OPÉRA
16, Rue du Helder, Paris
Entre les boul. Haussmann et des Italiens
Ascenseur, eau chaude et froide courante, nettoyage par le vide
Prix modérés
Cuisine bourgeoise
Léon MAISON, Propriétaire
TELEPHONE Gutenberg 32.09

GRAND HOTEL du PAVILLON
36-38, rue de l'Echiquier, PARIS
(Près les Grands Boulevards)
300 lits, Dernier confort, Eau courante. Téléphone. Chauffage central, etc., dans toutes chambres. 50 Salles de Bains privés. Bureaux et Salles d'Expositions modernes. Hall, Petits salons, Bar.

HOTEL PRIMA
de Belgique et Hollande
7, rue Trévise, Grands boulevards
Ascenseur. Chambres depuis 6 fr. Cab. toil. à eau courante chaude et froide. Chauffage central. Restaurant. Télégr. : HOTEL-PRIMA-Paris. Téléphone : Central 55-9.
CHARLES FASCIO, Propʳᵉ

LITS MÉCANIQUES
DUPONT, 10, rue Hautefeuille, Paris.
(Voir page de couverture au commencement du volume.)

— 14 —

HOTELS (suite)

HOTEL VIGNON
23, rue Vignon, PARIS
(Gare Saint-Lazare-Madeleine)
Installation moderne
Chauffage Central
Ascenseur
TÉLÉPHONE Louvre 11.10

HYGIÈNE

THUYNOL

*Antiseptique puissant
d'odeur agréable
Cicatrisant, Calmant.*

Thuynol externe
Toilette intime de la femme contre pertes, métrites, salpingites, suites de couches, etc.
Excellent désodorisant.

Thuynol interne
Réalise l'antisepsie du tube digestif et guérit : *Entérites, diarrhées infantiles, dysenteries,* etc.

Savon antiseptique au THUYNOL
(Pâte garantie neutre)

Laboratoire du THUYNOL
**122, av. des Champs-Elysées
PARIS**

INSTRUMENTS de MUSIQUE

Si vous désirez un bon INSTRUMENT de MUSIQUE Garanti parfait sous tous les rapports, justesse et fabrication, adressez-vous à

Jérôme THIBOUVILLE-LAMY et Cie
68 bis, rue Réaumur, Paris
MAISON DE CONFIANCE FONDÉE EN 1790

LIQUIDCUIR

"LIQUIDCUIR"
UNE CORDONNERIE DANS UN TUBE
Réparez vous-même sans outil,
Ni clou, ni cuir :
Chaussures,
Objets en cuir et caoutchouc.
Durcit en 10 minutes.
Résultats surprenants.
PRIX DU TUBE : 2 fr. 95.
S'adresser : 20, rue du Louvre, Paris

LOCATION D'AUTOMOBILES

Visite aux Champs de Bataille
par auto-cars, automobiles, chemin de fer. — Organisation la plus parfaite pour excursions. — Location d'automobiles de luxe.

THE MOTOR CAR EXCURSION Cie
46, place Vendôme, PARIS
Téléphone : Central 89.46

Location d'Automobiles
SOCIÉTÉ ARCETT
Garage : 47, Rue de Ponthieu
PARIS

Location au front. — Arrangements réservés dans les hôtels. - Location Paris ou province. - Voitures de luxe, Landaulet ou Torpédo. — Prix les plus avantageux de Paris.

MOTOR CARS ON HIRE
"TOURING CHAUFFEURS"
Fondé en 1910
Location d'automobiles
21, rue du Mont-Thabor, Paris
(entre les rues Castiglione et Cambon)
Voitures pour la ville. Excursions et Grand tourisme. — Toutes nos voitures sont conduites par des chauffeurs expérimentés.
TÉLÉPHONE Louvre 22.76

IMPERMÉABLES

Mon auto
en vaut peut-être une autre
Mais rien n'égale
mon LODEN

Un Imperméable en LODEN
Marque "ALSACE" déposée
Est supérieur au meilleur

Le demander chez votre fournisseur habituel

Brochure explicative, Catalogues, Échantillons
adressés franco sur demande

~~ VENTE EN GROS ~~

SOCIÉTÉ ANONYME DU LODEN FRANÇAIS
8, Place des Victoires, PARIS

MAISONS DE SANTÉ
ÉTABLISSEMENTS MÉDICAUX
HYDROTHÉRAPIQUES
ET GYMNASTIQUES

SANATORIUM

Pour les maladies
du système nerveux et les
intoxications

145, av. Edouard-Vaillant
EX-ROUTE DE VERSAILLES, 145
BOULOGNE-SUR-SEINE
TÉLÉPHONE AUTEUIL 03-31

Médecins-Directeurs : D' **Paul SOLLIER**, Commandeur de la Légion d'honneur, Ancien Interne des hôpitaux et des hospices de Bicêtre et de la Salpêtrière. — D' **Alice SOLLIER** (M**ᵐᵉ**).

Etablissement scientifique installé suivant les derniers perfectionnements, au point de vue de l'hygiène, du confort et du luxe. GRAND PARC.

Pavillon indépendant, luxueusement aménagé pour cures de repos, convalescences, affections organiques du système nerveux, et recevant des malades accompagnés par la famille.

Renseignements tous les jours à **Boulogne**, Télép. : Auteuil 03.31.

CONSULTATIONS A PARIS
14, rue Clément-Marot :
lundi — jeudi
2 heures à 4 heures
et sur rendez-vous
TÉLÉPHONE **Passy 47.38**

MAISON DE SANTÉ
du **DOCTEUR CAMILLE LANDAIS**
Ex-interne de la Clinique
d'accouchement de la Faculté
CHIRURGIE ET ACCOUCHEMENTS
Ni Aliénés, ni contagieux
Consultations le jeudi de 14 h. à 17 h.
Les autres jours sur rendez-vous.
219, rue Vercingétorix (14ᵉ)
PARIS. Téléphone : Saxe 17-54

MACHINES A ÉCRIRE
ET A CALCULER
SMITH PREMIER
PARIS, 89, r. de Richelieu
LILLE, 67, rue Esquermoise.
LYON, 11, rue Grolée.
MARSEILLE, 134, rue de Rome.
NANCY, 70, rue Stanislas.
NICE, 14, av. Félix-Faure.
ROUEN, 14, rue Jeanne-d'Arc.
STRASBOURG, 16, rue du Vieux-Marché-aux-Vins.
St-ÉTIENNE, 6, rue Ste-Catherine.

MÉDECINS-SPÉCIALISTES
ASTHME
EMPHYSÈME. — OPPRESSIONS
Traitement le plus puissant
et le plus sûr
Etablissement Aérothérapique du D' Dupont, 17, rue des Pyramides, PARIS — Consultations tous les jours de 2 h. à 5 h.
Renseignements gratuits par correspondance

MALADES
découragés par l'inutilité des médicaments, consultez les Docteurs spécialistes de la Polyclinique,
15, rue de Calais, Paris.
Guérison des maladies les plus diverses, même invétérées. 4 médecins spécialistes, 14 salles de traitement, cures sans interrompre ses occupations. Services spéciaux : Maladies intimes des deux sexes. Avarie (606). Cancers. Ulcères variqueux rebelles.

MÉDECINS-SPÉCIALISTES (suite)

Cabinet Médical de la Méthode RASPAIL

Traitement spécial des maladies chroniques de la digestion, de la nutrition et du sang.

Ouvert tous les jours (sauf dimanche et fêtes), de 9 h. à midi et de 3 h. à 6 h.

14, rue du Temple (Métro : Hôtel-de-Ville). Raspail, *Sa liqueur hygiénique de dessert. Ses produits de Parfumerie hygiénique.* Envoi franco du Catalogue sur demande.

MALADIES DU CŒUR
Albuminurie, Artério-Sclérose

Traitement spécial
du Dr NOBLET
49, rue Sainte-Anne, 49, PARIS

Consultations : Lundi, Mercredi, Vendredi de 2 à 5 heures ou par correspondance, et le jeudi sur rendez-vous accordé.

MALADIES DES DAMES
Cérébrine FOURNIER (*Voir page* 152)

MIGRAINES, NÉVRALGIES
CÉRÉBRINE FOURNIER (*Voir page* 152)

OPTIQUE

JUMELLES LEMAIRE

Baille-Lemaire et Fils, constructeurs, 26, rue Oberkampf, Paris. (Voir page 66.)

JUMELLES
" HUET "
76, Boulevard de la Villette
PARIS

ORTHOPÉDIE

DUPONT, 10, rue Hautefeuille, Paris (*Voir page de couverture au commencement du volume.*)

PARAPLUIES, CANNES

DUGAS-GÉRARD, 30, rue de Mogador, Paris. Fabric. de cannes, cravaches, fouets, parapluies et ombrelles. Maison de confiance.
Prix modérés.
Anciennement : 82, rue St-Lazare

PARFUMERIE

PARFUMERIE
J. LESQUENDIEU

Merveilleuse Crème de Beauté « **La Reine des Crèmes** », incomparable pour le teint, le protège du hâle et des intempéries. (Se fait en tubes et en pots.)

Pour être blonde « **Fluide d'Or** » à l'extrait de camomille ozonifié. Donne à la chevelure un reflet blond très recherché.

Ces deux spécialités peuvent parfaitement s'employer en voyage.

(*Voir annonce page* 67).

BIJOU - PARFUMS
LA PLUS GRANDE
LA PLUS LUXUEUSE
Spécialité de Parfumerie
MAROQUINERIE de LUXE
Maisons à :
NICE — CANNES — TOULON
GRENOBLE — St-ETIENNE
et PARIS, 92, rue St-Lazare ;
10, av. Victor Hugo ;
44, boul. Sébastopol.

SÈVES LARY
Crème de Beauté
Pétrole cristallisé Lary.
Brillantine ininflammable pour la Chevelure
En vente : *Dans les Grands Magasins*, Paris. (Voir page 70.)

— 18 —

PARFUMERIE (Suite)

PARFUMERIE
des Galeries St-Martin
11 et 13, boul. St-Martin, PARIS
TELEPHONE Archives 10.61

Maison unique dans Paris vendant toutes les marques connues à prix réduits.
Rayon spécial de fards pour la ville et le théâtre.

PHOTOGRAPHES

PHOTOGRAPHIE
PORTRAITS D'ART
GERSCHEL
5, rue de Prony, PARIS
(Parc Monceau)

LA PHOTOGRAPHIE D'ART
PAUL DARBY
39, boulev. de Strasbourg
Téléph. : Nord 73-60
(Métro : Château-d'Eau)
La maison n'a pas de succursale

PHOTO-MIDGET
La plus importante Maison de Paris
PORTRAITS D'ART

Les Mieux, les moins chers.
Agrandissements et reproductions de toutes photographies.
Voir ses expositions et salons de pose: 9, Bd Bonne-Nouvelle ; 16, rue du Louvre et rue Bailleul ; 12, av. Niel et rue Bayen.
Spécialité pour passeport et carte d'identité : 2 francs les 6.

PHOTOGRAPHIE PÉNABERT
Fondée en 1859. — *English Spoken*
36-38, Passage du Havre
Face la Gare St-Lazare, PARIS
Spécialité d'identité & passeports
EN 24 HEURES
Documents, Travaux industriels
Catalogues
Travail soigné. — Livraison rapide
Prix modérés

PHOTOGRAPHIE (*Appareils, Fournitures et Produits pour*)

G. M. P.
Les Grandes Marques Photographiques E. B. BLUM & O. A., 35, rue de Rome, Paris. Tél. Wagram 15.20.
Maison spécialement recommandée pour ses Produits, Appareils et Accessoires des meilleures marques.
Le RINADOL est le développement universel concentré pour le Noir et la Couleur.
Le MESURE-POSE donne le temps de pose réel. Prospectus H franco.

LA FAYETTE PHOTO
124, rue La Fayette, PARIS
Le plus grand choix d'appareils de toutes Marques, neufs ou d'occasion.
Envoi du catalogue contre 0 fr. 50
Achat — Vente — Échange
(Travaux pour amateurs)

PHOTOGRAPHIE (*Appareils, Fournitures et Produits pour*) (suite)

Pour tout ce qui concerne la **PHOTOGRAPHIE**
Appareils de Marque

KODAKS

DÉVELOPPEMENTS, TIRAGES
Tous Travaux pour amateurs

Photos de Guerre
Collection unique ; tout le Front

Catalogue spécial sur demande

MAGASIN MODERNE DE PHOTOGRAPHIE

21, rue des Pyramides
PARIS (Opéra)

APPAREILS PHOTOGRAPHIQUES

"Jidé"

La Première marque

En vente dans toutes les bonnes maisons d'articles photographiques

France et Étranger

PHOTO-PLAIT, 37, rue Lafayette, Paris. Appareils photographiques. Appareils stéréoscopiques. (Voir page 71.)

PRODUITS MATERIEL PHOTO
les meilleurs
les moins chers
Les Établ^{ts} **Ch. MARTEL**
Usine à Sceaux (Seine).
Catalogue Z sur demande

Amateurs-Touristes

Souvenez-vous qu'avec un appareil photographique
MONOBLOC
vous conserverez éternellement la vision de vos voyages. Notices franco.
V. LIEBE, 31, b. St-Germain, Paris

PHOTO-AMATEUR DU HAVRE

31, Passage du Havre
(Face la Gare St-Lazare, PARIS)
Travaux d'amateurs en 48 h.
VENTE — ACHAT — ECHANGE
d'appareils photographiques
de toutes marques

TOUT ce qui se fait de mieux en Appareils neufs et de
SECONDE MAIN
Toutes marques — Tous formats
A. MAILLARD
53, r. Taitbout, Paris, 9e (Opéra)
Téléph.: Trud. 62-72. Télég.: Mailloto-Paris
ECHANGE — ACHAT

PHOTO-HALL

5, Rue Scribe (près de l'Opéra) **PARIS** (9e)

Format 6 1/2×9
à partir de
230 Francs

Format 9×12
à partir de
240 Francs

APPAREILS PHOTOGRAPHIQUES DE PRÉCISION

Employant à volonté les plaques sur verre ou les pellicules planes film-pack. Ces appareils, de construction très soignée, gainés maroquin, montés avec objectif anastigmat et obturateur de précision, sont livrés avec trois châssis, un déclancheur, une instruction et un traité de photographie.

DÉSIGNATION DES APPAREILS		MONTÉS AVEC ANASTIGMATS			
		Photo-Hall	Stylor Roussel	Olor Berthiot	Tessar Zeiss
Perfect pliant N° 0.	6 1/2×9.	230	300	390	540
Noxa, tout en métal.	6 1/2×9.	395	495	550	680
Perfect pliant N° 2.	9×12.	240	»	320	»
Perfect pliant N° 3.	9×12.	320	360	440	580
Folding S. O. M.	9×12.	»	»	565	»
Belliéni extra-plat.	9×12.	»	»	595	»
Perfect pliant N° 9.	10×15.	460	495	595	»

CATALOGUE GRATUIT ET FRANCO SUR DEMANDE

PHOTOGRAPHIE *Appareils, Fournitures et produits pour (suite).*

"SUMMUM"

Appareils stéréoscopiques les plus modernes

— *Notice franco*

L. LEULLIER, Constructeur
1, quai d'Austerlitz, Paris.

APPAREILS & FOURNITURES
Pour la Photographie

"PHOTO-SPORT"

56, rue Caumartin
PARIS (9ᵉ)

Catalogue franco aux lecteurs de ce guide. Vente, achat et échange d'appareils de toutes marques.

APPAREILS
PHOTOGRAPHIQUES
neufs et d'occasion

ACHAT, ÉCHANGES
Mᵐᵉˢ ASSEMAT et Cⁱᵉ
95, r. des Petits-Champs, Paris (1ᵉʳ)
Catalogues et listes gratis

OBJECTIFS ANASTIGMATS

H. ROUSSEL

3, boul. Richard-Lenoir, PARIS
"SYLOR" F3/5 F4/5 et F6/3 — "ANTI"

Se montent sur tous les appareils

PHOTO-VERDEAU

14 et 16, Passage Verdeau
PARIS, 9ᵉ

Tout ce qui concerne la photo.
Appareils neufs et occasions.
Travaux pour amateurs. Développement, tirage en 24 heures.

PORTE-PLUME A RÉSERVOIR
Stylographes
GOLD-STARRY, porte-plume à réservoir inversable. (V. p. 72.)

Porte-Plume Idéal Waterman

Élevé
Marque déposée
Plume en or 18 carʰ
Entièrement garanti
r. du Chemin-Vert
119
PARIS, XIᵉ

RASOIRS DE SURETÉ

A LA GLACE BRISÉE
COUTELLERIE FINE

PICARD

68, RUE DE RIVOLI, PARIS
Place de l'Hôtel-de-Ville

RASOIRS à main garantis et de sureté
de tous modèles
PICARD, STAR, GILLETTE, APOLLO, etc.
Téléphone : Archives 33.28

RESTAURANTS

RESTAURANT
DU BŒUF A LA MODE

8, rue de Valois
(Palais Royal) PARIS

In same premises since 1792.
Only good old French cooking
and wines

SACS POUR DAMES

Ernest KEES

9, Boul. des Capucines, Paris
Tél.: Gut. 52.88

ÉVENTAILS
en tous genres
SACS
ABAT-JOUR et FANTAISIES

SPÉCIALITÉS PHARMACEUTIQUES

ASTHME

SOULAGEMENT et GUÉRISON
par les CIGARETTES ou la POUDRE
ESPIC

Toutes pharmacies
et 20, rue St-Lazare, PARIS
Exiger la signature :
J. ESPIC
sur chaque cigarette

Mesdames,

Les véritables **CAPSULES** des
Drs JORET et HOMOLLE

guérissent Retards, Douleurs, ré-
gularisent les époques.
Le flacon: 6 fr. 60 *franco*

Pharmacie SÉGUIN
165, Rue Saint-Honoré, Paris

Coaltar saponiné
(*Voir page bleue au commencement
du volume.*)

FER BRAVAIS. (Voir p. 151.)

**PHARMACIE CENTRALE
DU NORD.** (Voir page 151.)

**PILULES MORISON-MOU-
LIN**, *dépuratives, purgatives.* (Voir
page 152.)

POMMADE MOULIN, *derma-
tique.* (Voir page 156.)

**POUDRE D'ABYSSINIE
EXIBARD** *contre l'asthme.* (Voir
page 152.)

CONSTIPATION – HÉMORROIDES

Le suppositoire PEPET

*indispensable en voyage
où il n'a pas les inconvénients
des laxatifs et purgatifs*

Adultes — Garçonnets — Bébés
La boîte, 5 fr. — *Demi-boîte,* 3 fr.
19, avenue de Villiers, Paris

TALONS TOURNANTS

RED-MAN
TALONS TOURNANTS

Les plus durables
Indispensables pour la marche

**55, Faubourg St-Denis,
Paris-X^e**
Téléphone : Bergère 37.86

SPECIALITÉS PHARMACEUTIQUES

TAMAR INDIEN GRILLON contre la constipation. (Voir page 152.)

TIMBRES-POSTE

Timbres-Postes pour Collections
Emile CHEVILLIARD
13, boulevard St-Denis
PARIS

Prix courant des timbres colonies françaises, croix-rouge et séries diverses avec un timbre Cameroun à titre gracieux **contre 0 fr. 40 en timbres neufs**

Maurice LESCUT
24, rue du 4-Septembre
Près l'Opéra, PARIS
MAISON FONDÉE EN 1895

Achat & Vente de Timbres-Poste AU PRIX EXACT

Prix courant adressé gratis sur demande.

TIMBRES-POSTE

CH. ALAIN
18, Passage des Princes
(Bd. des Italiens)
Tél.: Louvre 46-78

ACHAT
VENTE

Demandez le prix courant. Collections de toutes importances toujours en stock.

SELLS POSTAGE STAMPS CHEAP

Maison A. MAURY
6, B. Montmartre, Paris (IXe)
Envoie gratis et f°
n° specimen.

LE COLLECTIONNEUR DE TIMBRES-POSTE publiant articles philatéliques, occasions, etc. Prix courants de séries et paquets à 0 fr. 25 franco. Achète les vieilles correspondances, collections, Lots.

TIMBRES-POSTE
pour collections
A. MERCIER
39, rue Davy, Paris 17^e

Envoi franco du Prix-courant contenant bonnes occasions, en stock, beaucoup de bons timbres et raretés, pour collectionneurs avancés.

Victor ROBERT. Timbres-Poste pour Collections, 83, rue Richelieu, Paris. (V. p. 72.)

VOITURES POUR ENFANTS ET POUR MALADES

DUPONT, 10, rue Hautefeuille, Paris. (*Voir page de couverture au commencement du volume.*)

VOYAGES COMPAGNIES DE NAVIGATION MARITIMES

Compagnie des Messageries Maritimes. (Voir p. 62.)

Compagnie Générale Transatlantique. (Voir p. 63.)

Compagnie de Navigation mixte. (*Voir page 63*).

Compagnie Marseillaise de Navigation Fraissinet et Cie.

Compagnie de Navigation Marocaine et Arménienne Paquet et Cie.

SOCIÉTÉ GÉNÉRALE

Pour favoriser le développement du Commerce et de l'Industrie en France.

Société anonyme fondée en 1864

CAPITAL : 500 MILLIONS

Siège social : boulevard Haussmann, 29, à Paris.

PRINCIPALES AGENCES DANS LES DÉPARTEMENTS :

- * Abbeville.
- Agde.
- * Agen.
- * Aix-en-Provence.
- * Aix-les-Bains.
- Ajaccio. (Corse).
- * Alais.
- * Albert.
- * Albertville.
- * Albi.
- * Alençon.
- * Ambert.
- * Amboise.
- * Amiens.
- * Andelys (Les).
- * Angers.
- * Angoulême.
- * Annecy.
- * Annemasse.
- * Annonay.
- * Antibes.
- * Apt.
- * Arcachon.
- * Argentan.
- * Argenton-sur-Creuse.
- * Arles.
- * Armentières.
- * Arnay-le-Duc.
- * Arras.
- * Aubagne.
- * Aubenas.
- * Aubusson.
- * Auch.
- * Audincourt.
- * Auray.
- * Aurillac.
- * Autun.
- * Auxerre.
- * Auxonne.
- * Avallon.
- * Avesnes.
- * Avignon.
- * Avize.
- * Avranches.
- Ay.
- * Baccarat.
- * Bagnères-de-Bigorre.
- * Barbentane.
- * Barbezieux.
- * Bar-le-Duc.
- * Bar-sur-Aube.
- * Bar-s.-Seine.
- * Bastia (Corse).
- * Baume-les-Dames.
- * Bayeux.
- * Bayonne.
- Beaujeu.
- * Beaumont-sur-Oise.
- * Beaune.
- * Beauvais.
- * Bédarieux.
- * Belfort.
- * Bellegarde.
- * Belley.
- * Bergerac.
- * Bergues.
- * Bernay.
- * Besançon.
- * Béthune.
- * Béziers.
- * Biarritz.
- Billom.
- * Blanc (Le).
- Bléré.
- * Blois.
- * Bohain.
- * Bolbec.
- * Bordeaux.
- * Boulogne-sur-Mer.
- * Bourbonne-les-Bains.
- * Bourg.
- * Bourges.
- * Bourgoin.
- * Bourgueil.
- * Bressuire.
- * Brest.
- * Briançon.
- * Briey.
- * Brignoles.
- * Brionne.
- * Brioude.
- * Brive.
- * Caen.
- * Cahors.
- * Calais.
- * Cambrai.
- * Cannes.
- Cany-Barville.
- * Carcassonne.
- * Carentan.
- * Carmaux.
- * Carpentras.
- * Castelnaudary.
- * Castelsarrasin.
- * Castres.
- * Cateau (Le).
- * Caudry.
- * Cauterets.
- * Cavaillon.
- * Cette.
- * Chalon-sur-Saône.
- * Châlons-sur-Marne.
- * Chambéry.
- Chambon-Feugerolles.
- * Chantilly.
- * Charleville.
- * Charmes.
- * Charolles.
- * Chartres.
- Château-Chinon.
- * Châteaudun.
- * Château-Gontier.
- Châteaulin.
- Châteauneuf-s.-Charente.
- Châteauregnard.
- * Châteauroux.
- * Chât.-Thierry.
- * Châtellerault.
- * Châtillon-sur-Seine.
- * Chatou.
- * Chaumont.
- * Chauny.
- Chazelles-sur-Lyon.
- * Cherbourg.
- * Chinon.
- * Clamecy.
- * Clayette (La).
- * Clermont-Ferrand.
- Clermont-l'Hérault.
- * Cluny.
- * Cognac.
- * Comines.
- * Compiègne.
- * Condom.
- * Contrexéville.
- * Corbeil.
- * Corbie.
- * Cornimont.
- * Cosne.
- * Coulommiers.
- * Coutances.
- * Craponne-s-Arzon.
- * Creil.
- * Crépy-en-Valois.
- * Crest.
- * Creusot (Le).
- * Cusset.
- * Dax.
- * Deauville.
- * Decazeville.
- * Denain.
- * Dieppe.
- * Digne.
- * Digoin.
- * Dijon.
- * Dinan.
- * Dinard.
- * Dôle.
- * Domfront.
- * Douai.
- * Douarnenez.
- Doué-la-Fontaine.
- * Doullens.
- * Dourdan.
- * Draguignan.
- * Dreux.
- * Dunkerque.
- * Elbeuf.
- * Epernay.
- * Epinal.
- * Espalion.
- Estaires.
- * Etampes.
- * Eu.
- * Evian-l.-Bains.
- * Evreux.
- * Falaise.
- * Fécamp.
- * Ferté-Bernard.
- * Ferté-Macé.
- * Ferté-sous-Jouarre.
- * Feurs.
- * Flèche (La).
- * Flers.
- * Figeac.
- * Fleurance.
- * Poix.
- * Fontainebleau.
- * Fontenay-le-Comte.
- Fougerolles.
- * Fourmies.
- * Gaillac.
- * Gannat.
- * Gap.
- * Gien.
- * Gisors.
- * Givet.
- * Givors.
- * Gournay-en-Bray.
- * Granville.
- * Grasse.
- * Graulhet.
- * Gravelines.
- * Gray.
- * Grenoble.
- * Guémené-Penfao.
- * Guérande.
- * Guéret.
- * Guingamp.
- * Guise.
- * Havre (Le).
- * Hirson.
- * Honfleur.
- * Hyères.
- * Isle-Adam.
- * Isle-sur-Sorgue.
- * Issoudun.
- * Jarnac.
- * Jœuf-Homicourt.
- * Joigny.
- * Jonzac.
- * Jussey.
- * Juvisy.
- * La Bassée.
- * Lagny.
- * Laigle.
- * Landivisiau.
- * Langon.
- * Langres.
- * Lannion.
- * Laon.
- * Lapalisse.
- * La Réole.
- * Laval.
- * Lavaur.
- * Lavelanet.
- * Lens.
- * Lézignan.
- * Liancourt.
- * Libourne.
- * Ligny-en-Barrois.
- * Lille.
- * Lillers.
- * Limoges.
- * Limoux.
- * Lisieux.
- * Loches.
- * Lodève.
- * Longjumeau.
- * Longwy.
- * Lons-le-Saunier.
- * Lorient.
- * Loudun.
- * Louhans.
- * Lourdes.
- * Louviers.
- * Luçon.
- * Lunel.
- * Lunéville.
- * Lure.
- * Luxeuil.
- * Lyon.
- * Mâcon.
- * Magny-en-Vexin.
- * Maiche.
- * Maisons-Laffitte.
- * Mamers.
- * Manosque.
- * Mans (Le).
- * Mantes.
- * Marmande.
- * Marseille.
- * Marvejols.
- * Maubeuge.
- * Mauléon.
- * Mauriac.
- * Mayenne.

(*) Les agences marquées d'un astérisque sont pourvues d'un service de coffres-forts

*Meaux.	Nevers.	*Rambervillers	*St-Junien.	Tourcoing.
*Melun.	*Nice.	*Rambouillet.	*Saint-Lô.	*Tournus.
*Mende.	*Nimes.	*Redon.	Saint-Loup-s.-	*Tours.
*Menton.	*Niort.	*Reims.	Semouse.	*Tréport (Le)
*Méru.	*Nogent-le-Ro-	*Remiremont.	*Saint-Malo.	*Trouville.
*Merville.	trou.	*Rennes.	*St-Menehould	*Troyes.
*Meulan.	*Noyon.	Rethel.	*Saint-Nazaire	*Tulle.
*Meursault.	*Nuits-Saint-	Revel.	*Saint-Omer.	*Tullins.
*Meymac.	Georges.	*Revin.	*Saint-Paul-s.-	*Uzès.
*Mèze.	*Nyons.	*Riom.	Ternoise.	*Valence.
*Mézières.	Oloron-Ste--	*Rive-de-Gier.	*Saint-Pour-	*Valence-d'Agen
*Millau.	Marie.	*Roanne.	çain-s.-Sioule	*Valenciennes.
*Mirande.	*Orange.	*Rochefort-s-M.	*Saint-Quentin	*Valognes.
*Mirecourt.	*Orléans.	*Rochelle (La)	*St-Raphael.	*Valréas.
*Moissac.	*Orches.	*Roche-s.-Yon	*Saint-Remy-	*Vannes.
*Montargis.	*Orthez.	*Rodez.	de-Provence	*Vendôme.
*Montauban.	*Oyonnax.	*Romans.	*Saint-Servan.	*Verdun.
*Montbéliard.	*Palaiseau.	*Romilly-s-Seine	*Salles-de-Béarn	*Verneuil-sur-
*Montbrison.	*Pamiers.	*Romorantin.	Salins-du-Jura	Avre.
*Mont-de-Mar-	*Paray-le-Mo-	*Roubaix.	*Salon.	*Vernon.
san.	nial.	*Rouen.	Sancoins.	*Versailles.
*Montdidier.	*Parthenay.	*Royan.	*Sarlat.	*Vervins.
*Monte-Carlo.	*Pau.	*Rueil.	*Saulieu.	*Vesoul.
*Montélimar.	*Périgneux.	*Ruffec.	*Saumur.	*Vichy.
*Montereau.	*Péronne.			*Vienne.
*Montluçon.	*Perpignan.	*Sabl.-d'Olonne	*Seclin.	*Vierzon.
*Montmorillon	Pertuis.	*Saint-Affrique	*Sedan.	*Vigan (Le).
*Montpellier.	*Pézenas.	Saint-Aignan.	*Segré.	Villedieu-les-
*Montr.-s-Mer	*Pithiviers.	*Saint-Amand.	*Semur.	Poêles.
*Montrichard.	*Ploërmel.	*Saint-Brieuc.	*Senlis.	*Villefranche-
*Moret-s-Loing	*Poissy.	*St-Chamond	*Senones.	de-Rouergue.
*Morez-du-Jura	*Poitiers.	*Saint-Claude.	*Sens.	*Villefranche-
*Morlaix.	*Pons.	*Saint-Dié.	*Seyne.	s.-Saône.
*Mortagne.	*Pont-à-Mous-	*Saint-Dizier.	*Sézanne.	Villeneuve-St-
*Morteau.	son.	*Saint-Etienne.	*Soissons.	Georges.
*Moulins.	*Pont-Audemer	*Saint-Flour.	*Souillac.	*Villeneuve-s.-
*Moutiers.	*Pont-de-	*Sainte-Foy-la-	*Tarare.	Lot.
Murat.	Beauvoisin.	Grande.	*Tarascon.	*Villeneuve-s.-
*Nancy.	*Pontivy.	*Saintes.	*Tarbes.	Yonne.
*Nanterre.	Pont-L'abbé	*St-Gaudens.	*Thiers.	*Villers-Cotterets
*Nantes.	Lambourg.	*St-Germain-	*Thizy.	*Vimoutiers.
*Nantua.	*Pont-l'Evêque	en-Laye.	*Thonon-les-B.	*Vire.
*Narbonne.	*Pontoise.	*Saint-Girons.	*Touars.	*Vitry-le-Fr.
*Nay.	*Provins.	Saint-Hilaire	*Tonneins.	*Vitré.
*Nemours.	Puy (Le).	du Harcouet	*Tonnerre.	*Voiron.
*Nérac.	*Quesnoy (Le)	*Saint-Jean-	*Toul.	*Vouziers.
*Neufchâteau	*Quimper.	d'Angély.	*Toulon.	*Yvetot.
*Neufchatel.	*Quimperlé.	*St-Jean-de-Luz	*Toulouse.	

AGENCES EN AFRIQUE

Alger, Bône, Bougie, Casablanca, Constantine, Kairouan, Mascara, Mostaganem, Oran, Philippeville, Relizane, Sétif, Sfax, Sidi-bel-Abbes, Sousse, Tanger, Tiaret, Tunis.

AGENCES A L'ÉTRANGER

Londres, Old Broad Strett, 53 ; Bureau de West End. 65, 67, Regent Street et St-Sébastien (Espagne) 1, rue Miramar. Barcelone 20, plaza du Cataluna.

La Société possède 97 Succursales, Agences et Bureaux à Paris et dans la Banlieue, 546 Agences et bureaux en Province et des Correspondants sur toutes les places de France et de l'Etranger.

Correspondant en Belgique : Société Française de Banque et de Dépôts, Bruxelles, 70, rue Royale, Anvers, 74, place de Meir, Ostende, 21, avenue Léopold.

TOUTES OPÉRATIONS DE BANQUE & DE BOURSE

Service de coffres-forts et de compartiments de coffres-forts au Siège social, dans les succursales, et dans un très grand nombre d'agences de Paris et de Province, depuis 8 fr. par mois, tarif décroissant en proportion de la durée et de la dimension. — (Demander les notices spéciales à tous les guichets de la Société.)

(*) Les agences marquées d'un astérisque sont pourvues d'un service de coffres-forts.

CRÉDIT LYONNAIS

FONDÉ EN 1863

SOCIÉTÉ ANONYME - CAPITAL : 250 MILLIONS
ENTIÈREMENT VERSÉS

LYON, SIÈGE SOCIAL : Palais du Commerce
PARIS, SIÈGE CENTRAL : Boulevard des Italiens, 19

AGENCES DANS PARIS

- **A** Place du Théâtre-Français, 3.
- **B** Rue Vivienne, 31 (Bourse).
- **C** Faubourg Poissonnière, 44.
- **D** Rue Turbigo, 3 (Halles).
- **E** Rue de Rivoli, 43.
- **F** Rue Lafayette, 50.
- **G** Rue Rambuteau, 14.
- **H** Boulevard Sébastopol, 91.
- **I** Faubourg Saint-Antoine, 63.
- **J** Boulevard Voltaire, 45.
- **K** Rue du Temple, 201.
- **L** Boulevard Saint-Denis, 10.
- **M** Avenue de Villiers, 73.
- **N** Boulevard Magenta, 77.
- **O** Avenue Kléber, 108.
- **P** Place Clichy, 16.
- **Q** Boulevard Haussmann, 53.
- **R** Faubourg Saint-Honoré, 152.
- **S** Boulevard Saint-Germain, 58.
- **T** Boulevard Saint-Michel, 20.
- **U** Rue de Rennes, 66.
- **V** Boulevard Haussmann, 188.
- **W** Boulevard Saint-Germain, 205.
- **X** Avenue des Gobelins, 22.
- **Y** Avenue d'Orléans, 19.
- **AB** Rue de Flandre, 1.
- **AC** Rue de Passy, 66.
- **AD** Rue d'Auteuil, 43.
- **AE** Place Victor-Hugo, 7.
- **AF** Avenue des Ternes, 37.
- **AG** Boulevard Haussmann, 132.
- **AH** Rue Saint-Antoine, 62.
- **AI** Rue des Martyrs, 62.
- **AJ** Boulevard Voltaire, 113.
- **AK** Faubourg du Temple, 68.
- **AL** Rue Royale, 14.
- **AM** Boulevard de Courcelles, 5.
- **AN** Boulevard Barbès, 5.
- **AO** Rue Lecourbe, 2.
- **AP** Avenue Bosquet, 36.
- **AR** Avenue Marceau, 44.
- **AS** Aven. des Champs-Élysées, 55.
- **AT** Rue de Lyon, 22.
- **AU** Rue de Turenne, 103.
- **AV** Place de Rennes, 6.
- **AW** Rue de Vaugirard, 316.
- **AX** Rue du Commerce, 36.
- **AY** Place de la Nation, 1.
- **AZ** Rue Damrémont, 63 bis.
- **ZA** Avenue de Clichy, 128.
- **ZB** Place Daumesnil, 2.
- **ZC** Rue de Belleville, 134.
- **ZD** Rue Lafayette, 108.
- **ZE** Rue Ordener, 78.
- **ZF** Rue de Ménilmontant, 1.
- **ZG** Place d'Italie, 5.

AGENCES DANS LA BANLIEUE DE PARIS

Asnières, Grande-Rue, 32.
Boulogne-s.-Seine, b. de Strasbourg, 1.
Charenton, rue de Paris, 79.
Clichy, boulevard National, 96.
Colombes, rue Saint-Denis, 6.
Courbevoie, rue de Paris, 43.
Levallois-Perret, rue Courcelles, 89.
Montreuil-s.-Bois, boul. Rouget-de l'Isle, 57.
Montrouge, av. de la République, 36.
Neuilly-s.-Seine, av. de Neuilly, 36.
Nogent-s.-Marne, Grande-Rue, 166.
Pantin, rue de Paris, 62.
Parc-St-Maur, av. de la Mairie, 1.
Saint-Denis, r. de la République, 24.
Saint-Mandé, pl. de la Tourelle, 5.
Suresnes, rue Émile-Zola, 42.

CRÉDIT LYONNAIS

AGENCES EN FRANCE ET EN ALGÉRIE

Abbeville.
Agen.
Aix-en-Provence.
Aix-les-Bains.
Alais.
Albi.
Alençon.
Alger (Algérie).
Ambert.
Amiens.
Angers.
Angoulême.
Annecy.
Annonay.
Antibes.
Argenteuil.
Arles.
Arras.
Auch.
Aurillac.
Autun.
Auxerre.
Avallon.
Avignon.
Bar-le-Duc.
Bayonne.
Beaucaire.
Beaulieu.
Beaune.
Beauvais.
Belfort.
Belleville-sur-Saône.
Besançon.
Béziers.
Biarritz.
Blois.
Bône (Algérie).
Bordeaux.
Boulogne-sur-Mer.
Bourg.
Bourges.
Bourgoin.
Brest.
Brive.
Caen.
Cahors.
Calais.
Cambrai.
Cannes.
Carcassonne.
Carpentras.
Castres.
Caudry.
Cavaillon.
Cette.
Châlons-sur-Marne.
Chalon-sur-Saône.
Chambéry.
Charité-sur-Loire (La).
Charleville.
Chartres.
Châteaudun.
Châtellerault.
Châtillon-sur-Seine.
Chaumont.
Cherbourg.
Cholet.
Clermont-Ferrand.
Cognac.
Compiègne.
Condé-sur-Noireau.
Constantine (Algérie).
Corbeil.
Cosne-sur-Loire.
Crest.
Creusot (Le).
Dax.
Deauville.
Dieppe.
Dijon.
Dôle.
Douai.
Draguignan.
Dreux.
Dunkerque.
Elbeuf.
Epernay.
Epinal.
Evreux.
Fécamp.
Figeac.
Firminy.
Flers.
Fontainebleau.
Fourmies.
Gaillac.
Givet.
Grasse.
Gray.
Grenoble.
Guéret.
Havre (Le).
Hyères.
Issoire.
Issoudun.
Jarnac.
Jonzac.
Laon.
La Seyne.
Laval.
Lézignan.
Libourne.
Lille.
Limoges.
Lisieux.
Lons-le-Saunier.
Lorient.
Lourdes.
Lunel.
Lunéville.
Mâcon.
Mans (Le).
Mantes.
Marmande.
Marseille.
Maubeuge.
Mayenne.
Mazamet.
Meaux.
Melun.
Menton.
Metz.
Millau.
Montargis.
Montauban.
Montbéliard.
Montbrison.
Mont-de-Marsan.
Montceau-les-Mines.
Monte-Carlo (Territoire français).
Montélimar.
Montereau.
Montluçon.
Montpellier.
Morlaix.
Morteau.
Mostaganem.
Moulins.
Mulhouse.
Mustapha Agha (Algérie)
Nancy.
Nangis.
Nantes.
Narbonne.
Nevers.
Nice.
Nîmes.
Niort.
Nogent-le-Rotrou.
Nuits-St-Georges.
Oloron-Sainte-Marie.
Oran (Algérie).
Orange.
Orléans.
Pamiers.
Paray-le-Monial.
Pau.
Périgueux.
Perpignan.
Philippeville (Algérie)
Poitiers.
Pontarlier.
Pontoise.
Provins.
Puy (Le).
Raincy (Le).
Reims.
Remiremont.
Rennes.
Rethel.
Riom.
Rive-de-Gier.
Roanne.
Rochefort-sur-Mer.
Rochelle (La).
Rodez.
Romans.
Romilly-sur-Seine.
Roubaix.
Rouen.
St-Amand-les-Eaux.
St-Amand-Montrond.
Saint-Brieuc.
Saint-Chamond.
Saint-Claude.
Saint-Dié.
Saint-Dizier.
Saint-Etienne.
Saint-Flour.
St-Germain-en-Laye.
Saint-Malo.
Saint-Nazaire.
Saint-Omer.
Saint-Quentin.
Saint-Raphaël.
Saint-Servan.
Saintes.
Salon.
Saumur.
Sedan.
Sens.
Sidi-bel-Abès (Algérie).
Soissons.
Strasbourg.
Tarare.
Tarbes.
Thiers.
Thizy.
Toulon.
Toulouse.
Tourcoing.
Tournon.
Tours.
Trouville.
Troyes.
Tulle.
Tunis.
Valence.
Valenciennes.
Vannes.
Verdun.
Versailles.
Vesoul.
Vichy.
Vienne (Isère).
Vierzon.
Villefranche-s-Saône.
Villeneuve-sur-Lot.
Vitry-le-François.
Voiron.
Yvetot.

AGENCES A L'ÉTRANGER

Alexandrie (Egypte).
Barcelone.
Bruxelles (Ixelles).
Caire (Le).
Constantinople.
Ensanche.
Genève.
Jérusalem.
Londres.
Madrid.
Moscou.
Odessa.
Port-Saïd.
Saint-Pétersbourg.
Saint-Sébastien.
Séville.
Smyrne.
Stamboul; Péra-Stamboul.
Valence (Espagne).

Le Crédit Lyonnais fait toutes les opérations d'une maison de banque : dépôts d'argent remboursables à vue et à échéance; dépôts de titres; encaissements de coupons; ordres de bourse; souscriptions; escompte de papier de commerce sur la France et l'étranger; chèques et lettres de crédit sur tous pays; prêts sur titres français et étrangers; achat et vente de monnaies, matières et billets étrangers.

Service spécial de location de COFFRES-FORTS dans des conditions présentant toute garantie contre les risques d'incendie et de vol.

COMPTOIR NATIONAL D'ESCOMPTE
DE PARIS

Capital : 250 millions de francs entièrement versés

SIÈGE SOCIAL : RUE BERGÈRE

SUCCURSALE : PLACE DE L'OPÉRA, 2, PARIS

OPÉRATIONS DU COMPTOIR

Bons à échéance fixe, Escompte et Recouvrements, Escompte de Chèques, Achat et Vente de Monnaies étrangères, Lettres de Crédit, Ordres de Bourse, Avances sur Titres, Chèques, Traites, Envois de Fonds en Province et à l'Étranger, Souscriptions, Garde de Titres, Garantie contre les Risques de remboursement au pair, Paiement de Coupons, etc.

AGENCES

44 Bureaux de quartier dans Paris.	10 Agences dans les Colonies et pays de protectorat.
15 Bureaux de banlieue.	
208 Agences et bureaux en province.	13 Agences à l'étranger.

Le Comptoir National d'Escompte de Paris est, en outre, le correspondant officiel des banques coloniales françaises de l'Algérie, de l'Indo-Chine, de la Guadeloupe, de la Guyane, de la Martinique, de la Réunion et de l'Afrique Occidentale, ainsi que de la " French American Banking Corporation " de New-York.

LOCATION DE COFFRES-FORTS

Le Comptoir tient un service de coffres-forts à la disposition du public : 14, rue Bergère ; 2, place de l'Opéra ; 147, boulevard Saint-Germain ; 49, avenue des Champs-Élysées ; 35, avenue Mac-Mahon ; 1, avenue de Villiers ; 12, boulevard Raspail et dans les principales Agences de France. — Une clef spéciale unique est remise à chaque locataire. La combinaison est faite et changée par le locataire, à son gré. Le locataire peut seul ouvrir son coffre.

Garantie et sécurité absolues

VILLES D'EAUX
STATIONS ESTIVALES ET HIVERNALES

Le COMPTOIR NATIONAL a des agences dans les principales *Villes d'Eaux* ; ces agences traitent toutes les opérations comme le siège social et les autres agences, de sorte que les Étrangers, les Touristes, les Baigneurs peuvent continuer à s'occuper d'affaires pendant leur villégiature.

LETTRES DE CRÉDIT POUR VOYAGES

Le Comptoir National d'Escompte délivre des *Lettres de Crédit* circulaires payables dans le monde entier auprès de ses agences et correspondants ; ces Lettres de Crédit sont accompagnées d'un carnet d'identité et d'indications et offrent aux voyageurs les plus grandes commodités, en même temps qu'une sécurité incontestable.

Salons des Accrédités : Succursale, 2, place de l'Opéra

BANQUE NATIONALE DE CRÉDIT

Société anonyme au Capital de 500 millions.
Réserves : 90 millions

SIÈGE SOCIAL : 16, boulevard des Italiens, PARIS

CONSEIL D'ADMINISTRATION

M. Eugène RAVAL, O. ✻, Président

MM. Jules SIEGFRIED, O. ✻ } Vice-Présidents
René BOUDON, O. ✻

MM.
Henri BOUSQUET, O. ✻
Léon DARDEL, ✻
Vicomte Ch. DU PELOUX
Pierre RICHEMOND, O. ✻

MM.
Olivier SAINSÈRE G. O. ✻
Arnold SEYRIG, ✻
Paul VALAYER, ✻
André VINCENT, ✻

M. Émile LEVEL, ✻, Directeur Général

Directeurs à l'Administration centrale :
MM. Félix BROUARD, Édouard OUDIETTE, Robert COUZINIER, Alexandre BUNGENER.

Plus de 300 Succursales, Agences et Bureaux en France
Succursales dans les Pays Rhénans : à Mayence, Sarrebruck, Wiesbaden et Ludwigshafen.
Prochainement ouverture des succursales de Nice, Monte-Carlo et Cannes.

PRINCIPALES OPÉRATIONS :

Dépôts de fonds à vue et à échéance. — Compte de chèques et de dépôts. — Achats et vente de devises et monnaies étrangères. — Escompte et encaissement d'effets de commerce libres ou documentaires. — Avances sur warrants. — Levée de documents à Paris et dans les principaux ports de France et à l'étranger. — Délivrance de chèques sur tous pays. — Lettres de crédit et transferts télégraphiques sur les principales villes du monde. — Garde de titres. — Avances sur titres. — Encaissement de coupons et titres amortis. — Exécution d'ordres aux bourses françaises et étrangères. — Location de coffres-forts, etc.

COMPAGNIE ALGÉRIENNE

SOCIÉTÉ ANONYME

Capital : 100.000.000 de francs, entièrement versés
Réserves : 80.000.000 de francs

SIÈGE SOCIAL, à PARIS, 50, rue d'Anjou

Toutes Opérations de Banque et de Bourse

Notamment :
Ouverture de Comptes de dépôt.
Délivrance de Lettres de crédit sur tous pays.
Envoi de fonds. Location de coffres-forts.

AGENCES DE LA COMPAGNIE :

EN FRANCE. — Antibes, Bordeaux, Cannes, Grasse, **Marseille**, Menton, Montpellier, Monte-Carlo, **Nice**, Vichy.

EN ALGÉRIE. — Affreville, Aïn-Béida, Aïn-Témouchent, **Alger**, Arzew, Aumale, Batna, Boghari, **Bône**, Bordj-Bou-Arreridj, Bordj-Menaïel, Boufarik, Bougie, Bouira, Boukanéfis, **Blida**, Castiglione, Cherchell, **Constantine**, Djidjelli, Douéra, Frenda, Guelma, Hammam-Bou-Hadjar, Jemmapes, Khenchela, Koléa, Maison-Carrée, Marengo, Mascara, Médéa, Mercier-Lacombe, Montgolfier, Mostaganem, M'Sila, Nemours, **Oran**, Orléansville, Palikao, Perrégaux, Philippeville, Relizane, Rio-Salado, Rouiba, Saïda, Saint-Arnaud, Saint-Cloud, Saint-Denis-du-Sig, Sedrata, Sétif, Sidi-bel-Abbès, Soukaras, Tébessa, Le Télagh, Tiaret, Tlemcen, Vialar.

EN TUNISIE. — Béja, Bizerte, Gabès, Kairouan, Mateur, **Sfax**, Souk-el-Arba, Souk-el-Khemis, Sousse, **Tunis**.

AU MAROC. — Casablanca, Fez, Kénitra, Larache, Marrakech, Mazagan, Meknès, Mogador, Oudjda, Rabat, Safﬁ, **Tanger**.

DIRECTION

DIRECTEUR : M. TRICHON
DIRECTEUR-ADJOINT : M. VÉRON
SOUS-DIRECTEURS :
MM. **BONNELL**, ✻, **MILLAGOU**, **SCHWEISGUTH**, ✻,
RONGIER, chargé de la direction de la Succursale d'Alger

CREDIT FONCIER D'ALGÉRIE & DE TUNISIE

Société Anonyme fondée en 1881
CAPITAL : 125.000.000 de francs

Siège social : ALGER, 8, boulevard de la République
Siège administratif : PARIS, 43, rue Cambon

SUCCURSALES & AGENCES

FRANCE : MARSEILLE, 20-22, rue Cannebière.
BORDEAUX, 60, Cours de l'Intendance.
NANTES, 1,3 rue Lafayette.

ALGÉRIE : ALGER, BLIDA, BONE, CONSTANTINE, ORAN, SÉTIF, SIDI-BEL-ABBÈS, et 57 Agences rattachées.

TUNISIE : TUNIS et 16 Agences rattachées.

MAROC : TANGER, CASABLANCA, et 12 Agences rattachées.

ETRANGER : LONDRES, SMYRNE, LA VALETTE (Ile de Malte), PALMA, (Baléares), GIBRALTAR.

Toutes opérations de Banque

Société Marseillaise de Crédit

INDUSTRIEL et COMMERCIAL et de DÉPOTS
Banque fondée en 1865
SOCIÉTÉ ANONYME — CAPITAL 75.000.000 DE FRANCS

SIÈGE SOCIAL : MARSEILLE, rue Paradis, 75
Succursale à Paris, 4, rue Auber

NOMBREUSES AGENCES
dans le Midi de la France, en Algérie, en Tunisie et au Maroc

AGENCES DU LITTORAL :
Toulon, Hyères, La Seyne, Fréjus, Saint-Raphaël, Cannes, Antibes, Grasse, Nice, Monaco, Monte-Carlo

CORRESPONDANTS DIRECTS
SUR TOUTES LES PLACES DE FRANCE ET DE L'ÉTRANGER

La SOCIÉTÉ MARSEILLAISE DE CRÉDIT
traite toutes les opérations de Banque et de Titres
LOCATION DE COFFRES-FORTS

Le Petit Journal

Le mieux renseigné
LE PREMIER PARTOUT
Le Numéro : 15 centimes

CHAQUE SEMAINE

Le Petit Journal illustré
Le Numéro : 30 centimes

La Mode
GRAVURES EN COULEURS, PATRONS DÉCOUPÉS GRATUITS, ROMANS, ETC.
Le Numéro : 50 centimes

Le Petit Journal Agricole
(L'AGRICULTURE MODERNE)
Journal de vulgarisation et d'information de tout ce qui se rapporte à l'Agriculture française et étrangère

Ces Journaux sont en vente partout

Le Petit Journal Propage le Tourisme par ses Voyages et Excursions accompagnés, en France et à l'Etranger, dont chaque départ est annoncé en temps utile dans ses colonnes. Tous renseignements et programmes peuvent être demandés au Service des Excursions du Petit Journal, 61, rue Lafayette, Paris (IXe). — Téléphone : Gutenberg 01-75. — Métro : Cadet.

LE FIGARO

Le Numéro 20 centimes
DANS TOUTE LA FRANCE

Président du Conseil d'Administration
Georges PRESTAT

Rédacteur en chef :
Louis LATZARUS

INFORMATIONS

LE FIGARO est outillé de manière à fournir sur chaque événement important, en France et à l'étranger, l'information la plus rapide, la plus complète, la plus sûre. Il a, depuis sa nouvelle direction, un service spécial de dépêches de la dernière heure qui lui sont envoyées de toutes les grandes capitales.

Ouvert à tous les partis, journal indépendant, **LE FIGARO** est la tribune la plus libre et la plus retentissante.

C'est le journal le plus répandu du monde entier.

PUBLICITÉ

Les services de Publicité sont installés dans l'hôtel du FIGARO, 26, rue Drouot, PARIS

La publicité du **FIGARO** est la plus recherchée.

ABONNEMENTS

	Paris et Départem.	Étranger
Un an....	54 fr.	70 fr.
Six mois..	28 fr.	36 fr.
Trois mois.	14 fr.	18 fr. 50

Le Temps

Fondé en 1861

PARIS — 5, rue des Italiens, 5 — PARIS

4, 6 OU 8 PAGES GRAND FORMAT

Téléphone (Cinq lignes) :

Gutenberg : 03.07 — 03.08 — 03.09 — 03.32 — 03.33

Adresse télégraphique : TEMPS PARIS

Services télégraphiques et téléphoniques

POLITIQUES, COMMERCIAUX ET FINANCIERS PARTICULIERS

DE TOUTES LES CAPITALES

ET DE TOUS LES DÉPARTEMENTS FRANÇAIS

PRIX DE L'ABONNEMENT DE TROIS MOIS

Paris, Seine et Seine-et-Oise, 17 francs

Départements, Colonies, Belgique et Luxembourg, 18 francs

Étranger, 26 francs

Le Temps accepte des abonnements au numéro, partant de n'importe quelle date, moyennant 0 fr. 20 par numéro à expédier en France et 0 fr. 30 à l'Étranger.

FRANCE : 20 FRANCS PAR AN
ÉTRANGER : 26 FRANCS PAR AN

La Semaine Financière

SOIXANTE-SIXIÈME ANNÉE

N'est pas un prospectus

INDÉPENDANTE elle donne **SON OPINION**

Favorable ou défavorable

Renseigne, mais ne conseille pas

=== PUBLIE ===

Tous les tirages financiers
Le prix de tous les coupons

Insère chaque semaine : les cours de toutes les valeurs cotées à la Bourse de PARIS;

Des principales valeurs cotées à LYON, LILLE, MARSEILLE, LONDRES, NEW-YORK, GENÈVE, BRUXELLES.

On s'abonne aux bureaux de "la Semaine Financière", 1, rue de Provence, Paris, et sans frais, dans tous les Bureaux de Poste.

JOURNAL DES DÉBATS

Politiques et Littéraires

GRAND JOURNAL QUOTIDIEN

FONDÉ EN 1789

17, rue des Prêtres-Saint-Germain-l'Auxerrois, Paris (1ᵉʳ)

15 centimes le numéro

Principaux collaborateurs : MM. RENÉ BAZIN, PAUL BOURGET ; RENÉ DOUMIC, ERNEST LAVISSE, H. DE RÉGNIER, *membres de l'Académie française*.

MM. J. BOURDEAU, HENRY JOLY, ANDRÉ LIESSE, ANDRÉ MICHEL, G. SCHLUMBERGER, *membres de l'Institut*.

MM. A. ALBALAT, JACQUES BARDOUX, HENRI BIDOU, PAUL BLUYSEN, F. DE BRIMON, ROBERT DE CAIX, A. CHAUMEIX, EMILE COMBE, docteur DARRAS, MAURICE DEMAISON, JULES DIETZ, J.-H. FRANKLIN, A. GAUVAIN, G. GRANDIDIER, ANDRÉ HALLAYS, ADOLPHE JULLIEN, RAYMOND KOECHLIN, docteur MARCEL LABBÉ, ANATOLE LE BRAZ, CHARLES LEGRAS, F. MARONI, MAURICE MURET, EDOUARD PAYEN, ALBERT PETIT, ARTHUR RAFFALOVICH, Lieut.-Colonel PAUL RENARD, E. RIPAULT, EDOUARD SARRADIN, CHRISTIAN SCHEFER, H. DE VARIGNY DANIEL ZOLLA, etc.

ADRESSE TÉLÉGRAPHIQUE : **DÉBATS-PARIS**

TÉLÉPHONE : Gutenberg 03.00, 03.01 et 03.02

PRIX DE L'ABONNEMENT :

	TROIS MOIS	SIX MOIS	UN AN
France et Colonies	13 fr.	26 fr.	50 fr.
Union postale	16 fr.	32 fr.	64 fr.

Les abonnements partent du 1ᵉʳ et du 16 de chaque mois.

NOTA. — Le service du journal est fait gratuitement, pendant huit jours, sur demande affranchie adressée à l'Administration du journal.

LA LIBERTÉ

JOURNAL DE PARIS
Fondé en 1866

LE PLUS LU DES JOURNAUX DU SOIR

TOUS LES JOURS { **3 ÉDITIONS**
dont la 2ᵉ et la 3ᵉ à
6 PAGES

La rubrique financière est la plus étendue et la plus complète de toute la presse quotidienne de Paris.

Directeur : **FERNAND-LAURENT**
Conseiller municipal

Rédacteur en chef : Louis BARD

Principaux Collaborateurs :

L'Abbé WETTERLÉ, Député du Haut-Rhin ; HENRI GALLI ; Louis LATAPIE ; PIERRE VEBER ; CHARLES LE GOFFIC ; JACQUES BAINVILLE ; ROBERT DE BEAUPLAN ; MAURICE DEKOBRA ; MAURICE GANDOLPHE ; L. MARCELLIN ; RENÉ CHAVANCE ; ROBERT KEMP ; HENRY MONTAZEL ; les dessinateurs HENRIOT et TEL ; JACQUES BERTAL ; PAUL CHAUTARD ; Mme COLETTE YVER, etc.

ABONNEMENTS

	3 MOIS	6 MOIS	1 AN
Paris, Seine et S.-et-O.	11 fr.	20 fr.	38 fr.
Départements	12 fr.	21 fr.	40 fr.
Union postale	16 fr.	28 fr.	55 fr.

N. B. — Un service gratuit de cinq jours est fait sur demande affranchie.

La Vie Parisienne
Journal illustré

Mœurs élégantes
  Choses du jour
    Théâtres et musique
      Critique de la mode
        Voyages et sports

29, rue Tronchet, Paris.— Tél.: Gut. 48-59

La Vie Parisienne n'a pas de similaire parmi les journaux illustrés français. Par son indépendance, son dilettantisme, la légèreté d'allures de ses articles et l'originalité de ses dessins, par le ton libre qu'elle prend pour juger hommes et choses, elle est l'expression élégante de l'esprit et du goût parisien le plus fin, dont elle a toujours su conserver la formule.

Tous ceux qui se sont fait un nom dans la littérature ou au théâtre ont débuté ou collaboré à la Vie Parisienne. Citons : MEILHAC, HALÉVY, TAINE, DROZ, marquis DE MASSA, ABOUT, NISARD, duc DE MORNY, FRÉDÉRIC MASSON, GYP, HENRI LAVEDAN, PAUL BOURGET, MAURICE DONNAY.

Actuellement, la Vie Parisienne compte parmi ses collaborateurs : GEORGES COURTELINE, PIERRE VEBER, COLETTE WILLY, PIERRE WOLFF, ABEL HERMANT, TRISTAN BERNARD, HENRI DUVERNOIS, MAURICE LEVEL, etc., etc.

Le clubman
  La femme élégante
    L'artiste et l'homme de lettres
      Le militaire et le marin
Lisent la Vie Parisienne

TOUS LES SAMEDIS, UN NUMÉRO : 1 FR. 50

ABONNEMENTS

Paris et Départements	Étranger (Union postale)
UN AN . . . . 60 fr.	UN AN . . . . 75 fr.
SIX MOIS . . . . 35 fr.	SIX MOIS . . . . 40 fr.
TROIS MOIS . . . . . . 18 fr.	TROIS MOIS . . . . . . 20 fr.

34ᵉ ANNÉE   LE NUMÉRO 0 fr. 10

L'Éclair

JOURNAL QUOTIDIEN DE PARIS

Directeur politique Émile BURÉ

TÉLÉPHONE   ADRESSE TÉLÉGRAPHIQUE
Gutenberg 02.14 — 02.25   *Éclair-Paris*

10, rue du Faubourg-Montmartre, PARIS

ABONNEMENTS

	Trois mois	Six mois	Un an
PARIS (Seine et Seine-et-Oise)	8 fr.	15 fr.	30 fr.
FRANCE (Colonies)	9 fr.	16 fr.	32 fr.
ÉTRANGER	10 fr.	18 fr.	35 fr.

TARIF DE LA PUBLICITÉ

Annonces commerciales	la ligne	4 fr.
Réclames, troisième page	—	6 fr.
Faits divers	—	12 fr.
Entrefilets, deuxième page	—	15 fr.
Échos, première page	—	25 fr.

Paris-Midi

15ᶜ — 30, RUE LOUIS-LE-GRAND — **15ᶜ**

Tél. : Gutenberg 55-92

Paris-Midi

PUBLIE

les dernières nouvelles parvenues à Paris

DANS LA MATINÉE

Le Billet de Midi	Dépêches d'HAVAS
PAR	ET DE SES
Maurice de WALEFFE	Correspondants

RÉSUMÉ DES JOURNAUX DU MATIN

Dernière heure hippique

ABONNEMENTS		ABONNEMENTS	
	Un an		Six mois
Paris	40 fr.	Paris	20 fr.
Départ. et Colonies.	44 fr.	Départ. et Colonies.	22 fr.
Etranger	60 fr.	Etranger	30 fr.

Fondateur : **ÉDOUARD DRUMONT** Quinze centimes le numéro

LA LIBRE PAROLE

JOURNAL D'UNION NATIONALE
14, Boulevard Montmartre
Téléphone : Gutenberg 02-41

LA LIBRE PAROLE est l'organe des catholiques sociaux.

LA LIBRE PAROLE contient les articles de doctrine les plus complets et les mieux choisis.

LA LIBRE PAROLE est le journal le plus vif, le plus alerte des journaux du matin.

PRINCIPAUX COLLABORATEURS :

Emm. DE LAS CASES, Sénateur de la Lozère; LEFEBVRE DU PREY, Député de St-Omer; L. DUVAL-ARNOULD, Conseiller municipal de Paris; Georges ANCEL, Député du Havre; Jean LEROLLE, Député de Paris; Joseph DENAIS, Député de Paris; Amiral BIENAIMÉ, Député de Paris; Ernest LAMY, Député de Lorient; Henri JOLY, Membre de l'Institut; Prosper JOSSE, Député des Andelys; Ambroise RENDU, Conseiller municipal de Paris; Général HUMBEL; Général PETETIN; Henry REVERDY; Paul BUREAU; André MEVIL; Albert MONNIOT; Paul VERGNET; Jean DRAULT, etc.

PRIX DES ABONNEMENTS :

	1 AN	6 MOIS	3 MOIS
Paris	40 fr.	21 fr.	11 fr.
France et Algérie . .	44 fr.	23 fr.	12 fr.
Etranger et Union postale	60 fr.	32 fr.	17 fr.

N. B. — Un service gratuit de huit jours est fait sur demande affranchie.

La Petite Gironde

Journal républicain régional

Le plus fort tirage des Journaux de Province

RÉDACTION ET ADMINISTRATION

BORDEAUX, 8, rue de Cheverus, 8.
PARIS, 8, Boulevard des Capucines, 8.

ABONNEMENTS

Gironde et départements limitrophes : Un an . . . 45 fr.
Les autres départements . . . . 48 fr.
Etranger . . . . 65 fr.

ANNONCES {
 5 fr. la ligne d'annonce (4ᵉ page).
 10 fr. la ligne de réclame
 15 fr. la ligne de faits divers (3ᵉ page).
 25 fr. la ligne de chronique locale.

La **PETITE GIRONDE** publie 12 éditions par jour

Tirage : **400 000** exemplaires

La Petite Gironde, éditée dans une des régions les plus riches et les plus peuplées de France, est le journal de province dont le rendement en publicité est le meilleur.

De la Loire aux Pyrénées, tout le monde lit

LA FRANCE

de Bordeaux et du Sud-Ouest

JOURNAL RÉPUBLICAIN QUOTIDIEN

Le plus répandu de tous les journaux du Sud-Ouest

10, Rue Porte-Dijeaux, à BORDEAUX

TRENTE-QUATRE DÉPARTEMENTS DESSERVIS

3 000 000 de lecteurs chaque jour

Chronique régionale développée dans seize éditions

La France du Sud-Ouest est le journal régional le plus recherché pour sa publicité.

La France du Sud-Ouest est en vente dans les kiosques des boulevards à PARIS.

DIRECTION et PUBLICITÉ, 21, Boul. Montmartre, à PARIS
Téléphones : *Rédaction*, Gut. 49-85. *Publicité*, Gut. 50-61

Dans toutes les bibliothèques des gares, dans vos villégiatures, demandez

L'EXPRESS
DE LYON

6 et 8 pages   JOURNAL RÉPUBLICAIN DU MATIN   15 centimes

Grand quotidien illustré à 6 et 8 pages

L'EXPRESS de Lyon
Informe VITE et BIEN

Ses renseignements politiques, littéraires, scientifiques, financiers, agricoles et régionaux sont puisés aux meilleures sources.

(Agence télégraphique spéciale à Paris)

Sa diffusion s'étend sur 16 départements

La publicité de **L'EXPRESS de Lyon** est, à dépense égale, l'une des plus productives.

Rédaction et administration : 46, rue de la Charité
Bureaux à Paris : 43, rue de Trévise

LA DÉPÊCHE

Le N° 0,15   *Journal de la Démocratie*   51ᵉ Année

SIÈGE SOCIAL : **Toulouse**, 57, rue Bayard
AGENCE A **Paris**, 4, faubourg Montmartre

Directeurs : MM. A. HUC et Maurice SARRAUT

Abonnements :	3 MOIS	6 MOIS	1 AN
France et Colonies	12 fr.	24 fr.	45 fr.
Etranger	15 fr.	30 fr.	60 fr.

Chèques postaux : N° 1617-Toulouse

On s'abonne sans frais dans tous les bureaux de Poste

Service Télégraphique par fil spécial

Téléphone : 401.633.673 à TOULOUSE
Gutenberg 34-02 } à PARIS
Central 46-79

LA DÉPÊCHE, dont le tirage est le **PLUS FORT** des Grands Régionaux français, dessert *trente* départements français par ses **DIX-SEPT** Editions quotidiennes. Elle est très répandue en Algérie, au Maroc, dans les Colonies, en Catalogne, à l'Etranger.

LA DÉPÊCHE compte dans sa rédaction les écrivains politiques et littéraires les plus *connus* et les plus appréciés.

LA DÉPÊCHE possède des correspondants particuliers dans toutes les villes et communes de la région qu'elle dessert, ainsi que dans la plupart des capitales européennes.

LA DÉPÊCHE n'a pas moins de 4.000 dépôts de vente.

LA PUBLICITÉ DE LA DÉPÊCHE

dont les tarifs sont comparativement peu élevés assure aux annonceurs le plus grand RENDEMENT, car dans les 30 départements du Midi, du Centre et du Sud-Ouest

LA DÉPÊCHE compte plus d'UN MILLION de Lecteurs

La Publicité de LA DÉPÊCHE *est reçue aux Bureaux et chez les correspondants de* LA DÉPÊCHE : à PARIS, 4, *faubourg Montmartre* ; — à MARSEILLE, 25, *quai des Belges* ; — à LYON, 282, *avenue Jean-Jaurès* ; — à BORDEAUX (Télép. 33-71), 61, *cours de l'Intendance*, — *et dans toutes les Agences de publicité.*

Le Télégramme

JOURNAL QUOTIDIEN — RÉPUBLICAIN SOCIAL

JOURNAL RÉPUBLICAIN DE LA RÉGION DU MIDI
6 et 8 pages : 15 centimes — 15 éditions

Fil spécial. — Rue de Constantine et Boul. Carnot, TOULOUSE. — Tél. 2.11
Bureaux à Paris : 43, rue de Trévise, PARIS. — Tél. Bergère 47.52
Plus de 600.000 lecteurs dans les 16 départements du Midi.

Outre les informations de toute nature, le *Télégramme* publie chaque jour ses « Dépêches particulières de l'étranger », une Gazette du Midi, les Faits et Gestes toulousains, une abondante chronique départementale pour chacun des départements qu'il dessert, deux feuilletons, des contes et nouvelles, etc. Sa belle tenue littéraire et morale fait du *Télégramme* le journal familial par excellence.

800 correspondants : 2 000 dépôts.

ABONNEMENTS :

En guerre : Un an, 45 fr. ; Six mois, 24 fr. ; Trois mois, 12 fr.

PUBLICITÉ (Tarif à la ligne de 7)

Annonces, dern. page	3 fr. »	Chronique région. par édit.	3 fr. »
Réclames	3 fr. »	toutes éditions	8 fr. »
Faits divers	6 fr. »	Après informations	10 fr. «
Chronique locale	8 fr. »	Echos	20 fr. »

Courrier des Stations thermales et Courrier scolaire. — *On traite à forfait.*
Annonces économiques 2 fr. la ligne

La Salle des Dépêches du « Télégramme », située au centre attractif de Toulouse, grands Cafés, grands Théâtres et Cinémas, est visitée tous les jours par plusieurs milliers de personnes de toutes les classes de la société.

La publicité murale qui y est affichée est donc des plus fructueuses. — **Demander les conditions de cette publicité.** — *Envoi franco, sur dem. affranchie, de la Notice illustrée sur le Télégramme et du Tarif général de publicité.*

Le Petit Provençal

Organe de la Démocratie du Sud-Est

DIRECTEUR : MARIUS-RICHARD

Paraissant tous les jours sur 4, 6 et 8 pages.
Relié à ses bureaux de Paris par fil spécial.
Publie huit éditions quotidiennes qui desservent quinze départements par trois mille dépositaires et correspondants spéciaux.
Fondé en 1876 ; possédant une collaboration d'élite et une organisation hors de pair.
Le *Petit Provençal* se classe au tout premier rang des grands Régionaux.
Sa publicité, dans une des régions les plus riches de France, est d'un rendement exceptionnel.

MARSEILLE, 75, rue de la Darse, MARSEILLE
Bureau à Paris, 10, rue de la Bourse

LE PETIT MARSEILLAIS

Journal Politique Quotidien

LE PLUS GRAND RÉGIONAL DU SUD-EST

MARSEILLE – 15, quai du Canal – MARSEILLE

LE PETIT MARSEILLAIS, par son tirage quotidien de 300.000 exemplaires, est le premier organe du midi de la France. Il rayonne sur 20 départements, ainsi que sur l'Algérie, la Tunisie, le Maroc et les autres Colonies françaises.

LE PETIT MARSEILLAIS reçoit par fils spéciaux les dernières nouvelles du Monde entier.

NOMBREUX COLLABORATEURS PARISIENS

Sa Publicité est la plus productive

Les annonces sont reçues : à MARSEILLE, bureau du Journal, 15, quai du Canal, et à la succursale de l'Agence Havas, 31, rue Pavillon ; à PARIS, à l'Agence Havas, 8, place de la Bourse.

Le Sémaphore de Marseille

FONDÉ EN 1827

Est le journal commercial, maritime, économique et financier le plus important du bassin de la Méditerranée. Il est l'organe du commerce marseillais auquel il fournit des renseignements qui lui sont indispensables. C'est dire quelle clientèle de choix est la sienne et combien elle est étendue.

Le *Sémaphore* paraît tous les jours, sauf le dimanche, à six et huit pages.

PRIX DE L'ABONNEMENT :

	Trois mois.	Six mois.	Un an.
Bouches-du-Rhône et départements limitrophes.	20 »	35 »	65 fr.
Départements, Corse, Algérie et Tunisie....	23 »	40 »	70 »
Union Postale.......................	25 »	45 »	80 »

Les Abonnements datent des 1er et 16 de chaque mois et se payent d'avance

ON S'ABONNE : aux bureaux du Journal, rue Venture, 19 et dans tous les bureaux de poste.

Le Soleil du Midi

FONDÉ EN 1885
6 pages tous les jours

MARSEILLE
Six éditions par jour

Le *Soleil du Midi*, dont le tirage dépasse régulièrement **100 000 exemplaires**, rayonne sur **15 départements**. Sa publicité est de ce fait extrêmement recherchée.

Fil télégraphique direct avec Paris

Collaboration régulière de Camille MAUCLAIRE, Louis BERTRAND, Edmond JALOUX, ARDOUIN-DUMAZET, Abbé WETTERLÉ, Urbain GOHIER, etc.

39ᵉ Année — Tous les jours : 4 et 6 pages — Le N° 15 cent.

L'ÉCLAIREUR DE NICE

JOURNAL RÉPUBLICAIN

Le plus fort Tirage des Journaux du Sud-Est

◆

*Service télégraphique par fil spécial
relié directement
avec les bureaux de l'Agence Havas, à Paris*

◆

L'*Éclaireur* est le mieux renseigné et le plus rapidement informé. Il est l'organe préféré de la colonie étrangère en villégiature sur la Côte d'Azur.

Salle de dépêches et de renseignements gratuits

Avenue de la Gare, 27-29

Annonces et publicité à la succursale de *l'Agence Havas*, rue Gioffredo, 62, à Nice.

L'ÉCLAIREUR DU SOIR
Paraissant à 5 heures

L'ÉCLAIREUR DU DIMANCHE
Revue illustrée, paraissant chaque semaine

Le Petit Niçois

QUOTIDIEN ILLUSTRÉ DU MATIN

— 42ᵉ ANNÉE —

17, avenue de la Grande-Victoire

FIL SPÉCIAL PARIS ET LONDRES

Le Petit Niçois est le seul quotidien du Sud-Est possesseur d'un fil télégraphique privé.

Le Petit Niçois est l'organe préféré de la colonie étrangère sur la Riviera. Son titre seul lui attire d'inappréciables sympathies. Il publie chaque jour, outre des informations générales et locales, des comptes rendus illustrés très détaillés de toutes les manifestations politiques, littéraires, artistiques et sportives. Sa diffusion, sur la Côte d'Azur et dans plus de 30 départements, rend sa publicité des plus efficaces.

DU RHONE AUX PYRÉNÉES

ON LIT

Le Petit Méridional

DIRECTEUR : Colonel BLAQUIÈRE, O. ✻
RÉDACTEUR EN CHEF : H. POGGIOLI, O. ✻

TRÈS BIEN INFORMÉ

Grâce à son FIL SPÉCIAL
et à ses NOMBREUX CORRESPONDANTS

Le Petit Méridional
est particulièrement recherché par tous les annonciers

MONTPELLIER	PARIS
1, rue Henri-Guinier, 1	rue du 4-Septembre, 2

15 CENTIMES le Numéro

Demandez partout, dans toutes les bibliothèques de gare, dans vos villégiatures

L'ÉCLAIR DE L'EST
JOURNAL QUOTIDIEN RÉPUBLICAIN INDÉPENDANT

Grand Quotidien régional à 5 éditions, 4, 6 ou 8 pages

RÉPUBLICAIN INDÉPENDANT

Le plus répandu de la Région de l'Est

Direction, administration et imprimerie : 3, Place Carnot, NANCY

BUREAUX { à Paris, 43, rue de Trévise. Tél. Bergère 47-52.
à Bar-le-Duc, 11, rue de la Gare. Tél. 2-73.
à Sarreguemines, 10, Chaussée de Louvain.

Téléphone : 8-27   Tirage 45.000

Publicité de 1er ordre

1re page, *la ligne*	15 fr.
Chronique de l'Est, *la ligne*	6 fr.
Chronique locale, *la ligne*	5 fr.
3e ou 5e page, Faits divers, *la ligne*	3 fr.
3e ou 5e page, Réclames, *la ligne*	2 fr.
4e ou 6e page, *la ligne*	1 fr. 50

Le Nouvelliste
DE BRETAGNE, MAINE ET NORMANDIE

GRAND QUOTIDIEN RÉGIONAL D'INFORMATIONS

20e Année   6 et 8 pages — 8 éditions   20e Année

Rédaction, Administr., Imprim. : RENNES, 31, Av. de la Gare. Tél. 2.93

Bureaux à Paris et Rédaction parisienne : PARIS, 43, Rue de Trévise.

Annonces 3 fr. la ligne. Réclame 5 fr. Fil spécial. *Le Nouvelliste* est toujours en avance de 12 heures sur les journaux de Paris. *Clichés d'actualité, Bulletin commercial, Chronique maritime, agricole, sociale, littéraire, scientifique et de la mode.*

Publié à Rennes sur le format des grands journaux de Paris, LE NOUVELLISTE est répandu, chaque jour, à plus de 100.000 exemplaires dans les départements suivants: Ille-et-Vilaine, Côtes-du-Nord, Morbihan, Loire-Inférieure, Finistère, Calvados, Orne, Manche, Mayenne, Sarthe et Maine-et-Loire.

IL PUBLIE, EN OUTRE, CINQ GRANDS HEBDOMADAIRES:

Le Nouvelliste du Dimanche. Le plus grand hebdomadaire de Bretagne. Le seul paraissant sur 8 pages, le plus illustré. 9 éditions. 800.000 lecteurs.
Le Nouvelliste de Vannes, 3, rue du Marché-au-Seigle, Vannes, et 31, Avenue de la Gare, à Rennes. Grand hebdomadaire du département du Morbihan, 6 et 8 pages, le plus illustré.
Le Nouvelliste du Finistère, 31, Avenue de la Gare, 31, Rennes: Grand hebdomadaire du département du Finistère, 6 et 8 pages, le plus illustré.
L'Ouest Rural, 31, Av de la Gare, à Rennes. Grand hebdomadaire de la région normande.
Le Courrier Breton. Le plus ancien hebdomadaire de Bretagne.

La publicité de ces organes est la plus productive

CHEMINS DE

Le Réseau des Chemins de fer de l'État, un des plus importants de l'Europe, sillonne de ses dix mille kilomètres de voies ferrées, tout l'ouest et le sud-ouest de la France, englobant, ainsi, les anciennes provinces de **Normandie, Bretagne, Touraine, Anjou, Poitou, Aunis et Saintonge**, justement réputées tant par leurs richesses agricoles que par leurs ressources industrielles, ainsi que par une infinie diversité de sites, de monuments, de climats, et de coutumes. On y trouve, en effet, une culture et un élevage très développés, des régions viticoles dont les produits sont universellement connus et des centres industriels, commerciaux et touristiques très importants.

Aux portes mêmes de Paris, voici **Versailles**, le plus noble décor de parcs et d'architectures et tout autour, d'autres noms de demeures illustres, **Meudon, St-Cloud, La Malmaison, Marly, St-Germain, Rambouillet**, planent sur les forêts ombreuses.

Plus loin c'est la Normandie où surgissent les villes d'art et les monuments glorieux : c'est **Rouen**, mirant dans la Seine, couverte de navires, la floraison gothique de ses clochers dentelés et de ses pignons aigus, c'est **Caen**, « l'Athènes Normande », avec ses églises Romanes et ses Hôtels Renaissance, ce sont les grandes Cathédrales de **Sées, d'Evreux, de Bayeux et de Coutances**...

Enfin, ourlant la verte Normandie, voici le long ruban des côtes où se suivent, sans interruption, les vieux ports pittoresques et les jeunes plages florissantes : **Dieppe, St-Valéry, Fécamp, Yport, Etretat**, où le flot a sculpté des aiguilles et troué des Portails colossaux.

Puis, au delà de l'estuaire de la Seine, où **Le Havre**, le grand port transatlantique fait vis-à-vis au vieil **Honfleur** vêtu d'ardoises, c'est le déroulement des plages de sable doré : **Trouville, Deauville, Villers, Houlgate, Cabourg**, etc...; **Cherbourg** et sa rade; **Granville**, le « Monaco du Nord », qui regarde au large Jersey, ce parc anglais en pleine mer.

Mais voici qu'au milieu d'une baie profonde, s'aiguise une étrange silhouette... C'est le **Mont-St-Michel** cette pyramide inouïe d'architectures gothiques qui est bien la « Merveille de l'Occident ».

Et ce roc monumental est aussi une borne entre deux provinces : ici commence la **Bretagne**, cette âpre terre de granit,

FER DE L'ÉTAT

perpétuellement assaillie par l'Océan et où, pourtant, sourient de si douces grèves; c'est **Paramé**, qui touche aux vieux remparts de **St-Malo**, ce nid de hardis corsaires, et, en face, par delà l'estuaire de la **Rance**, c'est **Dinard**, puis **St-Lunaire, St-Briac, St-Cast**, près du cap **Fréhel**; Le **Val-André** et **St-Quay-Portrieux**, sur la baie de **St-Brieuc**; **Perros-Guirec, Trégastel** et **Trébeurden**, parmi leurs chaos de granit rose; **Roscoff**, en face de l'Ile de **Batz**; **Brest** et sa rade, asile de nos flottes de guerre; enfin, **Morgat**, aux grottes fameuses.

Citons aussi comme intéressantes à visiter, les villes de **Vitré, Fougères, Dol, Dinan, S-Brieuc, Guingamp, Lannion, Morlaix, Lamballe, Tréguier,** et **St-Pol-de-Léon**; enfin, sur les routes qui mènent en Bretagne, **Chartres, Le Mans, Angers, Nantes, Laval, Rennes**, etc., etc.

De nouveau au sud de la Bretagne, entre la Loire et la Gironde, le rivage s'adoucit derrière le chapelet des îles si pittoresques : **Noirmoutier, Yeu, Ré, Oléron**. Là, viennent mourir au bord de l'Océan, les riantes campagnes de la Vendée et du Poitou, de l'Aunis et de la Saintonge. Tandis qu'à l'intérieur, **Thouars, Clisson, Bressuire, Parthenay, Niort, Fontenay-le-Comte, Pons, Jonzac**, conservent de fiers témoins de leur passé, tandis que **Saintes**, au bord de la limpide Charente, s'enorgueillit de ses antiquités romaines, tout le long du rivage s'égrènent de charmantes stations balnéaires : **Pornic, Les Sables-d'Olonne**, une des plus belles plages de l'Europe; **La Rochelle**, le grand port de cette côte et le plus pittoresque aussi, puis **Fouras**, près de l'arsenal de **Rochefort, St-Trojan**, dans **Oléron, Ronce-les-Bains** à l'orée de la forêt de la Coubre; enfin **Royan**, la reine de la Gironde.

Tous les principaux ports maritimes de la Manche et de l'Océan Atlantique sont desservis directement par les lignes du Réseau de l'Etat : **Dieppe, Fécamp, Le Havre, Rouen, Honfleur, Caen, Cherbourg, Granville, St-Malo, St-Brieuc, Morlaix, Brest, St-Nazaire, Nantes, Les Sables-d'Olonne, La Rochelle, La Rochelle-Pallice, Rochefort, Tonnay-Charente, Blaye** et **Bordeaux**, et à chaque port aboutissent des voies ferrées de premier ordre qui ont leur continuation non seulement vers la Capitale et les principaux centres du territoire national, mais aussi vers l'Europe Centrale (Suisse, Italie, etc...) ainsi que vers l'Espagne et le Portugal.

CHEMINS DE FER DE L'ÉTAT

Des billets simples et des billets d'aller et retour individuels de 1re, 2e et 3e classes sont délivrés toute l'année, de toute gare à toute gare, du Réseau de l'Etat.

Il est également délivré des billets d'aller et retour de famille dont les principales conditions de délivrance et d'utilisation sont énumérées ci-après :

BILLETS D'ALLER et RETOUR de FAMILLE
de 1re, 2e et 3e classes

délivrés toute l'année, aux familles composées d'au moins trois personnes, payant place entière, pour un parcours minimum de 300 km. (retour compris) ou payant pour cette distance.

Le billet doit comprendre obligatoirement un ou plusieurs enfants non mariés de la même famille (frères et sœurs) âgés de moins de 21 ans pour les fils et de moins de 25 ans pour les filles.

Il peut comprendre, en outre, leurs ascendants, deux domestiques pour l'ensemble de la famille et une nourrice pour tout enfant de moins de 3 ans.

Les domestiques ne peuvent être inscrits sur un billet de famille, que si celui-ci comprend au moins trois membres de la famille.

Le prix de ces billets de famille sont calculés sur la distance totale d'aller et retour :

1re et 2e *personnes*, tarif ordinaire des billets simples ;
3e *personne*, tarif ordinaire des billets simples, réduit de 50 o/o ;
4e *personne et suivantes*, tarif ordinaire des billets simples, réduit de 75 o/o.

VALIDITÉ DES BILLETS

BILLETS DÉLIVRÉS	VALIDITÉ	Prolongation moyennant supplément de 10% du prix initial du billet
Du 15 juin au 31 juillet	jusqu'au	aucune prolongation.
Du 1er août au 31 août	5	une seule prolongation de 30 jours.
Du 1er sept. au 30 sept.	novembre	une ou deux prolongations de 30 j.
Du 1er octobre au 14 juin	33 jours	une ou deux prolongations de 30 j.

Pour tous renseignements complémentaires, s'adresser aux gares.

CHEMINS DE FER DE L'ÉTAT
ET DE
LONDON BRIGHTON

PARIS à LONDRES

Via DIEPPE et NEWHAVEN

Par la gare Saint-Lazare

Voie la plus économique et la plus pittoresque

SERVICES RAPIDES QUOTIDIENS
(Dimanches et Fêtes compris)

Grands et puissants Paquebots à turbines
les plus luxueux et les plus rapides de la Manche
affectés au service des voyageurs
entre Dieppe et Newhaven et vice versa

Durée normale de la traversée
par Paquebots à turbines : 3 heures

CHEMIN DE

Arras. Petite Place, aspect avant la guerre.
Cliché de l'Illustration.

Avant la guerre, le réseau du Nord desservait l'une des régions les plus productives de la France, tant au point de vue industriel (houillères, métallurgie, textiles, etc.) qu'au point de vue agricole (céréales, betteraves, sucre, alcools, bières, etc.).

Ce réseau donne, en outre, accès aux plages de la mer du Nord et de la Manche si fréquentées à cause de leur proximité de Paris; avec ses plaines vallonnées alternant avec de nombreuses régions boisées, il desservait des sites d'un attrait particulier et les forêts réputées de Chantilly, de Compiègne, de Villers-Cotterets, du Nouvion et de Mormal attiraient de nombreux visiteurs.

Enfin, ses services internationaux, à marche extrêmement rapide mettaient en relation Paris avec l'Angleterre, la Belgique, la Hollande, le Luxembourg, l'Allemagne, les Pays scandinaves, la Russie, la Sibérie et le Japon par le Transsibérien.

Or, le réseau du Nord sur lequel se sont déroulées les batailles les plus acharnées et les plus meurtrières de la Grande Guerre 1914-1918 est aujourd'hui à peu près complètement dévasté et donne l'impression d'un immense désert morne et solitaire.

C'est, en effet, dans les régions du nord de la France qu'ont eu lieu les offensives :

D'Artois (9 mai et 25 septembre 1915);

FER DU NORD

De la Somme et de l'Ancre (1ᵉʳ juillet 1916);
Du Soissonnais et du Chemin-des-Dames (15 avril 1917);
De la Forêt de Villers-Cotterets (18 juillet 1918);
De la Région de Montdidier (7 août 1918).

C'est également dans ces régions que furent effectuées les destructions systématiques de villes, villages, usines, monuments historiques, etc., lors du recul de l'ennemi en mars 1917 sur la ligne Hindenbourg ; ensuite, pendant l'automne 1918, lorsqu'il fut chassé définitivement de France.

Le réseau du Nord présente donc, actuellement, deux zones distinctes : la zone chaotique, où se déroulèrent les grandes batailles ; la zone de destruction systématique, opérée par l'Allemand au cours de ses retraites.

Arras. Petite Place, aspect fin 1918.
Cliché de l'Illustration.

Pour tous renseignements concernant la visite des champs de bataille au moyen, soit des trains de pèlerinage mis en marche à certaines dates indiquées par affiches spéciales, soit par les trains ordinaires avec circuits combinés comportant une partie du parcours en automobile, s'adresser au Bureau des renseignements et aux guichets de distribution des billets pour les pèlerinages en gare de PARIS-NORD.

Cie des CHEMINS DE FER DU MIDI
54, Boulevard Haussmann, PARIS (9e)

SERVICES d'AUTO-CARS

I. ROUTE DES PYRÉNÉES
De l'Océan à la Méditerranée
Biarritz. — Cerbère ou inversement en 6 étapes
(du 25 Juin au 30 Septembre)

1re *étape*. — **Biarritz-Eaux-Bonnes** (la Côte d'Argent. Le Pays Basque. La Vallée de la Nive. Le Béarn).

2e *étape*. — **Eaux-Bonnes-Cauterets** (le Col d'Aubisque, 1710 m. La Haute vallée du Gave de Pau). (Une demi-journée d'arrêt à Cauterets.)

3e *étape*. — **Cauterets-Luchon S.** (le Col du Tourmalet, 2122 m., le point culminant de la route. Le Bigorre. Le col d'Aspin, 1487 m.). (Une journée de repos à Luchon.) Ascension du plateau de Superbagnères. Chemin de fer à crémaillère. Magnifique panorama sur la chaîne des Pyrénées.

4e *étape*. — **Luchon-Ax-les-Thermes** (les Cols d'Aspet et de Port. La Haute Vallée de l'Ariège).

5e *étape*. — **Ax-les-Thermes-Font-Romeu** (les Gorges de Mérens. Le Col de Puymorens, 1918 m. La Cerdagne). (Une demi-journée d'arrêt à Font-Romeu, la plus haute station climatique d'Europe, 1800 m.)

6e *étape*. — **Font-Romeu-Cerbère** (le Col de la Perche. Les Gorges de la Têt. La Vallée de la Tech. La Côte Vermeille).

II. SERVICES ANNEXES

a) **Excursions en Pays Basque** pendant la durée des vacances de Pâques et du 25 juin au 15 octobre.

1er *circuit*. — **Biarritz à Bilbao et retour** (en 2 jours). La Corniche Basque. Saint-Sébastien. La Corniche de Biscaye. Layola. La Merveille du Guipuzcoa.

2e *circuit*. — **Biarritz à Pampelune et retour** (en 2 jours). Elizondo. Le Col de Roncevaux. La Vallée de la Nive.

b) **Luchon-Cauterets** ou inversement (1 journée) du 15 juillet au 15 septembre.

c) **Cauterets-Le Cirque de Gavarnie et retour** (1 journée) du 15 juillet au 15 septembre.

d) **Font-Romeu à Carcassonne** ou inversement (1 journée). Les Gorges de Saint-Georges et de la Pierre Lys. L'incomparable Cité de Carcassonne du 25 juin au 30 septembre.
Service en correspondance avec celui de la Route des Pyrénées.

e) Excursions facultatives de Biarritz à Saint-Sébastien et de Font-Romeu au lac des Bouillouses.

Des Guides, des Cartes itinéraires et des Prospectus indiquant les horaires et les prix de ces Services d'Auto-Cars seront à la disposition des touristes dans les bureaux de l'Agence de Voyages de la Compagnie du Midi, 16, boulevard des Capucines, à Paris, et dans toutes les grandes agences de voyages.

Pour tous renseignements complémentaires, s'adresser aux Services de Tourisme de la Compagnie des chemins de fer du Midi, 54, boulevard Haussmann, Paris.

Compagnie des Messageries Maritimes

Paquebots-poste français

Services sur { l'Italie, la Grèce, la Turquie, la Syrie, l'Egypte, les Indes, l'Indo-Chine, la Chine, le Japon, l'Océan Indien, Madagascar, la Réunion, Australie et Nouvelle-Calédonie.

Pour tous renseignements ainsi que pour passages et fret, s'adresser à

PARIS : Direction Générale, 9, Rue de Sèze
MARSEILLE : Agence Générale, 3, Place Sadi-Carnot
LONDRES : Agence, 72-75, Fenchurch Street
DUNKERQUE : Agence, 7bis, Place d'Armes

La Compagnie est, en outre, représentée dans tous les ports desservis par ses paquebots ainsi que dans les principales villes de France et de l'Étranger par des Agents et Correspondants.

COMPAGNIE DE NAVIGATION MIXTE
(Cie TOUACHE)

SOCIÉTÉ ANONYME AU CAPITAL DE 15 000 000 DE FR.
PAQUEBOTS-POSTE FRANÇAIS
ALGÉRIE — TUNISIE
EXPLOITATION :
54, Cannebière — MARSEILLE

AVIS IMPORTANT

MM. les Voyageurs peuvent se procurer dans les gares et les librairies les Recueils suivants, publications officielles des chemins de fer, paraissant depuis plus de soixante ans, édités par la LIBRAIRIE CHAIX, rue Bergère, 20, Paris.

INDICATEUR-CHAIX hebdomadaire, comprenant les horaires de tous les chemins de fer français, y compris ceux d'Alsace-Lorraine................ Prix : **3 fr. 50**

LIVRETS SPÉCIAUX de chaque réseau : paraissant tous les mois.

Réseau de l'État.................... Prix :	1 fr. 50
Réseau de Paris-Lyon-Méditerranée........ —	1 fr. 50
Réseau d'Orléans..................... —	1 fr. 10
Réseau de l'Est...................... —	1 fr. 10
Réseau du Nord...................... —	1 fr. »
Réseau du Midi...................... —	0 fr. 75
Réseau d'Alsace-Lorraine.............. —	0 fr. 75

LIVRET D'ENSEMBLE comprenant les sept réseaux. Prix.................................. **5 fr. »**

LIVRETS SPÉCIAUX de chaque banlieue :

Banlieue de l'État................... Prix :	0 fr. 40
Banlieue du Nord..................... —	0 fr. 30
Banlieue de Paris-Lyon-Méditerranée..... —	0 fr. 25
Banlieue d'Orléans................... —	0 fr. 25
Banlieue de l'Est.................... —	0 fr. 25

LIVRET SPÉCIAL de l'Algérie, de la Tunisie et de la Corse........................... Prix : **0 fr. 50**

AUX VOYAGEURS

MM. les Voyageurs consulteront très utilement, pour établir et suivre leur itinéraire, les **CARTES** *des chemins de fer énumérées ci-après. Ces cartes indiquent toutes les lignes en exploitation. — Adresser les demandes à la Librairie Chaix, rue Bergère, 20, à Paris.*

CARTE DES CHEMINS DE FER DE LA FRANCE et de la NAVIGATION,

à l'échelle de 1/1 200 000ᵉ, imprimée en deux couleurs et coloriée par département (1 m. 20 sur 0 m. 90). Toutes les stations sont mentionnées. Cartouches contenant les environs de Paris, de Lille, la Corse, ainsi que des petits plans des principales villes avec l'indication des raccordements de lignes. — Les cours d'eau sont imprimés en bleu. — Prix : en feuille, 12 fr. ; collée sur toile et pliée dans un étui, 25 fr. ; montée sur gorge et rouleau, 35 fr. Port en sus : en feuille, 3 fr. 50 ; en étui, 1 fr. 25 ; montée baguettes, 2 fr. 50.

CARTE DES CHEMINS DE FER DE LA FRANCE au 1/1 200 000ᵉ

imprimée en noir, avec un tracé spécial pour chaque réseau, indiquant les points de jonctions (transit) des compagnies entre elles. Toutes les stations sont mentionnées. Cartouches contenant les environs de Paris, de Lille, la Corse, ainsi que des petits plans des principales villes avec l'indication des raccordements de lignes. — Prix : en feuille sur papier parcheminé, 2 fr ; pliée dans un cartonnage, 8 fr. 50 ; collée sur toile et pliée en étui, 16 fr. ; montée baguettes et vernie, 25 fr. Port en sus : en feuille, 3 fr. 50 ; en étui, 1 fr. 25 ; montée baguettes, 2 fr. 50.

ANNUAIRE-CHAIX DES PRINCIPALES SOCIÉTÉS PAR ACTIONS

Contenant des renseignements d'une utilité pratique sur les Compagnies de chemins de fer, les Institutions de crédit, les Banques, les Sociétés minières, de transport, industrielles, les Compagnies d'assurances, etc., notamment les dispositions essentielles des statuts ; — les titres en circulation, — le revenu et le cours moyen des titres pour le dernier exercice, — les époques et lieux de paiement des coupons, etc. — Une liste des agents de change de Paris et des départements, et une autre des principaux banquiers de Paris, Lyon, Marseille, Bordeaux, Toulouse et Nantes, complètent le volume. — Un vol. in-18, br., d'environ 700 pages. — Prix: 10 fr. (franco : 11 fr. 25).

NOUVEAU PLAN DE PARIS au 1/16 000ᵉ, imprimé en trois couleurs.

Avec des cartouches spéciaux au 1/8 000ᵉ pour faciliter les recherches dans les parties les plus chargées du plan. — Prix : en feuille roulée, 5 fr. ; collé sur toile et plié dans un étui, 18 fr. ; collé sur toile, monté sur baguettes et verni, 28 fr. Port en sus : en feuille, 3 fr. 50 ; en étui, 1 fr. 25 ; monté baguettes, 2 fr. 50.

NOMENCLATURE DES RUES Comportant le plan ci-dessus, et donnant

les adresses des établissements publics, les jours et heures d'entrée dans les musées et bibliothèques, etc., etc. Prix, cartonné, 6 fr. Port en sus, 0 fr. 70.

JUMELLES LEMAIRE

BAILLE-LEMAIRE ET FILS, CONSTRUCTEURS

26, rue Oberkampf, Paris

Réunissant sous un petit volume

PUISSANCE

CLARTÉ

ÉLÉGANCE

EN VENTE CHEZ TOUS LES OPTICIENS

Envoi franco du catalogue

J. LESQUENDIEU, Parfumeur, PARIS

J. LESQUENDIEU, Parfumeur, PARIS

80 ANNÉES DE SUCCÈS

ALCOOL DE MENTHE
de
RICQLÈS

Produit Hygiénique
:-: Indispensable :-:

Le meilleur et le plus économique des **Dentifrices**

Hors Concours, Membre du Jury
PARIS 1900, BRUXELLES 1910

EXIGER du RICQLÈS

EN EXCURSION et EN VOYAGE !!!

emportez un appareil photo

N'oubliez pas que

PHOTO=PLAIT

37, rue Lafayette, PARIS (Opéra)

VEND LES MEILLEURS APPAREILS

Son catalogue général est adressé gratis et franco sur demande

----

STÉRÉO-PHOTO-PLAIT

39, rue Lafayette, PARIS (Opéra)

EXPOSITION & VENTE D'APPAREILS STÉRÉOSCOPIQUES
DE TOUTES MARQUES

Vérascopes et Glyphoscopes Richard — Platoscopes — Ontoscopes — Monoblocs Gaumont-Leroy — Scopéas et Bioscopes Caillon et tout ce qui concerne la stéréoscopie — Projection, etc.

VENTE DE VUES 45×107 et 6×13 DU MONDE ENTIER

VUES DE GUERRE
de 1914 à l'armistice (collection unique)
— DEMANDER LA LISTE —

TRÉSORS CACHÉS

Toute Correspondance de Négociants, Banquiers, Notaires, Greffiers de paix et de Tribunaux, des années 1849 à 1880, renferme des Timbres que la maison Victor ROBERT, 83, rue Richelieu Paris, paye à *prix d'or*.
Fouillez donc vos archives.
Renseignements et *Catalogue Timbres poste* sont envoyés franco gratis à toute demande.
Achète cher les Collections.

GOLD STARRY

Porte-plume Réservoir **INVERSABLE**
à Plume en or depuis 17 fr. 50
En vente dans toutes les bonnes Papeteries
Vente en gros : Maurice JANDELLE
105 bis, rue Dareau, Paris (XIVe)

III. — FRANCE, classée par ordre alphabétique de localités
Algérie et Tunisie

Agay (Var)
Le meilleur centre des excursions pour l'Estérel
GRAND HOTEL des ROCHES-ROUGES
Restaurant de 1er ordre

Chauffage central. — Eclairage électrique. — Ascenseur. — 20 salles de bains. — Garage. — Omnibus à tous les trains gare d'Agay. — Voitures à chevaux ou automobiles à Saint-Raphaël sur demande.

AIX-LES-BAINS
RÉGINA
GRAND HOTEL BERNASCON

Situation élevée à proximité de l'Établissement thermal et des Casinos

Magnifique vue sur le lac et la vallée. — 250 chambres avec eau chaude et froide. — Suite d'appartements. — Villa privée dans le jardin.

J.-M. BERNASCON, Propriétaire

Aix-les-Bains
GRAND HOTEL D'AIX

Grand Hôtel. — *A côté des Casinos et de l'Établissement thermal*
TOUT LE CONFORT MODERNE
GUIBERT frères et GAUDIN, Propriétaires

Adresse télégr. : GRANOTEL, Aix-les-Bains.   Téléph. O.93

Aix-les-Bains
ASTORIA & DE L'ARC ROMAIN
En face des Thermes et du Parc
180 CHAMBRES. — 40 SALLES DE BAINS

Télégrammes : ASTORIA. — **M. PETIT, Propriétaire**

Aix-les-Bains

Les Hôtels : SPLENDIDE-ROYAL et EXCELSIOR

Réputation mondiale. — Situation unique. — Appartements et Restaurant de luxe. — Grand parc. — Tennis. — Garage.
L.-G. ROSSIGNOLI, Administrateur-Directeur

Aix-les-Bains

GRAND HOTEL D'ALBION

Parc. — Tennis. — Garage. — Ouvert aux sports d'hiver. — Running water. — Electric heating. — Téléphone 0-20.
H. MERMOZ, Propriétaire

Aix-les-Bains (Savoie)

HOTEL ET VILLA BEAU SITE

150 chambres et salons. — Dans un jardin, en face le Parc, vue sur les montagnes et le lac. — Près les Thermes et les Casinos. — Complètement modernisé en 1920 et 1921. — Eau courante, chaude et froide et chauffage central dans toutes les chambres. — 30 salles de bains.
J. ABRAZARD, Directeur-Propriétaire

Aix-les-Bains

INTERNATIONAL PALACE-HOTEL

Appartements avec salle de bains et tout le confort moderne. — Chambres avec eau courante. — Prix modérés — En face les jardins des Casinos. — Garage avec boxes. — Vieille réputation de cuisine. — Même maison : **Hôtel du Pavillon et Pavillon Rivollier.** — Restaurant en face la station. — *Ouvert toute l'année.*

ANNECY ET SON LAC
Site merveilleux. **Admirable séjour de printemps et d'automne**
Centre d'Excursions réputées de la Haute-Savoie

L'IMPÉRIAL PALACE
Dans son immense Parc séculaire en bordure du Lac. — Panorama grandiose

Hôtel de grand luxe
250 chambr. avec eau chaude et froide. — 80 appartements avec salons et salle de bains. — Orchestre attaché à l'Impérial. — 4 tennis dans le parc, croquets. — Canots-autos, pêche, etc. — Tous les jours, de 3 h. 1/2 à 5 h. 1/2, Thé-Concert dans le parc, sur les terrasses ou dans les salons.

Même Maison : **GRAND HOTEL VERDUN**
FACE LE LAC — TOUT 1ᵉʳ ORDRE
René LEYVRAZ, Propriétaire

Annecy Admirable séjour de printemps et d'automne
GRAND HOTEL VERDUN
Tout premier ordre. — Le seul en face du Lac et sur la promenade du Paquier. — Appartements avec salle de bains. — Grand garage. — Ouvert toute l'année. — Chauffage central. — Sports d'hiver. — Téléphone : 0.10. — Pension prix modérés. — René LEYVRAZ, Propriét.

ANNECY ET SON LAC

GRAND HOTEL D'ANGLETERRE
ET
GRAND HOTEL RÉUNIS

Appartements avec bains privés. — Lavabo à eau courante chaude et froide dans toutes les chambres. — Chauffage moderne. — Ascenseur. — Garage dans les jardins. — Arrangements pour séjour et pension.

CROIZAU, Propriétaire

Annecy
GRAND HOTEL DU MONT-BLANC
Considérablement agrandi. — Vue du lac. — Lumière électrique. — Chauffage central. — Garage. — Ascenseur. — Téléphone : 44.
Vᵛᵉ A. **MICHAUD**, Propriétaire, Diplômé et Lauréat du T. C. F.

Arcachon
HOTEL DES PINS ET CONTINENTAL
Allées Carmen. — De tout premier ordre
Situation unique. — Grand jardin. — Chauffage central à eau chaude. — Appartements avec salle de bains et W.-C. privés. — Toutes les chambres avec cabinet de toilette et eau courante chaude et froide. — Lumière électrique. — Ascenseur. — *Téléphone :* 46. — Automobile à l'arrivée de tous les trains. B. FERRAS, Propriétaire-Directeur.

Arcachon
GRAND HOTEL DE FRANCE
Maison de premier ordre, sur la plage, près le Casino. — Magnifique vue sur le bassin et le boulevard. — Promenade. — Dernier confort moderne. — Electricité. — Chauffage central. — Salles de bains, etc. — Appartements pour l'hiver au midi. — Garage. — *Téléphone* 132. — *Pension depuis 16 fr. par jour.*
Gustave GRENIER, Propriétaire
Importante industrie ostréicole à Bourcefranc (Charente-Inférieure). — Expédition directe des parcs. — Spécialité de colis postaux de 5 ou 10 kilogr. contenant 60 ou 120 huîtres contre mandat-poste de 7 fr. 50 ou 14 fr. adressé à M. GUSTAVE GRENIER, ostréiculteur, à Bourcefranc (Charente-Inférieure).

Arcachon
GRAND HOTEL REGINA FORET
ET D'ANGLETERRE
Confort moderne, situation exceptionnelle dans la Forêt des Pins, à 2 minutes de la plage. — Grand parc. — Billard. — Electricité. — Chauffage central. — Ascenseur. — Appartements avec salle de bains. — Eau courante chaude et froide dans toutes les chambres. — Garage avec fosse gratuit. — *Conditions spéciales pour séjour.* — *Omnibus à tous les trains.* — Prix modérés. — English spoken. — Téléphone : 0.88.

Arcachon
NOUVEAU GRAND HOTEL
Installation moderne
Appartements complets. — Chambres avec salle de bains. — Eau chaude et froide dans toutes les chambres. — Restaurant de tout premier ordre.

Arcachon
HOTEL D'AQUITAINE
Cours Lamarque de Plaisance, 123
Ouvert toute l'année. — *Maison de famille.* — Tout près de l'église Notre-Dame. — *Transformation complète.* — Belle situation entre plage et forêt. — Garantie absolue qu'il n'est pas reçu de malades contagieux. — Salles de bains. — Cuisine soignée. — Excellent vin. — English spoken. — L. RAJAUD ET Cie, Nouv Prop.

Arcachon
GRAND HOTEL MODERNE
Ouvert toute l'année
Situation exceptionnelle au midi. — En forêt à 5 minutes de la plage. — Grand parc. — Laboratoire. — Garage. — Bains. — Ascenseur. — Téléphone. — Electricité Chauffage central. — Prix modérés. — *We speak english.*
Veuve H. BARICAULT, Directrice

Arcachon
HOTEL BRISTOL JAMPY
268, Boulevard de la Plage
Complètement transformé. — Grand restaurant à la carte très réputé. — Prix fixe. Chambres avec cabinet de toilette. — Eau chaude et froide. — Garage gratuit. — Pension depuis 16 fr. Boutillier, Nouveau Propriétaire

Arcachon
LOCATION DE VILLAS
AGENCE GÉNÉRALE IMMOBILIÈRE, G. DE CAUBIOS et **SEGUES**, Avenue Gambetta, 20 (en face poste et gare). — Arcachon, Moulleau, Cap Ferret, Plage, Ville d'été, Ville d'hiver, Forêt. — *Correspondant des Voyages Duchemin.* — Renseignements gratuits. — Téléphone : 3.34

Arcachon
LOCATION DE VILLAS
Ville d'Hiver et Plage
ARCACHON OFFICE
Ancienne AGENCE-EXPERT, fondée en 1860. — 250, boulevard de la Plage, et 1, avenue Gambetta. — Renseignements précis et gratuits sur tout ce qui intéresse les étrangers. — *Plan général et brochures.* — Télégr. : Arcachon-Office, Arcachon. — Téléphone : 0.80.

PLAGE — *Arcachon* — FORÊT
LOCATION ET VENTE DE VILLAS
AGENCE AMANIEU
J.-J. AMANIEU ET FILS, Villa Ste-Claire, cours Lamarque. Location. — Vente. — Achat. — Gérance de terrains et de villas. Assurances de l'Union. — Incendie, vie, accidents, vols, rentes viagères. — Grands vins de Bordeaux. — Renseignements gratuits. — Adresse télégraphique : *Agence-Amanieu, Arcachon*.

Argelès-Gazost (Hautes-Pyrénées)
INSTITUT DE THÉRAPEUTIQUE PHYSIQUE ET D'ORTHOPÉDIE
Traitements par tous les *agents physiques* (électricité, hydrothérapie, gymnastique, massages, mécanothérapie). — Maladies nerveuses, du tube digestif, de la nutrition et de la croissance. — *Annexe* : maison médicale de repos (villa du Labéda), cures de régimes, psychothérapie. — *Direction* : Docteurs **FRAIKIN** et **GRENIER de CARDENAL**, anciens chefs de clinique à l'Université de Bordeaux.

Argelès-Gazost
AGENCE RICAU-LAC
Chalet Pax, près la gare. — Location de Villas et Appartements meublés. — Châteaux et Maisons de campagne dans la Vallée. — Brochures et renseignements sur la station, l'Etablissement thermal (Eaux sulfureuses, sodiques iodo-bromurées) et sur séjour et excursions aux Pyrénées. — Vente ou location d'un Etablissement thermal et sources sulfureuses, dans les Pyrénées. — *Téléphone n° 27.* Mme RICAU-LAC

Argelès-Gazost
GRAND HOTEL D'ANGLETERRE ET DU PARC
Installation moderne. — **H. LASSUS**, Propriétaire. — De tout premier ordre, situation unique dans le vaste parc des Thermes. — Vue incomparable des quatre façades sur la montagne. — Grands salons, fumoir, billard, terrasse, restaurant. — Salles de bains. — Eclairage électrique. — Chauffage central. — Téléphone : 6. — Garage. — Omnibus. — Arrangements pour familles.

Argelès-Gazost (Hautes-Pyrénées)
HOTEL DE FRANCE
DOMINANT LA VALLÉE
SAISON DE PRINTEMPS ET D'ETE
Golf Links dépendants de l'hôtel
Téléphone : 4   **S. PEYRAFITTE**, Propriétaire

Argentière (Haute-Savoie)
GRAND HOTEL DU PLANET (1 384m)
Ouvert été, hiver. — Tennis. — Billard. — Chambre noire. — Chauffage central. — Electricité. — Pension à partir de 8 fr. — *Omnibus à la gare de Montroc-le-Plane* (900 mètres). — Téléphone : 5. — Aug. TAIRRAZ, Propriétaire-Directeur. Médaille d'argent et diplôme du T. C. F.

Aubrac (AVEYRON)
ROYAL HOTEL
Très confortable station cure d'air, altitude 1 430m. — 2 sports d'hiver. — Appartements avec bains et w.-c. — Toutes les chambres chauffées. — Restaurant de 1er ordre. — Autobus de l'hôtel aux gares d'Aumont-Aubrac (ligne du Midi) et Espalion. Même maison : Astoria-Palace, Vichy, hôtel de grand luxe sur le Parc, ouvert toute l'année. — I. GILBERT

Auch
GRAND HOTEL DE FRANCE ET AMBASSADEURS
Très recommandé. — En face la Cathédrale et à côté de l'Hôtel de Ville. — Appartements complets avec salle de bains et W.-C. — Eau chaude et eau froide. — Chauffage central. — Electricité. — Garage 2 fr. — Tél. 50. — Excellente cuisine. — Pension depuis 15 fr. par jour. — English spoken. — Man spricht deutsh. — Se habla español. — Omnibus gare. — Paul CASTERA Propr. ex-maître d'hôtel du Continental à Biarritz.

Avignon
GRAND HOTEL D'AVIGNON
rue de la République, *près de la Poste*
Ascenseur. — Chauffage central. — Garage. — Omnibus. — Téléphone. — Bains. — Chambres avec eau courante et cabinet de toilette. — *Spécialité de grands vins de Châteauneuf-du-Pape*. — Grand garage dans l'hôtel. — CHAZALET, Propriét.

Avignon
HOTEL D'EUROPE
Maison de premier ordre
Direction GUIDA

Avignon
GRAND HOTEL DU LOUVRE
23, rue Saint-Agricol
Plein centre. — Chauffage central. — Electricité. — Bains. — Chambres ripolinées depuis 5 fr. — Déjeuners et dîners depuis 5 fr. 50. — Pension depuis 14 fr. par jour. — Salle à manger historique (ancienne salle des Templiers). — Garage. — Téléphone 2.81. T. C. F. — Omnibus gare. — BOREL, Propriétaire.

Avignon
REGINA HOTEL MEUBLÉ
6, rue de la République
Entièrement neuf. — Tout le confort moderne. — Eau courante chaude et froide dans toutes les chambres avec fontaines d'eau chaude dans chaque chambre. — Salles de bains. — W.-C. à chasse. — Ascenseur. — Téléphone 4.49. — Service du petit déjeuner du matin. — Paul NICOLET, Propriétaire.

Avignon
MODERN HOTEL TOURING CLUB
Meublé, 7, rue de la République
Le plus beau quartier de la ville. — Family House. — Premier ordre. — Chauffage central. — Tél. 3.26. — F. GUZZY, Propriétaire.

Avranches (Manche)
GRAND HOTEL DE FRANCE ET DE LONDRES RÉUNIS
En face de l'Hôtel de Ville. — Cuisine et cave renommées. — Électricité. — Chauffage central. — Salles de bains. — Garage avec fosse. — Jardin. — Terrasse. — Chambre noire. — Café. — Billard. — Voiture de l'hôtel à tous les trains. — Prix modérés. — Téléphone 27. — English spoken. — Adresse télégraphique Francotel-Avranches.
FAVRE-DENIER, Propriétaire, membre de l'U. A. et T. C. de France

Ax-les-Thermes (Ariège)
HOTEL VILLA ROSE-MARGUERITE
15, route d'Espagne. — Ad. télégr: Rose-Marguerite Ax-les-Thermes. — Y.M.C.A. — T.C.F. — A.C.F. — Premier ordre. — Situation la plus aérée, la plus jolie, près les établissements thermaux. — Vue, jardin, terrasse, restaurant en plein air, en face du grand cirque de montagnes. — Confort moderne. — Électricité. — W.-C. à l'anglaise. — Garage. — Cuisine réputée et très soignée. — Arrangements pour familles. — Prix modérés. ROSE-MARGUERITE, Propriétaire

Bagnères-de-Bigorre
GRAND HOTEL DE FRANCE
Près de l'Etablissement thermal et du Casino. — Cuisine renommée. — Galerie promenoir. — Téléphone 16. — Éclairage électrique. — Garage pour autos. — Maison de premier ordre. — Salles de bains.
Mme Veuve Daniel STYLITE, Propriétaire

Bayonne
GRAND HOTEL DE PARIS
ET BILBAÏNA
Rue Thiers, dans le plus beau quartier. — Chambres confortables. — Recommandé à la clientèle des familles pour ses attentions et sa cuisine réputée. — Électricité. — Téléphone. — Prix modérés. — Omnibus à tous les trains.
Henri CAZENAVE, Propriétaire

HYGIÈNE DE LA TOILETTE
Coaltar saponiné Le Beuf
(Voir page bleue au commencement du volume)

Beaulieu-sur-Mer (A.-M.)
AGENCE BOVIS
(fondée en 1898)
BOVIS, Architecte-Directeur, avenue de la Gare. — Location de villas et d'appartements de choix. — Vente et achat de propriétés. M. Bovis, éditeur de l'unique GUIDE AVEC PLAN de Beaulieu et ses environs.

Béziers
HOTEL de la COMPAGNIE des CHEMINS de FER du MIDI
En communication directe avec la gare
Tout le confort moderne. — Géré par la Société des Chemins de fer et Hôtels de Montagne aux Pyrénées.

BIARRITZ
REINE DES PLAGES

Voir Pages Bleues à la fin du texte

Biarritz
HOTEL VICTORIA (Grande Plage)

Situation admirable. — Grand confort

J. FOURNEAU, Propriétaire

Biarritz
GRAND HOTEL ET BELLEVUE PALACE

Tout premier ordre. — Spécialement recommandé aux familles. — Seul établissement en face la mer qu'il domine, entre les deux Casinos et en plein centre. — Grand restaurant sur la mer. — Grill-Room à la carte indépendant de l'hôtel et grand bar basque. — *Conditions spéciales pour long séjour.*

Biarritz
HOTEL RÉGINA

Situé sur le Plateau du Phare attenant aux terrains du Golf

Vue merveilleuse sur la mer et sur les montagnes. | Toutes les chambres en façade, soit sur la mer, soit sur le Golf. — Avec cabinet de toilette et salle de bains. — Chauffage central. — Vastes salons de réception. — Au centre, grand jardin d'hiver. — *Restaurant à prix fixe et à la carte.*

Directeur : FERNAND JOURNEAU

Biarritz
CARLTON HOTEL

Hôtel de tout premier ordre ouvert en 1910

BIARRITZ
HOTEL DU PALAIS
Ex-résidence impériale
OUVERT TOUTE L'ANNÉE
Parc de 26 000 mètres

Situation unique. — Sur la mer
Dernier confort moderne
RESTAURANT RENOMMÉ
G.-C. CIGOLINI, Directeur général

Biarritz
HOTEL CONTINENTAL
De tout premier ordre. — 200 chambres et salons sur la mer et au midi. — Cabinets de toilette à eau courante, dans toutes les chambres, et en majorité avec installation de bains, W.-C., etc. — Ascenseur. — Chauffage central. — Grand jardin. — Tennis. — Garage. — *Prix modérés*. — J.-D. CAMY, Administrateur-Directeur.

Biarritz
HOTEL DES PRINCES
Maison de premier rang. — Près de la Poste et des Casinos. — Recommandé aux familles pour son confortable. — *Cuisine et cave renommées*. — Téléphone. — Lumière électrique. — Ascenseur. — Arrangements pour familles. — *Prix modérés*.
L. COUZAIN, Propriétaire

Biarritz
CHATEAU JAVAL-QUINTO
Ancienne demeure historique des Ducs de Ossuna

Hôtel-pension de famille. — Restaurant 1er ordre. — Parc de 7.000 m², à 50 mètres de la grande plage. — Vue splendide sur la mer. — Garage. — Téléphone : 0.28. — Prix modérés.

Biarritz
MONHAU EXCELSIOR HOTEL
Restaurant. — *Pension de famille.* — De premier ordre — Magnifique situation sur la mer entre le Casino Bellevue et le Casino municipal. — Chauffage central. — Vaste salle à manger vitrée, très aérée dominant la plage. — Superbe vue. — Bains. — Téléphone. — Ascenseur. — Jardin. — Arrangements pour familles et séjour. — Prix modérés.
L. BEAUXIS, Propriétaire

Biarritz
HOTEL COSMOPOLITAIN
Avenue Victor-Hugo et Place de la Mairie. — Situation très centrale, entre les deux casinos. — Vue sur la mer. — *Tout le confort moderne.* — Ascenseur. — Salles de bains. — Lumière électrique. — Chauffage central. — Cuisine très soignée. — Prix modérés. — *Arrangements pour familles et séjour.* — Téléphone 0.37
GENETIER, Propriétaire.

Biarritz
HOTEL DE FRANCE
La plus belle situation de Biarritz entre les deux casinos. — De tout premier ordre. — Dernier confort moderne. — Restaurant à la carte et à prix fixe. — Tea Room. — Prix modérés. — Moderate charges. — Arrangements pour familles.   Cyprien LABAT, Propr.

Biarritz
NOUVEL HOTEL de L'EUROPE

Installation moderne. — Dans toutes les chambres, cabinet de toilette avec lavabos à eau chaude et froide. — Chauffage central. — Salles de bains. — Ascenseur. — Electricité. — Téléphone. — Vue sur la mer. — Prix modérés.
L. CASENAVE

Biarritz
GRAND HOTEL DU PARC ET DU HELDER
Avenue et place de la Liberté

Situation centrale, près des gares et des casinos. — Vue sur la mer. — Chauffage central. — Salle de bains. — Electricité. — Téléphone 0.20. — Cuisine très soignée faite par le propriétaire. — Pension. — Prix modérés. — OMNIBUS A TOUS LES TRAINS. — Henri PEDEZERT, Propriétaire.

Biarritz
HOTEL de BAYONNE et MÉTROPOLE

Tout le confort moderne. — *Cuisine de tout premier ordre.* — Grand jardin. — Vue sur la mer. — Ouvert toute l'année. — TÉLÉPHONE 0.89.
L. CHEVAYDEL, Propriétaire

Biarritz
HOTEL SAINT-JAMES

Restaurant avec terrasse ombragée. — Situation très centrale, près la poste, la mer et les casinos. — Cuisine soignée et service par petites tables. — Pension depuis 18 fr. par jour, petit déjeuner du matin compris.
DUCLOUX, Propriétaire

Biarritz
PAVILLON DES ROCHES

Place du Port-Vieux. — Pension de famille. — Vue admirable sur la mer et le rocher de la Vierge. — Belle terrasse ombragée sur le Port-Vieux. — Recommandé. — confort moderne. — Circulation eau chaude et froide dans les chambres. — Salles de bains. — *Cuisine bourgeoise.* — Prix modérés. — Téléphone 6.24.
G. RIVIERE, Propriétaire

Biarritz
HOTEL VILLA ARNOULD

Place de l'Atalaye. — Entièrement neuf. — Magnifique vue de mer. — Dans toutes les chambres, cabinet-toilette avec lavabos d'eau chaude et froide. — Bains. — Cuisine recommandée. — Service irréprochable. — Arrangements pour séjour. — Prix modérés. — Tél. 6.91. — J. Q. GOURDY, Propriétaire.

Biarritz
HOTEL PAVILLON ALPHONSE XIII

Avenue Reine-Victoria, à 100 m. de la plage, 200 m. des Thermes, proximité Golf. — Appartements privés avec bains. — Très confortable. — Moderne. — Electricité partout. — *Chauffage central.* — Grand Hall. — Vaste jardin. — Prix modérés. — Arrangements pour familles. — Tél. 4.10. — H. DARRICADES, Propr.

Biarritz
HOTEL BIARRITZ SALINS ET DES THERMES

Ce splendide établissement communique avec les Thermes salins par une passerelle couverte. — Cure thermale. — Cure de repos. — Cure marine. — Cure de soleil. — Cuisine soignée. — Spécialité de Régimes. — Magnifique façade au midi. — Grands jardins abrités. — Séjour recommandé pour enfants et personnes nerveuses.

Biarritz
LES CHARDONS

Pension de famille de 1er ordre. — Grande villa moderne à la porte des Thermes Salins. — *Mobilier entièrement neuf.* — Electricité. — Bains. — Téléphone. — Calorifère. — Service par petites tables. — Mme TETARD, Propriétaire

Biarritz
AGENCE BENQUET

La plus ancienne, fondée en 1872. — LOCATIONS DE VILLAS ET VENTES DE PROPRIETES. — Fournit les renseignements sur hôtels et pensions de familles. — Journal : *L'Indicateur des Ventes et Locations*, 25 cent. le No. — Adresse : Jules BENQUET, Biarritz. — *Téléphone 91.*

Biarritz
AGENCE DE LA COTE BASQUE
Place de la Liberté

Grand choix de villas, chalets, maisons, magasins et appartements meublés ou vides. — Gérance d'immeubles. — Vente et achat de terrains et de propriétés. — Renseignements gratuits. — Adresse : *Agence Cote Basque, Biarritz*. — Téléphone 4.22.

Biarritz
GRANDE AGENCE DE LOCATIONS

Location de villas et vente de propriétés. — Téléphone 2.43
Paul DELVAILLE, *place de la Mairie*, 12
Change de monnaies. — Excursions automobiles, Espagne et pays basque. — Billets pour les courses de taureaux à San Sébastien. — *Renseignements gratuits.*

Biarritz
AGENCE MASSARD

Avenue Edouard-VII, n° 13 (sous les arceaux). — Vente et achat de propriétés et terrains. — Location de villas et appartements. — Journal *Le Moniteur* donnant tous les renseignements. — Adresse télégraphique : Massard-Biarritz. — *Téléphone 5.70.*

Blois
GRAND HOTEL DU CHATEAU
Avec accès direct sur le château historique

Maison entièrement remise à neuf. — Confort moderne. — Chauffage central. — Salle de bains. — *Téléphone.* — Chambre noire. — Eau courante dans les chambres. — Auto-garage avec fosse. — Cave et cuisine soignées. — *Omnibus à la gare.*
Clément ADELINE, Propriétaire

Bordeaux
HÔTEL TERMINUS
Propriété de la Compagnie des Chemins de fer du Midi, en communication directe avec la gare. — Tout le confort moderne. — Géré par la Société des Chemins de fer et Hôtels de Montagne aux Pyrénées.

Bordeaux
GRAND HOTEL MÉTROPOLE et EXCELSIOR HOTEL
Près du Grand Théâtre et des Quinconces. — Ascenseur. — Auto-garage dans l'hôtel. — La meilleure cuisine du Midi. — Restaurant à la carte. — Arrangements pour familles. — A. ROUHETTE, Propriétaire.—
Même maison : Grand Hôtel de France, Cauterets.

Bordeaux
HOTEL DE BORDEAUX
1, 2, 3, 4, 5, Place de la Comédie
TÉLÉPHONES : 403, 439, 484. — ADRESSE TÉLÉGRAPHIQUE : Otelbordo
Restaurant de premier ordre. — Cuisine renommée. — Entièrement neuf. — Eau chaude et froide dans toutes les chambres. — Appartements complets avec salon, salle de bains, W.-C. et téléphone de réseau. — Chauffage central. — Deux ascenseurs. — Salles de bains indépendantes. — Cabine téléphonique à chaque étage. — Arrangements pour séjour prolongé.
Chambres à partir de 10 francs

Bordeaux
HÔTEL DE BAYONNE
Restaurant. — Maison de premier ordre. — Place du Chapelet, à 50 mètres de l'Intendance et à une minute de la place de la Comédie. — Cuisine très réputée. — Appartements complets, avec salle de bains, douches et W.-C. — Electricité partout. — Téléphone 88. — Arrangements pour familles et séjour.
Se habla español. — English spoken.   Eugène AUGÉ, Propriétaire

ASCENSEUR   *Bordeaux*   TÉLÉPHONE 1600
HOTEL DES QUATRE SŒURS
Place de la Comédie (Grand centre)
Dernier confort. — A proximité des théâtres, des promenades et des grandes Cies maritimes. — Magnifique Hall. — Salons de réception, de lecture et de correspondance. — Fumoirs. — Electricité. — Hydrothérapie. — Chauffage central à eau chaude.   R. SIMION, Propriétaire-Directeur

Bordeaux
GRAND HOTEL CONTINENTAL
Restaurant de tout premier ordre
Cave et cuisine réputées. — En plein centre. — 80 chambres avec cabinet de toilette, 20 avec salle de bains, eau chaude et froide. — Chauffage. — Ascenseurs électriques. — Auto-garage. — Arrangements pour familles. — Toutes langues.
G. ROZIS et Cⁱᵉ, Propriétaires

Bordeaux
GRAND HOTEL FRANÇAIS
Rue du Temple, 12 (Intendance). — Maison de famille, de construction récente. — 80 chambres très confortables de 3 fr. à 10 fr. — Appartements avec salle de bains et W.-C. privés. — Magnifique hall. — *Bains à tous les étages.* — Téléphone. — Eclairage électrique. — Chauffage à la vapeur. — Ascenseur. — *Interprète.* — Eau courante dans les chambres.   AUPIN, Propriétaire-Directeur

Bordeaux
RÉGINA HOTEL
Face la gare Saint-Jean-Midi (arrivée)
Recommandé par le T. C. F. suisse, anglais, belge, espagnol, italien.
— Ascenseur. — Chauffage central. — G. ROZIS, Propriétaire.

Bordeaux
HOTEL DU PRINTEMPS
Restaurant. — En face de la cour d'arrivée de la gare Saint-Jean. — Entièrement transformé. — Chauffage central. — Electricité partout. — Chambres très-confortables de 5 à 15 fr. — Salles de bains. — Déjeuner, 6 fr.; dîner, 6 fr. — Service à la carte et à toute heure. — Vins fins des meilleurs crus. — Salon de musique. — A proximité des lignes de tramways. — Téléphone 1.012.
A. SAUVANT, Propriétaire

Bormes-les-Mimosas (VAR)
AGENCE DES ÉTRANGERS
FABRIQUE D'AMEUBLEMENTS (confiance absolue)
Vente de terrains à bâtir. Location d'appartements meublés et non meublés. Installation complète d'appart. Spécialité de chambres Touring-Club pour hôtels et villas. Meubles de tous styles. Antiquités. Ad. tél. : Boglio-Bormes. Aug. BOGLIO, Pr.

LE BOULOU
(Pyrénées-Orientales)
EAUX BICARBONATÉES, SODIQUES, GAZEUSES. — Fournisseur des Ministères de la Guerre, de la Marine, des Colonies. — Maladies traitées avec succès par les Eaux du Boulou. — Maladies de l'estomac, du foie, de l'intestin, de la vessie, le diabète, le paludisme chronique, l'anémie, les longues convalescences. — Etablissement ouvert toute l'année. Chapelle. — Chemin de fer.

❋ LA BOURBOULE ❋
Sources CHOUSSY et PERRIÈRE
CROIZAT ET FENESTRE
SAISON DU 25 MAI AU 1ᵉʳ OCTOBRE
TROIS ÉTABLISSEMENTS COMPLETS — CASINO — GRAND PARC
CURE D'AIR. — Anémie, lymphatisme, dermatoses, voies respiratoires, maladies des enfants, diabète, paludisme. — Transportées, les Eaux de La Bourboule se conservent indéfiniment. — Siège social : rue de Châteaudun, 10 bis. — Téléphone central 99.45. (Envoi de notices franco).

La Bourboule
GRAND HOTEL DES ILES BRITANNIQUES
Restaurant de premier ordre à l'angle de l'Etablissement Thermal. — 150 chambres et salons. — Fumoir. — Grand jardin. — Garage et fosse pour automobiles. — Conditions spéciales en juin et en septembre. — English spoken. — Se habla español. — Téléphone. — Ascenseur. — Eclairage électrique. — Villa des Iles Britanniques. — Appartements pour familles. — C. DONNEAUD, Prop.

La Bourboule
HOTEL RICHELIEU
Le plus près des Thermes. — *Confort moderne.* — Interprète. — Ascenseur. — 150 chambres. — Lavabo à eau courante chaude et froide. — Bains. — Chauffage central. — Garage. — T. C. F. — Téléphone 25.   PASSAVY-PANET, Propriétaire

La Bourboule
HOTEL DU PARC
Premier ordre. — *Situation unique dans le parc et près le Casino.* — Cuisine très soignée. — Service parfait. — Arrangements pour familles et prix modérés. — Electricité dans toutes les chambres.
    Mme FAURE-FOURNIER, Propriétaire

La Bourboule
HOTELS DU LOUVRE ET DE LORRAINE
Boulevard Georges-Clemenceau. — *Nouvellement transformés,* situés près l'Etablissement. — Chambres avec toilette et bains. — Lavabos à eau courante. — Chauffage central. — Ascenseur. — Garage. — Jardin ombragé. — Téléphone 12 et 22. — *English spoken.*   J. BOUCHERON, Propriétaire

La Bourboule
TROCADERO HOTEL DES SOURCES
Entrée principale avenue de Fenestre, en face le Grand Parc et Temple, 2e entrée quai rive gauche, entre l'Eglise et l'Etablissement. — Situation à l'Abri des poussières. — *Remis à neuf.* — Cuisine réputée faite par le propriétaire. — Service par petites tables. — Chauffage central. — Tél. 42. — Deux jardins. — Pension. — *Prix fixe.* — Correspondant du T. C. F. — F. PLAGNARD, Propriétaire

La Bourboule
HOTEL ET VILLA BELLE-VUE
AVENUE GUENEAU-DE-MUSSY
Maison recommandée aux familles. — Cuisine et service soignés. — Table d'hôte et petites tables. — Service particulier. — Arrangements pour familles. — *Prix modérés et prix spéciaux en juin et septembre.* Electricité. — Omnibus. — Garage.
    F. GIRAUDON de PELLARDY

Caen
Hôtel Moderne et Hôtel de Londres réunis
116, boulevard des Alliés
120 lits. — Centre de la ville, près poste. — Restaurant. — Salon de lecture. — Estaminet. — Fumoir. — Electricité. — Chauffage central. — Salle de bains. — Chambre noire. — Garage. — Automobile à la gare. — Nouvellement aménagé. — Prix modérés. — Téléphone 2-17.

Cannes
HOTEL DES PINS
Premier ordre. — A proximité de l'église russe. — Abrité des vents par une forêt de pins. — Vaste jardin. — Téléphone. — Eclairage électrique. — Service spécial de voitures pour la promenade et la ville.

Cannes
CARLTON HOTEL
Boulevard de la Croisette
De tout premier ordre. — 500 chambres avec salles de bains. — Golf et Tennis. — Restaurant à la carte. — Bar américain.

Cannes
HOTEL GONNET ET DE LA REINE
Situation unique sur la Croisette. — Ouvert d'octobre à juin. — Premier ordre. — Jardin. — Confort moderne.
L. DAUMAS, Propriétaire

Cannes
HOTEL INTERNATIONAL ET RICHELIEU
Boulevard Carnot et rue des Phalènes
Nouvelle construction. — Ouvert toute l'année. — Plein midi. — Arrangements pour famille et séjour prolongé. — Grand jardin. — Abrité. — Confort moderne. — Chambres parquetées avec cabinet de toilette à eau courante. — Electricité. — Chauffage central. — Téléphone : 9-91.   **M. GIRARDIN, Propriétaire**

Cannes
HOTEL BEAU-SITE
300 chambres avec eau courante. — 5 tennis de réputation mondiale dans un parc séculaire. — Autobus pour la ville et le Golf-Club.

Cannes
HOTEL DU PAVILLON
Maison de famille de tout premier ordre. — Tout confort. — Grand jardin. — 120 chambres et salons. — Ouvert du 1er novembre au 15 mai.
C. BORGO, Propriétaire

Cannes
WINTER-PALACE SAINT-CHARLES (Californie)
Plein midi. — Vue sur la mer et les îles. — Beau jardin. — Arrêt du tramway à l'entrée. — Confort moderne. — Appartements et chambres avec salle de bains. — Chauffage central. — Ascenseur. — Garage. — Téléphone 213. — Tennis. — Cuisine de tout 1er ordre. — Prix modérés et arrangements pour séjour. **J. ROTEN-BRENNIG**, Prop^t

Cannes
HOTEL ROYAL
Sur le boulevard de la Croisette. — Au bord de la mer. — Eau courante dans les chambres. — Salles de bains privées et W.-C. — Ascenseur. — Prix modérés. — Entièrement remis à neuf.

Cannes
HOTEL DU PARC
MAGNIFIQUE PARC
M. ELLMER, Propriétaire

Cannes
LE GRAND HOTEL
Sur la Croisette. — Ouvert du 15 octobre au 15 mai. — *De tout premier ordre.* — Situation exceptionnelle sur la mer. — Grand jardin. H. MENGE & Cie, Propriétaires

Cannes
CANISY HOTEL
Entièrement remis à neuf. — Situation élevée. — Vue unique sur l'Esterel, les Iles et le mont Chevalier. — *Le dernier cri du confort moderne.* — Eau chaude et froide dans toutes les chambres. — Appartements privés avec salles de bains, lavabos, etc., etc. — Chauffage central. — Ascenseur. — Terrasse. — Omnibus à la gare. — On parle anglais, français, flamand et espagnol. Service de voitures pour le casino.
Mme LEMAIRE, Propriétaire

Cannes
HOTEL SUISSE
SITUATION CENTRALE
Beau jardin abrité. — Ascenseur. — Chauffage central. — Appartements avec salle de bains privés. — Eau courante chaude et froide.
A. KELLER, Propriétaire

Cannes
HOTEL DE PARIS
BOULEVARD D'ALSACE
Avec jardin en plein midi. — Confort moderne. — Chauffage central dans toutes les chambres. — Restaurant. — Prix modérés. — Garage d'automobiles. — Téléph. 0.89. — Mme LECOLIER, Propriétaire.

Cannes
HOTEL NÉVA BEL-AIR
RUE DE LA COLLINE
A 5 minutes de la gare. — Plein midi. — Confort moderne. — Chauffage central. — Bains. — Ascenseur. — Jardin. — *Cuisine de famille très recommandée.* — English spoken. — Saison d'été: Hôtel Régina et Hôtel National, Les Praz-de-Chamonix.
J. COUTTET, Propriétaire.

Cannes
HOTEL RÉGINA
ROUTE D'ANTIBES
Plein midi. — Très bien abrité. — Jardin superbe. — Chauffage central. — Bains. — Ascenseur. — Cuisine de famille très soignée. — *Pension depuis 19 fr.* — Téléphone 5.43. — Garage.
DELLOZCOUR, Propriétaire

Cannes
TERMINUS-HOTEL
Cuisine spécialement soignée. — Electricité. — P. GILLES, Propr. — Annexe à l'hôtel: AMERICAN BAR. *Même maison:* Hôtel Terminus, Le Fayet-Saint-Gervais. *Même direction:* Grand Restaurant col de Voza, alt. 1700 m. Buffet Glacier Bionnassay, alt. 2400 m. Crémaillère du mont Blanc.

Cannes
HOTEL DE L'UNIVERS
Rue de la Gare et rue d'Antibes. — Maison confortable. — Table très recommandée. — Electricité. — *Chauffage central.* — **Ascenseur électrique.** — Tél. : 0.43. — Transport gratuit des bagages à l'arrivée et au départ.
E. VERT, Propriétaire

Cannes
HOTEL DES ILES BRITANNIQUES
Boulevard d'Alsace. — *Plein midi.* — Position centrale et abritée, à 4 minutes de la mer, du casino et du boulevard de la Croisette. — Confort moderne. — *Chauffage central.* — Ascenseur. — Tél. : 5.85. — Pension depuis 14 fr.
G. COUTTET, Propriétaire

Cannes
HOTEL-PENSION SAINT-MAURICE
Boulevard d'Alsace. — *Plein midi.* — Reconstruit et entièrement remis à neuf. — Chauffage à eau chaude dans toutes les chambres. — Bains. — Electricité. — Chambre noire. — *Cuisine bourgeoise.* — Arrangements pour familles. — *Téléphone* : 10.45. — J. CHARASSE, Prop.

Cannes
HOTEL DE LYON et NOUVEL HOTEL
Meublé. — Ouverts toute l'année. — En face de la gare. — Complètement neufs. — Installation Touring-Club. — Chambres depuis 4 fr. — Transport gratuit des bagages aller et retour. — Garçon de l'hôtel à la gare. — Tél. : 3.11.
Vve CAMPÉRI, Propriétaire

Cannes
HOTEL EUROPÉEN
En face la gare. — *Recommandé par le Touring-Club.* — Ouvert toute l'année. — Hôtel dernier confort. — *Meublé pour familles et voyageurs.* — Chambres Touring-Club. — 4 salles de bains. — Lavabo à eau courante chaude et froide. — **Ascenseur.** — Electricité. — Chauffage central. — Salle pour bagages. — Auto-garage à proximité. — Tél. : 10-43.
M. DELAVOQUET et P. CHAFFOIN, Propriétaires

Cannes
ALEXANDRA HOTEL
Boulevard Carnot. — Maison de famille avec tout le confort moderne. — Jardin. — *Chauffage central.* — Eau courante froide et chaude dans toutes les chambres avec cabinet de toilette. — Bains. — Appartements privés avec salle de bains. — *Téléphone* : 12.05. — Garage. — BARRET, Prop.

Cannes
HOTEL SAINT-NICOLAS
Ouvert du 1er octobre au 15 mai. — Entièrement remis à neuf. — Plein midi. — Jardin. — Confortable moderne. — Chauffage central. — Eau courante chaude et froide dans toutes les chambres. — *Arrangements pour familles.* — *Prix modérés.* — Saison d'été : Hôtel des Alpes, Thorenc.
B. GIOANNI, Propriétaire

Cannes
PENSION DONAT-ROSE
Rue Jean-Goujon (quartier boulevard Carnot). — Plein midi. — Confortable moderne. — *Chauffage central.* — *Cuisine de famille très soignée.* — Maison très recommandée pour sa tenue. — Pension depuis 20 fr. — Arrangements pour familles. — English spoken. — LANSQUENET, aveugle de guerre, Propriétaire.

Cannes
AGENCE ROUX-AUGIER
Fondée en 1875
VIAL et CRESP, Successeurs
71, rue d'Antibes. Renseignements gratuits et précis sur Villas et Appartements à louer à Cannes, Cannet et environs. Vente de Propriétés.

Cannes
CANNES-AGENCE
F. ANDRAU et Cie
10, RUE DES BELGES, près la Croisette
Location de villas et d'appartements. — House and Estate Agency. — Renseignements gratuits. — Agents de la Compagnie générale Transatlantique.

Cannes
AGENCE DES HIVERNANTS
Anglo-American agency
L. BERRUCHON et ROSTAN — A côté de l'Agence Cook et en face de l'Hôtel de l'Univers. — Renseignements gratuits et rapides pour location de villas et d'appartements, et achat et vente de propriétés. — Téléphone 6.79.

Cannes
AGENCE GÉNÉRALE DES ÉTRANGERS
2, rue d'Antibes, et 1, place des Iles
G. MATHIAUX, Directeur-Propriétaire, Successeur de DUBSET. — Ventes et locations de villas et appartements. — Téléphone 2.50.

Cannes
ATAMCA-AGENCE A. AUNIAC
Société anonyme capital 2 250 000 francs
La plus complète organisation du tourisme. — Le meilleur comptoir immobilier. Votre intérêt est de consulter ATAMCA pour tout ce qui vous intéresse à Cannes.
3, square Mérimée, 3.

Cannes
AGENCE RIVIERA
15, rue Maréchal-Foch anciennement rue de la Gare
Ventes et locations de villas, châteaux et domaines. — Ancienne agence Faure, fondée en 1910. — Téléphone 10-17.
L. VIBERT, Directeur-Propriétaire

Le Cannet
AGENCE GÉNÉRALE DU LITTORAL
Boulevard Carnot, et 1, rue Commandant-Lamy
Location de Villas et Appartements. — Cannet, Cannes. — Ventes de Terrains et Immeubles. — Renseignements gratuits sur locations, ventes Hôtels et Pensions. — Téléphone 3. — Correspondant sur toute la côte d'Azur.
Pierre BLANC, Propriétaire-Directeur

Le Cannet, près Cannes (A.-M.)
STELLA HOTEL
A 3 kilomètres de la mer. — Situation élevée. — Vue splendide sur le golfe de Cannes. — Chauffage central à eau chaude dans toutes les chambres. — Electricité — Ascenseur. — Bains à chaque étage. — Grand jardin plein midi. — Cuisine premier ordre. — Pension depuis 11 fr. — Arrêt du tramway Cannes-Cannet.
H. LE SUR, Propriétaire-Directeur

CAP FERRAT

Grand Hôtel du Cap Ferrat
(De décembre à mai)

Situé à l'extrême pointe du Cap Ferrat, entouré de bois de pins, 150 chambres et salons avec confort moderne et vue merveilleuse. Lift. — Electricité. — Chauffage central. — Afternoon-Tea. Bains privés. — Grand parc. — Tennis — Croquets. — Auto-garage. Téléphone 20.

Du **Grand Hôtel du Cap Ferrat** à **Nice** (place Masséna) et à **Monte-Carlo** (Casino), existe un service régulier d'automobiles à la disposition des clients.

De toutes les chambres de l'Hôtel, l'on jouit d'un panorama unique de beauté et de grandeur incomparables.

Restaurant en bordure de la mer
(1er ORDRE)

Autobus de l'Hôtel pour la gare de Beaulieu et correspondance avec le tramway de Nice à Saint-Jean-Cap-Ferrat.
Service de canots automobiles entre Nice-Cap-Ferrat et Monte-Carlo.

Léon FERRAS, Propriétaire

Même direction : **HOTEL RÉGINA, Le Touquet-Paris-Plage** (Pas-de-Calais), *d'avril à octobre*.

Carcassonne

La Cité de Carcassonne est la ville la plus curieuse de France, un monument unique au monde

HOTEL DE LA CITÉ

Dans la Cité au milieu des remparts. — Hôtel de Tourisme de Luxe
Directeur : MICHEL-JORDY

Carcassonne

HOTEL CENTRAL

BOULEVARD DE LA PRÉFECTURE. — Entièrement transformé. — Eau chaude et froide dans les appartements et dans les chambres. — Electricité — Chauffage central — Téléphone. — Arrangements sanitaires parfaits.
Prix modérés et arrangements pour familles
Omnibus à tous les trains.   J. LAGRANGE, Propriétaire

Carcassonne

GRAND HOTEL BERNARD

Etablissement entièrement remis à neuf et agrandi vu l'importance de la clientèle. — Omnibus à tous les trains. — *Téléphone.* — Eclairage électrique. — Chauffage par la vapeur. — English spoken. — Diplôme du Touring-Club de France.
P. JAGMET, Propriétaire

Cauterets (HAUTES-PYRÉNÉES)

GRAND HOTEL D'ANGLETERRE

Ouvert toute l'année. — 350 chambres pourvues d'eau courante chaude et froide. — Appartements complets, bains et W.-C. — Ascenseur. — Téléphone. — Grand Garage. — Jardin anglais. — Arrangements pension pour séjour. — Chauffage central. — Sports d'hiver
MEILLON, Propriétaire de l'Hôtel GASSION, à Pau (Basses-Pyrénées)

Cauterets (HAUTES-PYRÉNÉES)

GRAND HOTEL CONTINENTAL

De tout premier ordre

CH. DUCONTE, Propriétaire

Cauterets

GRAND HOTEL DE L'UNIVERS

Excellente maison de 1er ordre. — Recommandée spécialement aux touristes et aux familles, très bien située, près des promenades des établissements thermaux, des Eglises, etc. — Vaste garage. — Tél. No 1. — Table d'hôte. — Restaurant renommé pour sa cuisine fine et le bon choix de ses vins. — Omnibus à tous les trains. — Prix modérés. — L. CIER, Propriétaire. — DU MÊME PROPRIÉTAIRE : VILLA DES ROSES. Appartements et pavillons divers à louer meublés par mois ou pour la saison.

Cauterets

HOTEL REGINA

Complètement transformé. — Seul situé sur la place des Œufs. — Tél. 13. — Restaurant. — Véranda. — Fumoir. — Salle de bains. — Billard. — Ascenseur. — Lumière électrique. — Auto-garage. — Omnibus à tous les trains.
J. DUCONTE, Propriétaire

Cauterets
GRAND HOTEL DE FRANCE

Composé de dix pavillons. — Le seul avec jardin. — Vue splendide sur la montagne. — 150 chambres-salons. — Saison d'été : de mai à octobre. — Confort moderne. — Eau courante chaude et froide. — Chambres avec salle de bains, W. C. — Auto-garage gratuit dans l'Hôtel même. — La meilleure cuisine du midi. — Cave renommée. — Ouvert toute l'année.
A. ROUHETTE, Propr. — Même maison Hôtel Métropole, Bordeaux

Cauterets
Maisons LABORDE-MANAGAU

PENSION DE FAMILLE. — Rue de la Baillère, 19 et 21, rue de l'Eglise, 8. — Jouissant d'une grande et honorable réputation. — Très bien située auprès des Thermes et de l'église paroissiale. — Excellente cuisine. — Très belle vue des montagnes. — Salle de bains. — Téléphone 11. — Belle Villa à Argelès-Gazost.

Cauterets
CECIL-HOTEL

Boulevard Latapie-Flurin. — Dans le plus beau quartier de la ville, près l'Esplanade et des Sources. — Appartements et chambres confortables. — Electricité. — Cuisine très soignée. — Pension depuis 12 fr.
CASTAYBERT, Propriétaire

Cauterets
HOTEL ET MAISON DE FAMILLES

Situation centrale en face des Thermes. — Confort moderne. — Eclairage électrique. — Cuisine et cave renommées. — Prix modérés. — Pension depuis 10 fr. par jour. — Spécialité : Produits aux truffes du Périgord. — Chalet Belveder à louer meublé pour saison.
Mme Vve GUINIER, Propriétaire

Cauterets
HOTEL DU PARC
RESTAURANT

Près les Etablissements thermaux et le Casino. — Appartements pour familles. — Grand jardin. — Prix modérés. — Spécialité de pâtés de foie gras truffés, marque très recommandée.
Paul FERRÉ, Propriétaire

Cauterets
HOTEL DE LA PAIX

Excellente maison, très bien située, près les Etablissements thermaux et le Casino. — Superbe vue des montagnes. — Grand confortable. — Arrangements pour familles. — Omnibus à la gare. — Téléphone n° 5. — Auto-garage. — Cuisine très soignée.
J. LARRIEU, Propriétaire

Cauterets
HOTEL ROMA et de BORDEAUX

5, rue Richelieu, près de la gare. — Grands et petits appartements. — Confort moderne. — Cuisine de famille. — Service à la carte. — Prix modérés.
G. NOLIBOS, Propriétaire

Cauterets
HOTEL DES PYRÉNÉES
21, Rue Richelieu

Ouvert toute l'année. — A proximité des Sources et du Casino. — Confortable moderne. — Chauffé pendant la durée du sky. — Cuisine très recommandée. — Réputation très méritée. — Arrangements pour familles et prix modérés. — Tél. 15.   Léon SOULAS, Prop^{re}

Cauterets
HOTEL DE LONDRES
Rue Richelieu

Ouvert toute l'année. — Appartements pour familles et chambres confortables. — Jardin. — Prix modérés. — Cuisine et cave recommandées.
Mlle Marguerite GUITON, Prop^{re}

Cette
BUFFET dans la gare même

Grand confortable. — Petit repas, 2 fr. 75 (sans vin). — Déjeuner ou dîner, 6 fr. (vin compris). — Petit déjeuner complet, 1 fr. — Irréprochable service à la carte. — Cuisine très soignée. — Cave renommée. — Grande propreté. — Consommations de premières marques.
Direction BEYLOT père et fils

Chambéry (SAVOIE)

G^d HOTEL de FRANCE	G^d HOTEL du CHATEAU
PRÈS DE LA GARE	CHALLES-LES-EAUX
Moderne. — Ascenseur. — Garage. Appartements avec bains.	Même direction. Vue merveilleuse sur les Alpes. Autobus gare Chambéry.

Chambéry
GRAND HOTEL DE LA PAIX & TERMINUS

En face la gare. — *Le plus important, le plus moderne.* — Appartements avec bains et W.-C. attenants; eau chaude et froide sur les toilettes. — Chauffage. — Bains. — Electricité. — Ascenseur. — Télép. 1-18. — Garage.   LEBRUN, Propriétaire

Chambéry
HOTEL DES PRINCES
Place Octogone, Chambéry
Au centre de la ville

Garage. — Salles de bains. — Electricité. — Chauffage central. — Grand hall. — Téléphone 2.55. — Prix modérés.

Chamonix
GRAND HOTEL COUTTET ET DU PARC
Appartements avec bains. — Ascenseur. — Grand parc très ombragé. — Tennis. — Garage avec box. — Chauffage central. — Téléphone 21. — Saison d'été 15 avril-15 octobre. — Saison d'hiver 15 décembre-15 mars.

GRAND HOTEL ROYAL ET DE SAUSSURE
Grand jardin ombragé. — Tennis. — Bains. — Saison d'été 15 mai-30 septembre.
COUTTET frères, Propriétaires

Chamonix
GRAND HOTEL DE LA POSTE
Situé Place de Saussure
Diplômé pour son installation hygiénique. — Cuisine saine renommée. — 100 lits. — Bains. — Ascenseur. — Téléphone 6.
P. SIMOND, Propriétaire

Chamonix
LE CARLTON HOTEL
Avenue de la Gare
Entièrement neuf et agencé avec les derniers principes d'hygiène et de confort. — Toutes les chambres avec lavabos à eau courante. — Nombreux appartements avec bains et W.-C. privés — Eté et hiver. — Vacuum cleaner. Téléphone 6.
P. SIMOND, Propriétaire

Chamonix
SAVOY-PALACE
Ouvert du 1er mai au 30 septembre, et du 1er décembre à fin février. — De tout 1er ordre. — Situation salubre, grand confort moderne, près forêt de sapins. — Parc. — 2 tennis court. — Vue sur chaîne du Mont-Blanc. — Chambres et appartements avec bains. — W.-C. — Vacuum cleaner. — Chauffage central. — Lumière électrique. — Tél. — Lift. — Garage avec box et fosses de réparations et eau. **J. GUGLIELMETTI-COUTTET, Prre**

Chamonix
GRAND HOTEL DES ÉTRANGERS
A gauche en sortant de la gare. — Ouvert toute l'année. — Chauffage central. — Arrangements pour séjour. — Vue magnifique sur la chaîne du Mont-Blanc. — Restaurant, cuisine très soignée.
F. MEYNET, Propriétaire

Chamonix
HOTEL DE FRANCE, DE L'UNION & TERMINUS
Très bonne maison d'ancienne renommée. — *Située au centre de la ville,* à 3 minutes de la gare. — 80 chambres et salons. — Grandes terrasses. — Lumière électrique. — Téléphone. — Salles de bains à chaque étage. — Auto-garage gratuit. — Chambres avec eau courante. — Cuisine de 1er ordre. — Grand restaurant français.
A. FÉLISAZ, Propriétaire

Cherbourg
HOTELS DE FRANCE et du COMMERCE RÉUNIS
41, RUE DU BASSIN. — Le plus important de la région. — A proximité du port et des transatlantiques. — T. C. F. — Confort moderne. — A. C. F. — Salons de famille. — Salles de fêtes de 150 couverts. — Bains dans l'hôtel. — *Omnibus à tous les trains.* — Eclairage électrique. — Chauffage central. — Télép: 21.

Châtel-Guyon
PALACE HOTEL et GRAND HOTEL BARTHÉLEMY

Situation dominante exceptionnelle, au milieu d'un vaste parc. — Chaque quart d'heure, à titre gracieux, des confortables autos relient ces hôtels au quartier bas où sont les sources (trajet en 2 minutes). — Eau chaude et froide dans les cabinets de toilette. — Appartements complets avec bains et W.-C. — Régime.
BARTHÉLEMY-BITON, Propriétaire

Châtel-Guyon
LE GRAND HOTEL

Premier ordre. — En face de l'Établissement thermal. — Lumière électrique. — Ascenseur. — Salles de bains. — Garage avec fosse et atelier de réparations.
A. HABERT, Propriétaire

Châtel-Guyon
GRAND HOTEL DES NATIONS et TOURING-HOTEL

Recommandés par le Touring-Club. — L. A. F. — A. C. F.
Cure d'air. — Vastes jardins et terrasse. — Salles de bains. — Service par petites tables. — Régimes. — Jeux divers. — Auto-garage. — *Arrangements spéciaux pour familles.* — Téléphone 6. — Omnibus à tous les trains.
A. SAHUT, Propriétaire

Châtel-Guyon (Puy-de-Dôme)
HOTEL TERMINUS

Maison de famille. — Confort moderne. — Lumière électrique. — Hall. — Billard. — Terrasse et jardin ombragés. — Service par petites tables. — Cuisine réputée et de régime. — *Pension depuis 12 fr. par jour et arrangements pour familles.* — Omnibus gratuit à tous les trains. — Téléphone 36.
DESMAREST, Propriétaire

Châtel-Guyon
INTERNATIONAL-HOTEL

Situé dans le nouveau Châtel-Guyon. Près du Parc et de l'établissement thermal. Exclusivement fréquenté par familles soucieuses du bien-être et de la bonne tenue. Vue splendide de tous les côtés. Nouvellement construit, possède tout le confort moderne. Eau chaude et froide dans toutes les chambres. Salles de bains. Chauf. central. Electricité. Cuisine soignée. Régimes. Service par petites tables. Terrasse. Jardins. Jeux. Prix modérés. *Téléphone 72.*
BRUNON, Propriétaire

Châtel-Guyon
PRINTANIA-HOTEL

Vue splendide. — La situation du Printania est unique, entouré de jardins, à proximité du parc: une vraie cure d'air. — Service par petites tables et tables de régime. — Cuisine très soignée. — Bains. — Electricité. — Téléphone 41. — Jardin. — Tennis. — Prix modérés.
ROCHE, Propriétaire

Châtel-Guyon
HOTEL SÉVIGNÉ

AVENUE BARADUC
devant la Chapelle des Bains

Régime bien observé. — Pension depuis 15 fr. — Téléphone 60.

Châtel-Guyon
CASTEL-GUY HOTEL
Avenue des Etats-Unis, près des Etablissements. — Restaurant. — Régimes. — Table d'hôte. — Petites tables. — Jardin. — Bosquet. — Jeux. — Garage. — Téléphone n° 15. — Pension depuis 12 fr. — Cure d'air et séjour p. familles. Villa de Bel-Air. — **CARTAIRADE**, Propr.

Ciboure (Basses-Pyrénées)
Rive gauche de la Nivelle. — *Gare : Saint-Jean-de-Luz.* — Mer et Montagne. — Saison d'été et saison d'hiver. — Pension familiale de repos et régime.
FRICHOU BAÏTA
Côteau de Bordagain. — Vue splendide, situation exceptionnelle pour cure d'air. — Terrasse pour bains de soleil. — Confort moderne. — Jardin ombragé. — Téléphone : 93 Saint-Jean-de-Luz.

Clermont-Ferrand
HOTEL TERMINUS et TOURING-HOTEL
En face la gare. — 100 chambres. — Chauffage central. — Téléphone 0.24. — *Succursale: Auberge du Temple de Mercure.* — Sommet du Puy-de-Dôme : 1.467 mètres.
E. BERTRAND, Propriétaire

Clermont-Ferrand
PATES D'ABRICOTS, FRUITS CONFITS D'AUVERGNE
Maison **GAILLARD**. — NOEL PRUNIÈRE — Médaille d'or, Diplôme d'honneur. Hors concours. — Brevets d'invention. — Pralines Salneuve de Randan. — Expéditions pour tous pays. — *Succursales: La Bourboule,* sous l'Hôtel Richelieu ; *Le Mont-Dore*, sur le Parc et en face le Casino ; *Saint-Nectaire*, près la Poste. — *Châtel-Guyon*, avenue Baraduc ou à la Restauration.

Contrexéville (Vosges)
Goutte, Gravelle, Arthritisme
HOTEL COSMOPOLITAIN
Entièrement remis à neuf, moderne
Vue splendide, cuisine renommée. — Garage
L. PETIT, Propriétaire

Dax (Landes)
STATION THERMALE ET SALINE D'HIVER ET D'ÉTÉ.
Climat tempéré et sédatif, sur la grande ligne de Paris à Madrid ; desservie par les trains express, rapides de luxe, wagons-lits. — A 10 heures de Paris, à 1 heure de Biarritz et de Pau, à 1 h. 1/2 de Lourdes, à 2 heures de Bordeaux.
(*Voir page de garde au commencement du volume.*)

Dax
GRAND HOTEL DE LA PAIX ET THERMES ROMAINS
Au centre de la ville, près de la Fontaine Chaude, des Thermes salins et du Casino. — Chambres et appartements confortables pour familles et touristes. — Cuisine très soignée. — Pension, petit déjeuner du matin, vin, service tout compris, depuis 12 fr. par jour. — Arrangements pour familles. — **Veuve BARBE, Propriétaire.**

Deauville
GRAND HOTEL DE LA TERRASSE
Service par petites tables. — Restaurant. — Terrasse au bord de la mer. — Ecuries et remises. — Garages avec fosse. — Prix modérés. Appartements meublés, 40, rue Spontini, près le Bois de Boulogne.
G. FORTEPAULE, Propriétaire.

Dieppe
HOTEL DES ÉTRANGERS
SPLENDIDE SITUATION AU CENTRE DE LA PLAGE
Hôtel de famille de premier ordre. — Prix modérés. — Nouvellement restauré. — Omnibus et interprète à tous les trains et bateaux. — Bains. — Ascenseur. — Téléph. 2.19. — Télégr. Hôtel-Etrangers-Dieppe
A. MOUGNE, Propriétaire-Directeur

Dijon
HOTEL DE LA CLOCHE
PLACE DARCY
150 chambres et salons. — Ascenseur. — Chauffage central. — Bains — Lumière électrique. — Garage et fosse.
L. GEORGES, Propriétaire, succes. de E. GOISSET

SÉJOUR DE REPOS
SUR LES
PLAGES de la COTE D'ÉMERAUDE
Dinard, Saint-Énogat, Saint-Lunaire
Saint-Briac, Saint-Jacut, Saint-Cast, etc.
La BANQUE JULES BOUTIN, Dinard, donne gratuitement tous les renseignements sur Villas, Hôtels, etc.
Téléphone n° 8

Les Eaux-Bonnes (BASSES-PYRÉNÉES)
HOTEL PIERRE ABBADIE
Ouvert toute l'année. — Electricité. — Salles de bains. — Chambres avec lavabos à eau courante, chaude et froide. — Téléphone privé dans les chambres — Auto-garage.
Pension depuis 25 francs (tout compris)

Les Eaux-Chaudes (BASSES-PYRÉNÉES)
HOTEL PIERRE ABBADIE
Du 15 juin au 15 octobre. — Cure d'air et d'altitude. — Appartements avec cuisine. — Electricité. — Eau à tous les étages. — Auto-garage. — Pension depuis 25 francs tout compris. — CHALET INDÉPENDANT A LOUER

Evian-les-Bains (Haute-Savoie)
AGENCE ÉVIANNAISE

La plus ancienne. — Vente et achat de terrains et villas. — Location de villas et appartements. — Représentant de la Compagnie Générale Transatlantique. — Téléphone 62.

R. BERGIOUX, Directeur

Font-Romeu (PYRÉNÉES-ORIENTALES)
Cerdagne Française
LE GRAND HOTEL
SAISON D'ÉTÉ — 1800 *mètres d'altitude* — SAISON D'HIVER

200 chambres. — Salles de bains. — Salons. — Cercle. — Casino. — Grand confort. — Télégraphe. — Téléphone. — Garage. — Desservi par la gare d'Odeillo-Via-Font-Romeu. — Splendides excursions. — Routes merveilleuses.

Granville
GRAND HOTEL

15, *rue du Couray*. — Très recommandé. — Vue sur la mer. — Entièrement neuf. — Confort moderne. — Chauffage central. — Electricité. — Bains. — Garage attenant à l'hôtel. — Téléphone 50. — Adresse télégraphique : Grand Hôtel. — A cinq minutes de la plage et du bateau. — Depuis 16 fr. par jour.

A. PASQUIER, Propriétaire

Grasse
HOTEL-PENSION BEAU-SOLEIL

Boulevard Crouet (à proximité des deux gares). — Panorama magnifique. — A l'abri des vents. — Grand jardin. — Electricité. — Bains. — Chauffage central. — Cuisine soignée. — Prix spéciaux suivant saison. — Arrangements pour familles. — Appartements meublés avec ou sans pension. — Téléphone 1.70. — T. C. F.

Grenoble
GRAND HOTEL MODERNE
Situation unique. — Ouvert toute l'année — De tout 1er ordre

200 lits. — Situé place Grenette dans la partie la plus centrale de la ville. — Salon de lecture. — Salles de bains. — Electricité. — Ascenseur. — Chauffage central. — Hall. — Garage. — Langues. — A.C.F., T.C.F., T.C.A. — Téléph. 2.71. — G. RIVIER, Prop. — Dépendant de l'Hôtel :
LA TAVERNE DES DAUPHINS
Le Restaurant à la mode. — Concerts symphoniques (Téléphone : 0.03). Même maison : **Continental Palace**, Saint-Sébastien.

Grenoble
HOTEL SUISSE & DE BORDEAUX ET HOTEL TERMINUS
En face de la gare. — Ouvert en 1914. — Remis à neuf. — Installation moderne et hygiénique. — Chambres Touring-Club. — Lavabos à eau courante chaude et froide. — Salles de bains. — Chauffage central. — Ascenseur — Garage. — *Cuisine et cave recommandées.* — T.C.F. et T.C.S. — Téléph. *Bordeaux* 10.72 et *Terminus* 18.80.
FENEON & PHILIFERT, Propriétaires

Guéthary
HOTEL JUZAN
Superbe vue de mer et des montagnes. — Excellente maison. — *Eau de source.* — Cuisine de famille. — Appartements confortables sur la mer et au midi. — Electricité — Prix modérés. — *Tél. n° 9.* — Auto-garage. — **Vve DUHON**, Propriétaire

---

Guéthary
AGENCE HEUTY MARTIN
LOCATION DE VILLAS ET APPARTEMENTS
Gérance d'immeubles. — Achat et vente de propriétés et terrains
Renseignements gratuits

Le Havre
HOTEL CONTINENTAL
De premier ordre. — Situation splendide sur les jetées et la mer. — Restaurant à la carte et à prix fixe. — Cuisine et cave renommées. — Chauffage central. — Salle de bains. — Garage. — Téléphone : 2.26. — Omnibus à tous les trains. — Prix modérés. — Ascenseur. **J. GIOAN**, Propriétaire

HENDAYE-PLAGE

But et centre d'excursions. — Mer et montagne

ÉTÉ : Magnifique plage exposée au nord. — Cité-jardin. — Grande Digue. Promenade.

HIVER : Couché exposé au midi. — Eau de source. — Égouts. — Éclairage électrique.

GRAND HOTEL ESKUALDUNA
De tout premier ordre
125 chambres — 75 salles de bains — Électricité — Ascenseur
PRIX DE PENSION POUR FAMILLES
Casino — Grand Parc des Sports — Golf — Tennis, etc.

Hendaye
GRAND HOTEL CONTINENTAL ET DE LA PLAGE
De premier ordre. — Sur la plage. — Magnifique vue sur le cap Figuié, Fontarabie et les Pyrénées espagnoles. — Électricité. — Bains. — Téléphone. — Garage et fosse gratuits. — Chauffage central.
Clément BERDOU, Propriétaire

Hyères-les-Palmiers
HOTEL DES PALMIERS
Le plus grand et le mieux situé à Hyères. — **Grand restaurant** — Nombreux Appartements avec Salles de bain et W.-C. attenants. — Chauffage central dans toutes les chambres. — Ascenseur. — Billard. — **Grand Garage** avec fosse — Entièrement remis à neuf en 1920. — Grand parc avec tennis. — Croquet et Golf à proximité — Plein Midi. — Toutes les chambres jouissent d'une vue superbe sur la mer et les Iles d'Hyères.

Hyères-les-Palmiers
HOTEL DES ÉTRANGERS
Ouvert du 1er octobre au 1er juin
Plein midi — Grand jardin — Chauffage central — Lumière électrique. — Bains. — Cuisine très recommandée et très soignée faite par le propriétaire. — Pension depuis 16 fr. — **H. SCARAMUSSA**, Propr.

Hyères
REGINA HESPÉRIDES HOTEL
Maison de famille. — Recommandée par sa situation et ses prix modérés. — Auto-garage.
BERTRAND-VIDAL, Propriétaire

Hyères
HOTEL DE PARIS ET DES NÉGOCIANTS
Maison Dorée. — Avenue Gambetta. — Donnant sur le parc. — Confort moderne. — Bains. — Ascenseur. — Chauffage central. — Grand restaurant à prix fixe et à la carte. — Cuisine de famille et cave renommées. — Edouard BOS, Propriétaire

Hyères
AGENCE DE LOCATION ASTIER
(FONDÉE EN 1892)
Boulevard Gambetta, 16 et 18. — Location de villas et d'appartements de choix meublés ou non. — Vente et achat d'immeubles. — Renseignements gratuits et exacts. — Téléphone : 75. — Adresse télégraphique : Agence ASTIER.

Maison de 1er ordre ### Hyères (VAR) Téléphone : 76
AGENCE PONS
(A. PONS & Th. CONTOUR)
Avenue de Belgique 4-4-6, ex-boulevard des Palmiers, immédiatement à côté de la poste, la plus importante de la région pour location de villas et appartements meublés ou non. — Achat et vente d'immeubles, de propriétés et fonds de commerce. — Renseignements gratuits. — English spoken. — Télégrammes : Agence PONS, Hyères.

Juan-les-Pins
AGENCE BOURGOIN
Avenue de la Gare
LOCATION DE VILLAS ET APPARTEMENTS. — Vente de villas, propriétés, terrains et fonds de commerce. — Contentieux, Assurances et Renseignements.
J. BOURGOIN, Ex-officier ministériel, Directeur

Juan-les-Pins
CENTRAL AGENCY
Location de villas et appartements meublés. — Grand choix. — Vente d'immeubles et de terrains. — Renseignements gratuits et précis.
Adresse : *Central Agency, Juan-les-Pins*. — MACCARIO et PORCHERON, Dirs.

Lalouvesc, ARDÈCHE (Vivarais)
Station estivale. — Cure d'air. — Altitude 1 000 mètres.
LE GRAND HOTEL
Dans la plus belle situation du pays. — Panorama superbe sur les Alpes. — Bois. Excursions. — Confort sans luxe. — Salles de bains. — Cuisine et cave soignées. — Service d'autobus de la gare d'Annonay. — Garage. — Téléphone.
Gabriel LAFOND

Lamalou-les-Bains (HÉRAULT) Lamalou-le-Bas
GRAND HOTEL MAS
Établissement de 1er ordre. — Grand confortable. — 150 ch., salons et fumoirs. — 80 ch. laquées. — Appartements avec salle de bains complète, eau chaude et eau froide. — Terrasses et jardins entourant l'hôtel situé en face du Casino et à 50 m. de l'Établissement thermal. — Garage et fosse pour autom. — Téléphone : 2. — Ascenseur. — Tennis.

LAMALOU-les-BAINS

Station thermale

Sans rivale contre les **maladies du système nerveux** et particulièrement efficace dans toutes les maladies chroniques où domine l'élément douleur.

Piscines chaudes et tempérées. — Bains carbo-gazeux. — Sources abondantes métallifères et radio-actives. — Installations balnéothérapiques perfectionnées. — Hydrothérapie. — Massage sous l'eau thermale. — Massage à sec. — Instituts de kinésithérapie et mécanothérapie.

NOMBREUX HOTELS, VILLAS ET MAISONS DE FAMILLE
CENTRE DE TOURISME

=== Syndicat d'initiative ===
Renseignements généraux gratuits

Promenades, parc et jardins publics

CASINO DE 1er ORDRE

Concerts symphoniques. — Théâtre.
Spectacles variés. — Représentations en plein air.
Semaine de fêtes. — Batailles de fleurs

Névralgiques, rhumatisants, surmenés du plaisir ou du travail, tabétiques et ataxiques, névrosés, vous tous qui souffrez :

Allez guérir à Lamalou

De Paris, quai d'Orsay, par voitures directes

Lourdes
BUFFET ET TERMINUS TOURING HOTEL
Lauréat du T. C. F. — Téléphone 22
CLAVERIE, Propriétaire-Directeur

Lourdes
GRAND HOTEL HEINS
Villa Solitude et grand Hôtel du Boulevard. — Maisons de premier ordre. — Grand confortable. — 150 chambres, 5 salons. — Bains. — *Lumière électrique.* — Spécialement recommandées au clergé et aux familles. — Pension. — Prix modérés. — Auto-omnibus à tous les trains. — *Se habla espanol.* — *English spoken.* — Garage et fosse pour autos. — François HEINS, Propriétaire.

Lourdes
Villa Béthanie
En face l'Esplanade et la Grotte. — Hôtel de premier ordre très recommandé. — Ouvert toute l'année. — Site unique près de la Grotte. — Vue superbe sur les Pyrénées. — Confort moderne. — Chauffage. — Eclairage électrique. — Salles de bains. — Téléphone 28. — Service postal. — Auto-garage. — Prix modérés.
M. et Mme BENQUET, Propriétaires

Lourdes
GRAND HOTEL DES AMBASSADEURS
Situation exceptionnelle. — Tout près de la Grotte. — Recommandable sous tous les rapports. — Chambres avec cabinet de toilette. — Ascenseur. — *Chauffage central.* — Bains. — Garage. — ENGLISH SPOKEN
M. ROMAIN, Propriétaire

Lourdes
GRAND HOTEL DE LA GROTTE
Rue de la Grotte. — De tout premier ordre. — Recommandé pour son confortable. — Chauffage central. — Bains, Douches. — Electricité. — Parc de 10 000 met. très bien situé, dominant une admirable vue sur le Gave et les environs. De l'hôtel, on voit les processions de jour et de nuit. — Cuisine renommée. — Omnibus à la gare. — Auto-garage gratuit dans l'hôtel. — English spoken. — Se habla español.
Prix à partir de 14 francs par jour, suivant saison. — Téléphone 50

Lourdes
HOTEL MOURA ET DU COMMERCE
Correspondant du Touring-Club de France. — Confort moderne. — Arrangements pour long séjour et pour familles. — Salles de bains — Chauffage central dans toutes les chambres. — Téléphone 26. — English spoken. — Se habla español. — Chambres Touring-Club. — Prix modérés.
Mme MOURA, Propriétaire

Lourdes
GRAND HOTEL DE L'UNIVERS
Boulevard de la Grotte. — *Très recommandé au clergé et aux familles.* — Ouvert toute l'année. — " Restaurant en renom ". — Confort. — Jardin d'agrément. — Electricité. — Téléphone, 38. — Se habla espanol. — English spoken.
J. ARQUE, Propriétaire

Lourdes
NOUVEL HOTEL ET SAINT-LOUIS DE FRANCE
A proximité de la Grotte

Tout à fait au bord du Gave, sans vis-à-vis. — Belle vue sur les montagnes. — Terrasse. — Confort moderne. — Chauffage central. — Bains. — Electricité — Ascenseur. — Cuisine soignée. — *Prix modérés*. Mlle JACOB, Propr., Membre de l'Union fraternelle catholique.

Lourdes
SPLENDID HOTEL BEAU-SÉJOUR

Ne pas confondre nom de l'hôtel (*En face de la gare*). — Vue merveilleuse sur les Pyrénées. — Chambres Touring-Club très confortables. — Cuisine soignée. — Magnifique terrasse ombragée. — Electricité partout. — Pension depuis 14 fr. et arrangements pour séjour et pour familles. — Table d'hôte. — Repas, 6 fr., vin non compris. Porteurs à la gare. — Tél. 18. — Auto-garage. CAMPS-PEYROUZA, Propriétaire

Lourdes
GRAND HOTEL DE LA CHAPELLE
LANGE-SOUBIROUS, Propriétaire
Ni annexe. — Ni succursale
A PROXIMITÉ DE LA GROTTE. — GRAND PARC
Visiter les grands magasins de l'hôtel
ADRESSE TÉLÉGRAPHIQUE : Hôtel-Chapelle — Téléphone 10

Lourdes
GRAND HOTEL DU VATICAN

Rue de la Grotte, 95. — Immeuble et mobilier nouveaux depuis 1914. — *Tout près de la Grotte*. — Arrêt du tramway devant la porte. — 50 chambres très gaies. — Salles de bains. — Grand confort. — Cuisine soignée. — Prix modérés. — Téléphone 21. — Automobile de l'hôtel à tous les trains. J. CLAVERIE, Propriétaire

Lourdes
VILLA ESPÉRANCE

Pension de famille. — Près de l'hôpital des Sept Douleurs, à 5 minutes de la Grotte. — Tramway station Pont-Vieux. — Ravissante situation aux bords du Gave. — Jardin très ombragé. — Appartements confortablement meublés. — Cuisine soignée. — *Prix modérés.* H. DABAT, Propriétaire

Lourdes
VILLA MADONA
Avenue Peyramale
PRÈS DE LA GROTTE
Pension premier ordre très recommandée

Lourdes
Hôtel d'Espagne et des Missions Catholiques
Complètement remis à neuf
Tout près du Pont-Vieux et de la grotte. — Confort moderne. — Terrasse ombragée. — Restaurant à la carte : Cuisine soignée. — *Prix très modérés.* — Garage. — Électricité.

J. BIRABEN, Nouveau Propriétaire

Lourdes
GRAND HOTEL DE LA BASILIQUE
De tout premier ordre. — Complètement remis à neuf. — Tout près des Sanctuaires. — Vue directe sur les processions, à 60 mètres de toutes les fenêtres de l'hôtel. — Électricité. — Garage. — Cave très soignée. — Téléphone 166. — English spoken. — Se habla español.

Lourdes
GALLIA-LONDRES HOTEL
Rue de la Grotte — Ouvert toute l'année
Parc avec vue sur l'Esplanade
Ascenseur. Chauffage central. Bains. Téléphone 14. Auto-garage

J.-M. LARENG, Propriétaire

Lourdes
GRAND HOTEL BEAU-RIVAGE & VILLA J. PÉCASSOU
RÉUNIS
Avenue Peyramale. — Hôtel nouvellement construit, installé d'après le dernier confort moderne. — Situation centrale et tranquille, à 3 minutes de la Grotte et de l'hôpital de N.-D.-des-Sept-Douleurs. — Vue splendide sur le Calvaire, le Gave et les Pyrénées. — Jardin-terrasse. — Lumière électrique. — Salle de bains. — Ascenseur. — Propreté irréprochable. — Cuisine très soignée. — Arrangements pour familles, prix modérés. — Tél. 53 et 33 — Omnibus à tous les trains. — M. BRUNON, Prop.
Même Maison : INTERNATIONAL-HOTEL   CHATEL-GUYON

Lourdes
GRAND HOTEL JEANNE D'ARC
Avenue Peyramale — *Téléphone 107*
Construit en 1914   Dernier confort

TOULET-SAUMATÉ

Lourdes
GROTTES DU LOUP
10 minutes de la Basilique
Merveilles incomparables absolument naturelles. — Pas de trucage. — Salles impressionnantes tapissées de cristaux. — *Lumière électrique*

MERVEILLES DES PYRÉNÉES

GROTTES DE BETHARRAM

Les Grottes de Betharram sont des plus belles qui existent par leurs richesses en stalagmites et stalactites. Ces *grottes* ont été aménagées avec un goût artistique et une ingéniosité remarquable ; la lumière électrique y est répandue à profusion. Rivière souterraine. Promenade en gondoles. Visions féeriques.

Route carrossable jusqu'aux *grottes* mêmes.
SERVICE JOURNALIER EN AUTOS-CAR
1er départ . . 8 h. matin
2e départ . . 1 h. après-midi

Retenir ses places à l'avance, **Bureau des Grottes**, place Mgr-Laurence, à côté de l'Hôtel Royal.

NE PAS CONFONDRE

YO-YO

Seul chocolat déjà cuit à l'usine
UNIQUE POUR FAIRE UNE
Tasse de chocolat cuit sans le faire cuire

VERSEZ	VIDEZ	BUVEZ
le lait ou l'eau chaude dans la tasse	le paquet, remuez avec la cuiller	. . . .

Chocolatine DARDENNE
SUCRÉE, CUITE

Aliment complet de restauration et de force
Convient à tous les âges

Déjeuner :-: Collation :-: Entremets

Délicieux entremets fait en dix minutes : sans œuf, sans sucre, sans vanille.

Société du YO-YO Chocolat cuit
LUCHON (Hte-G.)

Échantillons sur demande.

Bagnères-de-Luchon
GRAND HOTEL SACARON
DE TOUT PREMIER ORDRE. — *Entièrement transformé et agrandi*
Tout le confort moderne. — Ascenseur.
DIRIGÉ PAR LA FAMILLE

Bagnères-de-Luchon
GRAND HOTEL BONNEMAISON
De premier ordre. — Situation unique
Allées d'Etigny et parc des Quinconces — Le plus proche des Thermes
GRAND CONFORT

Bagnères-de-Luchon
GRAND HOTEL D'ANGLETERRE
De premier ordre. — *Situation exceptionnelle allées d'Étigny.* — Près du Casino et de l'Etablissement. — Appartements pour familles. — Beau parc. — Restaurant à la carte et à prix fixe. — *English spoken. — Se habla español.* — Omnibus. — Ouvert du 1er mai au 1er octobre. — L'HIVER : Le Grand Hôtel, à Pau.
SEGHIN, Propriétaire-Directeur

Bagnères-de-Luchon
GRAND HOTEL DES BAINS
De premier ordre. — Allées d'Etigny, à 50 mètres des Thermes et des Quinconces. — Clientèle d'élite. — Spécialement recommandé aux familles. — Cuisine réputée. — Auto-garage. — English spoken. — Téléphone 58. **MERENS-MIFFRE**, Propriétaire

Luchon
HOTEL CONTINENTAL
Premier ordre. — Jardin. — Terrasse. — Près la Poste et le Funiculaire. — Chambres avec salle de bains. — Garage pour 20 voitures.
Dirigé par la famille PELLISSIER

Luchon
LE GRAND HOTEL
RESTAURANT. — *Allées d'Etigny*, face aux Thermes. — *Nouvelle direction. — Entièrement restauré.* — Jardins. — Terrasses. — Bains. — Téléphone 46. — Cuisine et service recommandés. — Prix modérés. — English spoken. — Si parla italiano. **E. PRAT**

Bagnères-de-Luchon
GRAND HOTEL BAQUÉ
Allées des Bains. — Maison de 1er ordre spéciale pour familles, tenue par le propriétaire. — Situation exceptionnelle entre les Thermes et le Casino. — *Arrangements pour familles.* — Prix modérés.
Gabriel BAQUÉ, Propriétaire

Luchon
HOTELS DE BORDEAUX & PARDEILLAN RÉUNIS
15, Allées d'Etigny. — Belle situation. — Vaste jardin d'agrément ombragé. — Chambres confortables. — Cuisine soignée. — Prix modérés. SAFFORES, Propriétaire

Luchon
HOTEL BELLEVUE
RESTAURANT. — 5, allées d'Etigny. — Ouvert toute l'année. — Chambres confortables. — *Chauffage pendant la saison d'hiver.* — *Cuisine très soignée, faite par le propriétaire.* — Prix modérés. — Omnibus à tous les trains. **MIAS**, Propriétaire.

Luchon
HOTEL DE FRANCE ET DES VOYAGEURS
Allées d'Etigny, n° 10. — Très bien situé. — Chambres confortables. — Bains. — Auto-garage. — Cuisine recommandée. — Prix modérés.
ARTIGUE, Propre des Hôtels de France et des Voyageurs

Luchon
MAISON SALAMÉRO
Cours des Quinconces, en face les Thermes. — Admirablement située, au centre de toutes les promenades et près du Casino. — Appartements et chambres. — Confort moderne. — Cuisine très soignée. — Prix modérés. — Cuisines particulières.

Luchon
AGENCE BOULARAN
VILLAS, CHALETS, APPARTEMENTS MEUBLÉS A LOUER
Pour renseignements, écrire : Mademoiselle **BOULARAN**
Cottage Jo, rue Spont, LUCHON

Luchon-Superbagnères
LE SPLENDIDE HOTEL
A 1800 mètres d'altitude. — Ouverture hiver **1921**.

100 chambres — Salons — Salles de bains — Dernier confort
TÉLÉGRAPHE — TÉLÉPHONE
Desservi par le chemin de fer électrique de Luchon-Superbagnères
Magnifique panorama — Sports d'hiver

Luc-sur-Mer
PENSION DE FAMILLE
MAISON ROUGE
Rue du Grand Orient. — En bordure de mer
Service soigné. — Garage

Luz-Saint-Sauveur
GRAND HOTEL DE LONDRES
Tout le confort moderne
Eau courante chaude et froide dans toutes les chambres. — Salles de bains. — Le plus près de la gare et du bureau des voitures de correspondance pour Gavarnie. — *Correspondant du T. C. F.* — Auto-garage gratuit, avec fosse dans l'hôtel. — Automobile de famille pour excursions. — TÉLÉPHONE : 9. — Succursale à Gavarnie : Hôtel du Point de vue du Marboré. — Prix modérés. — POUEY, Propriétaire

Luz-Saint-Sauveur
GRAND HOTEL DE L'UNIVERS
Ouvert toute l'année
Sports d'hiver. — Vue splendide. — Maison de premier ordre très réputée. — Restaurant. — Eau courante chaude et froide dans toutes les chambres. — Bains. — Electricité. — Garage pour autos. — *Correspondant du T. C. F. et du C. A. F.* — Téléphone : 8
Albert PAYOTTE, Propriétaire

Luz-Saint-Sauveur (HAUTES-PYRÉNÉES)
HOTEL PINTAT
DES BAINS ET DES PRINCES RÉUNIS

« Partir est un destin funeste. Si j'étais chef d'un grand Etat, J'aurais pour cuisinier PINTAT Et je me ficherais du reste. » ARMAND SILVESTRE.	1er ordre. Ouvert toute l'année. Près les Thermes. Ch. T. C. Nouv. installation d'un magnifique restaurant avec terrasse domin. la vallée à 60 m. au-dessus du Gave. Point de vue unique. Pension de 15 à 20 fr. — PINTAT, Prop. On parle anglais et espagnol. Cuisine de 1er ordre.

Lyon

ROYAL-HOTEL

PLACE BELLECOUR

Prochainement agrandissements considérables

150 Chambres et Salons — 60 salles de Bains

Derniers perfectionnements du confort et des commodités modernes

Dans chaque Chambre ou Appartement { Téléphone. — Pendule électrique. — Toilettes à eau courante (chaude et froide). — Distribution du courant électrique pour tous usages. — Appels silencieux (suppression des sonneries), etc.

Chambres à 1 lit pour une personne depuis 10 francs ;
pour deux personnes depuis 13 francs.

Lyon
LE GRAND HOTEL
16, rue de la République

Eau courante chaude et froide dans toutes les chambres. — 40 salles de bains. — Adresse télégraphique : *Granotel*. — Téléphone : 2.00.

Lyon
GRAND NOUVEL HOTEL
11, rue Grolée — 11, quai de l'Hôpital

Le plus tranquille, le plus confortable. — *Vue magnifique sur le Rhône.* — Garage dans l'hôtel. — Adresse télégraphique : *Nouvotel*. — Téléphones : 2.95 et 29.95.

J. DUCHEZ, Directeur

Lyon
GRAND HOTEL D'ANGLETERRE
21 et 22, place Carnot

Le mieux situé, à 2 minutes de la gare. — Garage dans l'hôtel. — Eau courante dans toutes les chambres. — Salle de bains. — Adresse télégraphique : *Hôtel-Angleterre-Lyon*. — Téléph. : 0.69.

E. VRAY, Propriétaire-Directeur

Lyon
GLOBE et CECIL-HOTEL
21, rue Gasparin

MAISON RECOMMANDÉE

De PREUX et MENOUX, Propriétaires

Mâcon
TERMINUS-HOTEL

Le plus fréquenté par les familles et les touristes. — Appartements avec bains et toilettes. — Eau chaude et froide courante dans toutes les chambres. — Chauffage central. — Electricité. — Téléphone : 102. — Garage moderne. — Route Paris à Lyon. — A. C. F., T. C. F., A. E. C. — Garçon de l'hôtel à tous les trains pour les bagages. — Vins et cuisine renommés.   G. DUPANLOUP, Propriétaire

Marseille
Grand Hôtel du Louvre et de la Paix
Cannebière. — Situation unique au midi. — Confort moderne. — 200 chambres. — 100 salles de bains. — Chauffage central. — Electricité. — 3 ascenseurs. — Téléphone dans chaque chambre. — Agrandissement du grand hall et plusieurs salons. — Télép. 0.56, 64.56. — Télégrammes : Louvre-Paix.
L. ECHENARD-NEUSCHWANDER, Propriétaires-Directeurs.
Succursales à : Hyères, *Grand Hôtel des Iles d'Or*, Restaurant, Pension, Garage, Grand Jardin, Tennis — *Costebelle Hôtel*, Golf, Links, 8 croquets, 5 tennis, Garage, Parc ; Les Baux (près d'Arles, la ville fantôme et fantastique). — *Hostellerie de la Reine Jeanne*, Restaurant, Pension, Garage.

Marseille
Le Grand Hôtel et Grand Hôtel de Marseille
Rue Noaillés, 26-28 et Cannebière
1er ordre. — Confort moderne. — Prix modérés. — Grand hall. — Jardin d'hiver. — Chauffage central. — Appartements avec salles de bains et W.-C. privés. — Chambres avec lavabos eau chaude et froide. — Ascenseur. — Autobus et interprètes. — Gare et bateaux. — Garage à proximité T. C. F., A. C. F., U. A. F. — Cuisine et cave renommées. — *Arrangements pour familles*. — Direction française.

Marseille
REGINA HOTEL
Tout premier ordre, avec prix modérés. — Nouvellement construit, en plein centre, avec tous les derniers perfectionnements. — 250 chambres avec 100 salles de bains ; W.-C., depuis 6 fr. — Restaurant 1er ordre. — Prix fixe. Carte. — **C. CAVASSE**, Propriétaire.

Marseille
GRAND HOTEL DE LA POSTE
2, rue Colbert (*face Cours Belzunce*). — Meublé. — Plein midi. — Chauffage central. — Bains. — 2 ascenseurs. — Eau courante chaude et froide. — 200 chambres. — Prix des chambres depuis 4 francs. — Autobus spécial à tous les trains et bateaux.

Marseille
SPLENDID HOTEL
31, boulevard d'Athènes
Le plus près de la gare et à proximité du centre. — Hôtel de 1er ordre. — Eau courante chaude et froide dans chaque chambre. — 100 salles de bains. — Appartements avec salon. — Garage dans l'hôtel avec atelier de réparations. — Adresse télégraphique : Splendid-Marseille. — Téléphone 18.77, 59.03. — **F. LECLERC**, Directeur.

Marseille
GRAND HOTEL DE PROVENCE
12, cours Belzunce. — Le plus central et le mieux situé (à une minute de la Cannebière). — Etablissement de premier ordre de réputation universelle. — Prix fixe et Service à la carte des plus variés. — Spécialités de la maison (tous les jours) : Bouillabaisse, Langouste américaine. — Confort moderne. — Autobus. — Téléph. 12.99.
P. GARDANNE, Propriétaire.

Marseille
GRAND HOTEL ET RESTAURANT DES PHOCÉENS
ISNARD

TÉLÉPHONE 14-44 — ÉLECTRICITÉ

4 et 6, rue Thubaneau

Restaurant de premier ordre. — Réputation européenne
« Bouillabaisse ISNARD » (Expéditions en boite-panier)

Menton
GRAND HOTEL MONT-FLEURI

Premier ordre. — Plein midi. — Situation exceptionnelle. — Magnifique vue de mer. — Très abrité à mi-côte. — Chauffage central. — Ascenseur électrique. — *Eau de source.* — Petits appartements privés avec salles de bains et W.-C. privés. — Tout le confort moderne. — Bibliothèque : livres anglais et français. — Garage. — Téléphone 1.03. **L. NAVONI**, Propr.

Menton
GRAND HOTEL des ANGLAIS
150 CHAMBRES
Appartements avec bains et W.-C. privés

Bord de Mer — Grand jardin

De tout premier ordre et prix modérés
GARAGE
Renommé pour sa cuisine et sa cave
G. JOURDAIN, Propriétaire

Menton
HOTEL REGINA

Au centre de la ville. — Plein midi. — Bord de mer. Restaurant sur la mer. — Cuisine renommée. — Appartements avec bains et W.-C. privés. — Chambres avec cabinets de toilette. — Ascenseur. — Chauffage central. — Jardin ensoleillé. — Prix modérés.

Paul ULRICH, Propriétaire

Menton
HOTEL ASTORIA
LE PLUS RÉCENT
Situation incomparable, face à la mer, en plein midi. — Superbe panorama. — Grand confort. — Eau courante dans toutes les chambres. — Appartements privés. — Maison française. — Restaurant. — A 2 minutes de la gare. — *Demander brochure.* — Téléphone : 4,24.
Ch. DURINGER, Propriétaire

Menton
Hotel Restaurant Balmoral Réserve
Centre de la ville et bord de mer
Maison française de grand confort. — Restaurant-véranda sur la mer, à la carte et à prix fixe. — *Cave et cuisine de grande renommée.* — Huitres, poissons du pays, langoustes.
En saison, Lunch-concert les dimanche, mercredi et vendredi

Menton
HOTEL PRINCE DE GALLES
PLEIN MIDI
Dans une situation tranquille et abritée à 3 minutes du centre de la ville. — Chauffage central. — Bains. — Ascenceur. — *Grand jardin.* — Tennis. — Croquet. — Garage. — Arrangements pour familles. — Prix modérés.

Menton
HOTEL PENSION MIGNON
Villa Elise — Promenade du midi
Ouvert toute l'année. — Plein midi. — Très abrité. — Jardin. — Chauffage central. — *Cuisine soignée.* — Téléphone 3.20. — Garage à côté de l'hôtel.
Changement de Propriétaire.

Menton
HOTEL DU GLOBE
21, Avenue de Verdun
Restaurant. — *Cuisine soignée.* — *Excellente cave.* — En face le Casino. — Confort moderne. — Chauffage central. — Salles de bains. — Electricité. — Arrangements pour familles et séjour. — Prix modérés. — Téléphone : 3.03.
P. ASTOLFI, Propriétaire

Menton
HOTEL DES COLONIES
Avenue Félix-Faure (près du Jardin public et du Casino)
Recommandé. — Dernier confort. — Ascenseur. — Appartements, chambres, avec cabinets de toilette. — Salle de bains. — Pension depuis 12 fr. au nord, 14 fr. au midi et saison d'été prix moins élevés. — Arrangements pour séjour. — Omnibus à tous les trains.
Mme J. SOMAZZI, Propriétaire

Menton
HOTEL DE BELGIQUE
(RESTAURANT)
A une minute de la gare à droite. — Chambres confortables. — Restaurant. — Cuisine très soignée. — Déjeuner et dîner, 5 fr. — Arrangements pour séjour et pour familles.
Michel GORZERINO, Propriétaire

Menton
AGENCE AMARANTE
Place Saint-Roch, Téléphone 1.60
Grande Agence de Menton, fondée en 1867 — Vente et achat de propriétés. — Location de toutes les villas et de tous les appartements meublés ou non à Menton et Cap Martin.
Renseignements sérieux, précis et gratuits

Menton
AGENCE UNIVERSELLE
Rue Partouneaux, 1.
Location de villas et appartements meublés ou non. — Grand choix. — Vente de villas, terrains, propriétés, hôtels, fonds de commerce, magasins divers. — Gérance d'immeubles — Change de monnaies étrangères. — Excursions en auto-cars sur la Côte d'Azur — Vente de billets de chemin de fer de la Compagnie P.-L.-M. — Téléphone 4.04.
JEAN JOSSERAN, Propriétaire-Directeur

Le Mont-Dore (1 052 m. alt.)
HOTEL SARCIRON-RAINADLY et MONT-DORE PALACE
OUVERT EN 1910. — 300 chambres et salons. — Appartements complets. — Grand garage. — Automobile à tous les trains.
Villas meublées à 1 100 mètres d'altitude

Le Mont-Dore
GRANDS HOTELS de PARIS et du PARC
En face l'Etablissement thermal et sur le Parc. — Chauffage central. — Ascenseur. — Electricité. — Chambres hygiéniques. — Salles de bains. — Hall. — Grands garages — *English spoken.* — Anciennes maisons Léon CHABORY, fondées en 1828.
Fernand THURIN, Successeur. — Téléphone 0.3

Mont-Dore
INTERNATIONAL PALACE ET CARLTON HOTEL
ASCENSEURS — CHAUFFAGE CENTRAL
Situation unique, au milieu d'un grand parc de 8 000 mq, face au Casino, près de l'Etablissement. — Dernier confort moderne. — 150 chambres, avec cabinet de toilette. — Appartements avec bains et W.-C. privés. — Tennis dans le jardin. — Garage 20 voitures.
Louis VEYSSEYRE, Propriétaire

Mont-Dore-les-Bains
Grand Hôtel des Etrangers et Métropole

Très près l'Etablissement thermal. — Ascenseurs. — Chauffage central. — 300 chambres hygiéniques, avec tout le confort moderne ; cabinets de toilette avec eau courante, chaude et froide. — Appartements complets, avec salles de bains. — *Prix modérés.*
Veuve COURTIAL, Propriétaire

Mont-Dore
HOTEL DU VATICAN

Près de l'Etablissement thermal

Recommandé aux familles et à MM. les Ecclésiastiques. — *Lumière électrique.* — Confortable pension ; prix modérés suivant chambre. — Chambre noire. — Garage. — Vaste parc. — *Omnibus à tous les trains.*
DUCROS, Propriétaire

Mont-Dore
HOTEL RICHELIEU

Offrant le confort des hôtels de premier ordre et la tranquillité d'une maison de famille. — Conditions très rigoureuses d'hygiène. — Installation moderne. — Excellente cuisine. — Prix avantageux.
A. MAISONNEUVE, Propriétaire

Mont-Dore
GRAND HOTEL DU NORD ET DE LONDRES

Sur le Parc et près les Etablissements. — Grand confortable. — Chambres hygiéniques. — Electricité. — Garage et fosse. — Cuisine recommandée. — Prix modérés. — Omnibus gare.
E. AGNELY, Propriétaire, Chef de cuisine

LE MONT=DORE

"*Providence des Asthmatiques*"

Station hydrominérale d'altitude (1 050 m.)
Juin-Octobre

Brochure, renseignements, échantillons pâte pectorale,
C¹ᵉ Fermière du Mont-Dore, 19, rue Auber, PARIS

MONTE-CARLO

(Ouvert toute l'année)

SAISON D'HIVER ET SAISON D'ÉTÉ

25 minutes de Nice — 10 minutes de Menton

LE TRAJET DE PARIS A MONACO SE FAIT EN 13 HEURES
DE LYON EN 8 HEURES, DE MARSEILLE EN 4 HEURES
DE GÊNES EN 6 HEURES

Casino de Monte-Carlo

Le Climat le plus sain
Le Séjour le plus agréable

Traitement Mécano-électro-hydrothérapique à l'Établissement thermal.
Buvette de toutes les eaux de cure.

TOUTES LES MANIFESTATIONS ARTISTIQUES
TOUS LES SPORTS - GOLF - TENNIS

MONTE-CARLO

LE SEUL DANS LES JARDINS DU CASINO
HOTEL DE PARIS

Somptueusement et entièrement reconstruit
OUVERT TOUTE L'ANNÉE
Rendez-vous du high-life français et étranger

---

400 CHAMBRES
Salons et appartements particuliers avec salle de bains
INSTALLATION SANS RIVALE
CINQ ASCENSEURS FONCTIONNENT EN PERMANENCE

Annexes de l'Hôtel de Paris

RESTAURANT DE PARIS
En communication directe avec tous les étages de l'hôtel

CAFÉ DE PARIS
Somptueusement installé, rivalisant avec les premiers
établissements similaires de Paris

BAR AMÉRICAIN ET GRILL-ROOM
Dans l'intérieur du Casino : **BARS ET BUFFET**

BUFFET AU TIR AUX PIGEONS

NOUVEL HOTEL DE PARIS
(Annexe de l'hôtel de Paris)
40 appartements munis de la plus parfaite installation

GEORGES FLEURY,
Administrateur-Délégué-Directeur

Montpellier
HOTEL de la MÉTROPOLE

Près de la Gare — Premier ordre. — Tout le confort moderne. — Très recommandé aux familles. — Appartements au midi. — Restaurant. — Grand hall. — Jardin. — Salles de bains privées. — Chauffage central. — Ascenseur électrique. — Téléphone 1.69 — English spoken.

Nantes
HOTEL DE FRANCE
PLACE DU THÉATRE-GRASLIN

Grand confort moderne. — Ascenseur. — Appartements avec bains et toilette. — Salons privés. — Garage dans l'hôtel. — Téléphone 6.35 A.C.F. A.G.A. — Direction : F. GASNIER-CRETAUX.

Nantes
HOTEL DES VOYAGEURS

24, Rue Crébillon et place du Théâtre-Graslin. — *Ascenseur*. — Chauffage central. — Salles de bains. — *Eau courante froide et chaude dans les chambres.* — Vaste hall. — Garage. — Téléphone 4.08.
Direction : F. GASNIER-CRÉTAUX

Nantes
HOTEL DE PARIS
Rue Boileau :: Rue Crébillon :: Rue Rubens
Le plus central

Néris
GRAND HOTEL DUMOULIN
DE TOUT PREMIER ORDRE

EN FACE DES THERMES

Villas pour familles

Garage pour autos

Électricité

Omnibus à tous les trains

Néris-les-Bains (ALLIER)
GRAND HOTEL DE PARIS

Etablissement de premier ordre. — Situé en face de l'Etablissement thermal. — Pavillon et villa avec vaste terrasse bien ombragée, en face le Parc et le Casino. — *Excellente cuisine sous la direction du propriétaire.* — Arrangements pour familles. — Auto-garage fermé, avec fosse. — Electricité dans toutes les chambres. — English spoken. — Téléphone 6. — A. C. F.

Néris-les-Bains
GRAND HOTEL LÉOPOLD

1er ORDRE. *Le plus près de l'Etablissement thermal.* Restaurant Arrangements pour familles. — Régimes. — Service par petites tables Electricité. — Téléphone. — Grand jardin ombragé, — Garage avec fosse
H. CHARTROU, Propriétaire-Directeur

NICE

HOTEL NEGRESCO

Le plus luxueux hôtel du monde

Situation unique sur la Promenade des Anglais, près de la villa du duc de Rivoli. — A deux minutes du Jardin public et Casino municipal.

Renferme le tout dernier raffinement du confort moderne

Restaurant avec grande terrasse donnant sur la Promenade. — Grand hall. — Grill-room, Bar. — Salle de Fêtes et salle de Concert. — Salons de coiffure. — Postes et télégraphes.

Nombreux appartements. — 300 chambres
Chaque chambre avec antichambre, Salle de bains et W.-C. privés

Téléphone dans toutes les chambres
Chauffage central par eau chaude

INSTALLATION SANITAIRE MODÈLE

Directeur général : Henri NEGRESCO
du Casino municipal de Nice et Enghien-les-Bains

Nice
LE GRAND HOTEL
En face le square Masséna. — 600 chambres et salons à proximité des Théâtres et Casinos. — Vaste et magnifique hall. — Chauffage central. — Appartements et chambres avec salles de bains privées communicantes.

Nice
HOTEL BEAU RIVAGE
Quai du Midi, en face de la mer

Prix modérés. — Ascenseurs. — Electricité dans toutes les chambres. — Appartements et chambres avec salles de bains privées communicantes. — Arrangements pour séjour.

Nice
HOTEL WESTMINSTER
Promenade des Anglais

Entièrement transformé. — Confort moderne. — Ascenseurs. — Cuisine française. — Plein midi. — Jardin d'hiver chauffé. — Deux grands auto-garages. — Service par petites tables. — Arrangements depuis 30 fr. — *Maison très recommandée.*

François REBETEZ, Propriétaire

Nice
Télégr. ATLANTIC Nice

ATLANTIC HOTEL

(Nouvellement construit, en plein centre, ouverture février 1914)

Un des Hôtels les plus modernes et les mieux situés de Nice avec tous les derniers perfectionnements de confort et d'hygiène.

200 chambres avec eau chaude et froide courante à partir de 12 fr.
100 — avec salle de bains privée et toilette — 20 fr.

Magnifique Restaurant Louis XVI. Grand Hall.

AMERICAN BAR — ORCHESTRE

ANNEXE DE L'HOTEL ATLANTIC : HOTEL DU RHIN

Maison suisse renommée. — 1er ordre. — Situation centrale et tranquille à proximité de la mer et des casinos. — Tout confort. — Prix modérés. — Arrangements pour familles et long séjour. — Chambres depuis 10 fr., service et éclairage compris.

Nice
HOTEL DU LUXEMBOURG
Promenade des Anglais
Ouvert toute l'année. — *Chauffage central*. — Téléphone 6.70
Louis HIRLEMANN, Propriétaire
HOTEL DES ETRANGERS, Nice : Même Propriétaire

Nice
HOTEL PETROGRAD
MAISON DE FAMILLE DE PREMIER ORDRE
AVEC GRAND JARDIN FACE A LA MER
H. LANZREIN, Propriétaire-Directeur

Nice
HOTEL MÉTROPOLE

ENTIÈREMENT NEUF
Ouvert en janvier 1920. — Construit dans l'artère la plus aristocratique de la ville. — A 3 minutes de la mer et des Casinos. — Situé en plein midi, très tranquille. — Muni des derniers perfectionnements du confort le plus moderne. — 150 chambres avec eau courante, chaude et froide. — Salle de bains. — W.-C. et salons privés.
— GRAND HALL — SUPERBE RESTAURANT — CUISINE RENOMMÉE —

Nice
CECIL HOTEL
En face la Gare
Ouvert toute l'année. — Maison de premier ordre
CONFORT MODERNE. — GRAND RESTAURANT
TÉLÉPHONE 22-26

Nice
PALACE SPLENDID-HOTEL

150 chambres et salons, 80 bains complets, privés, communicants. — Le SPENDID-HOTEL a, sans contredit, les chambres les plus spacieuses de Nice ; il est situé en plein centre et plein midi dans son jardin. — Les arrangements pour pension sont à partir de 25 fr. — Eug. TSCHANN VENTRE, Propriétaires Directeurs

Nice
GRAND HOTEL DU LOUVRE
Boulevard Victor-Hugo

Plein midi et plein centre. — A trois minutes de la mer et des casinos. — Dernier confort. — Chauffage central. — Eau courante, chaude et froide. — Ascenseur. — Appartements avec salles de bains privés et doubles W.-C. — *Cuisine réputée.* — Arrangements pour familles et séjour. — Garage. — Téléphone 24-93.
G. GODET, Propriétaire

Nice
HOTEL-PENSION SUISSE

Maison suisse renommée. — Premier ordre. — Situation magnifique sur le bord de la mer. — Vue splendide. — Jardin. — Bains. — Calorifère. — Téléphone. — Lumière électrique. — Ascenseur. — Arrangements pour familles — Chauffage central à eau chaude partout.
J.-P. HUG, Propriétaire

Nice
HOTEL CONTINENTAL
Place Mozart et avenue Durante

Près de la mer et des casinos, attenant au TENNIS-CLUB. — *Entièrement transformé.* — Plein midi. — Grand jardin. — Tout le confort le plus moderne. — Automobile à la gare.
Nouvelle Direction

Nice
HOTEL VOLNAY

Jardin Albert-Ier. — *La plus belle situation de Nice en face la jetée et près des casinos.* — Plein midi. — De premier ordre. — Vue sur la mer. — Dernier cri du confort moderne. — Lavabos à eau courante, chaude et froide. — Appartements avec salles de bains, etc., etc. — Chauffage central. — Ascenseur. — Téléphone dans chaque chambre. — Mme RAQUILLET, Prop. — Même direction Grand Hôtel du Parc à Pougues-les-Eaux et Hôtel de Hollande et de Russie à Cannes.

Nice
QUEEN'S HOTEL
Boulevard Victor-Hugo. — Ouvert toute l'année

Jardin plein midi. — Situation centrale, dans le plus beau quartier près des casinos et de la mer. — Eau courante, chaude et froide dans toutes les chambres. — Chambres avec salles de bains privés. — *Cuisine réputée.* — Arrangements spéciaux pour familles. — Prix modérés. — Téléphone 25-70. — John AGID, Propriétaire-Direc.

Nice
GRAND HOTEL DE PARIS
Boulevard Carabacel

Ouvert toute l'année. — Plein midi. — Très beau jardin. — *Tout le confort moderne.* — Ascenseur. — Téléphone 27.57.
Madame LEBRUN, Propriétaire

Nice
HOTEL DE LIÉGE
Boulevard Victor-Hugo, 48 — Angle rue Gounod
Position centrale et tranquille en plein midi — Ascenseur. — Lumière électrique. — Bains. — Chauffage central dans toutes les chambres. — Prix modérés. — Téléphone 34.28. — *L'été à Vichy*: Hôtel du Palais.
A TACHARD, Propriétaire

Nice
CONCORDIA-HOTEL
12, Rue Cotta — A 100 mètres du Crédit lyonnais
Cabinet de toilette avec eau chaude et froide courante attenant à chaque chambre. — Cuisine de famille très soignée. — Bains. — Electricité. — Ascenseur. — Chauffage central. — Téléphone.

Nice
HOTEL GOUNOD
3, rue Gounod, 3, boulevard Victor-Hugo.
Ouvert toute l'année. — Entièrement neuf. — Confort et élégance d'un grand hôtel dans un cadre plus intime. — Ascenseur. — Salles de bains. — Lawn-tennis et jardins. — Pension l'été depuis 15 francs ; l'hiver depuis 18 fr. — Très recommandé.

Nice
LITTLE PALACE HOTEL
Avenue du Maréchal Foch
Situation exceptionnelle en plein midi. — Au centre de la ville. — Grand confort moderne. — Appartements meublés.
L'été à Saint-Martin-Vésubie.

Nice
HOTEL DE BERNE
Brasserie et Restaurant des Phocéens
Avenue Thiers. — A 50 mètres de la descente de la gare. — Ouvert toute l'année. — Restaurant avec entrée séparée pour passants. Service par petites tables. — Salles de bains. — Chambres depuis 8 fr.
R. LEBLANC, Propriétaire

Nice
HOTEL RICHEMONT et de RUSSIE
Avenue Durante, 11, près de la gare. — Entièrement remis à neuf et ouvert de septembre à juin. — Plein midi. — Grand jardin et parc. — *Chauffage central.* Ascenseur. — Magnifique hall-restaurant. — Salles de bains. — Cuisine renommée. — Cave de premier ordre. — Service assuré par personnel des plus stylés. Garage. — Box. — Téléphone 23.60. — Pension depuis 16 fr. et arrangements pour familles.
Ed. FEOLDE, Propriétaire-directeur

Nice
HOTEL DE RIVOLI
Rue Pastorelli. — Entièrement remis à neuf. — La situation la plus centrale. — Plein midi. — Confort moderne. — *Chauffage central.* — Ascenseur. — Téléphone 25.11. — Très recommandé.
Edmond VERMEULEN, Nouveau Propriétaire

Nice
HOTEL CENTRAL
37, Avenue du Maréchal-Foch (angle avenue de la Gare). — Ouvert toute l'année. — Remis à neuf. — Electricité. — Ascenseur. — Bains. — Chauffage central dans toutes les chambres. — Arrangements pour familles et pour séjour. — Téléphone 33.77. — **J. VIALE, Propriétaire**

Nice
HOTEL RICHELIEU
30, rue Assalit. — Ouvert toute l'année — Près de la gare, à deux minutes. — Entièrement transformé en 1919. — Plein midi. — Confort moderne. — Bains. — Electricité. — Cuisine très soignée. — Pension depuis 16 fr. et arrangements pour familles. — Chambres depuis 6 fr. — Jardin. — Garage. — *Chauffage central.* — Téléphone 38.00.
Paul RICHARD, Propriétaire

Nice
GRAND HOTEL NOAILLES
Meublé. — Ouvert toute l'année
Avenue de la Victoire, 70. — Eau courante. — Chauffage central. — Salles de bains à tous les étages. — Chambres avec salle de bain et cabinet de toilette. — Confort moderne. — Ascenseur. — Hall — Salles de correspondance. — Salons. Tél. 37-94. **J. ROUY, Propr**

Nice
GRAND HOTEL DE LA POSTE
16, rue Chauvain (angle rue Hôtel-des-Postes)
Meublé très confortable. — Chambres depuis 8 francs. — Chauffage central assuré. — Tél. — Bains. — **Mme MARTIN, Propriétaire.**
L'été à AIX-LES-BAINS, Hôtel Lafayette. — Recommandé

Nice
HOTEL COTTA
45, rue du Maréchal-Joffre (ancienne rue Cotta)
Plein midi. — Plein centre. — Confort moderne. — Lavabos à eau courante. — Chauffage central. — Grand hall. — Salle de bains. — Cuisine très recommandée. — Téléphone 33-03 — Prix modérés.
Mme PANIGHETTI, Propriétaire

Nice
RESTAURANT DES GOURMETS
9, place Masséna
Plein centre. — Prix fixe, 6 fr. 25 et 10 fr. 25. — Service à la carte. — Spécialités niçoises. — Cuisine très soignée. — Cave réputée. — English spoken. — Téléphone 32-63. **Fils PRAT, Propriétaires**

Nice
MAISON DE RÉGIMES
Pour enfants de 4 à 13 ans. — Très recommandée par les sommités médicales de France et de l'étranger. — Ouverte du 1er octobre au 1er juin. — Dernier confort. — Chambre et lavabos individuels. — Bains. — Grand parc. — Continuation des études. — Soins médicaux généraux assurés par un médecin d'enfants. Direct. **Mlle FUGIER-PALUD, 178, aven. de Californie.**

Nice
CH. JOUGLA, JOUGLA ET PAYEN, SUCC**rs**

Rue Gioffredo, 55 (Pl. Masséna) *Agence fondée en 1855 et depuis fonctionnant à Nice, sans interruption.* — Location de villas et d'appartements. Propriétés d'agrément, hôtels et pensions à vendre, à Nice et sur le littoral. — La plus ancienne agence et la mieux réputée. — Ad. télégr. : JOUGLA-PAYEN-NICE.

Nice
AGENCE LATTÈS

10, avenue Félix-Faure (GRAND HOTEL). — Fondée en 1842. — *La plus ancienne du littoral.* — Location de villas et appartements meublés et non meublés. — Ventes et achats de propriétés. — Ventes et achats de fonds de commerce. — *Adresse télégraphique :* AGENCE LATTES, Nice. — Téléphone 21.82. — Henri VAGNAIR, Directeur-Propriétaire

Nice
AGENCE RUFFARD

37, boulevard Dubouchage. — Téléphone 38.78
La plus importante du littoral pour les transactions immobilières, la location des villas et des appartements meublés ou non meublés. — Vente de tous fonds de commerce. — Régie d'immeubles.
J. RUFFARD, Propriétaire-Directeur

Nice
AGENCE COSMOPOLITE

45, rue de l'Hôtel-des-Postes, 45
Syndicat foncier. — Agence de la Méditerranée (les plus importantes maisons du Littoral réunies). — Maison fondée en 1888. — Ventes et locations : Villas, immeubles, propriétés et terrains, appartements, fonds de commerce. — Toutes transactions immobilières. — English spoken. — Si parla italiano. — Téléphone 24.58.

Nice
GRANDE AGENCE — OFFICE DE LOCATIONS
ENGLISH, AMERICAN AND FRENCH REPUTED AGENCY
3, angle boulevard Dubouchage, Nice-Cimiez
Location de villas et appartements meublés ou non. — Transactions et régie d'immeubles. — Cessions d'industries et de commerces. — Vente de châteaux, villas, hôtels, propriétés, terrains, etc. — Renseignements gratuits. G. TAGLIALAVORO, Directeur

Nice (Côte d'Azur)
TÉLÉPHONE : 33-31
Si vous voulez acheter ou vendre
Villas, Domaines, Propriétés, Hôtels, Fonds de commerce, ou
Louer villas et appartements, adressez-vous au
COMPTOIR FONCIER 35, rue Gioffredo

Nice
TRANSACTIONS IMMOBILIÈRES
29 *bis*, rue Meyerbeer par le boulevard Victor-Hugo.
Gérance. — Vente. — Achat de Propriétés, Immeubles, Villas, Locations villas. — Appartements vides et meublés.

Nice
AGENCE H. GARAC
1, rue Maréchal-Pétain (1er étage), ex-rue Garnier
TRANSACTIONS IMMOBILIÈRES et COMMERCIALES
Maison fondée en 1904. — Sérieuses références. — Tél. : 42.38
Service spécial pour les *Fonds de Commerce et Industries*
André POULAIN, Directeur-Propriétaire

Nice
PENSIONNAT POUR JEUNES FILLES (La Maison Blanche)
Ancien hôtel Bristol, boulevard Carabacel. Internat pour les élèves du lycée. — Classes élémentaires. — Institut des arts féminins. — Cuisine. — Repassage. — Modes. Danse. — Piano, violon. — Langues étrangères, etc. — Grand jardin ensoleillé. — Toutes les classes et les chambres en plein midi. — Chauffage central, etc., etc.
Directrice : Mlle AZINIÈRES, agrégée de l'Université

Nîmes
GRAND HOTEL DU LUXEMBOURG
De premier ordre
La plus belle situation sur l'Esplanade, près des Arènes. — Confortable moderne. — Vaste hall. — Electricité. — Garage. — Cuisine très recommandée. — Ascenseur. — Téléphone 2.75. — Chauffage central. — Appartement, salon et salle de bains.
English spoken. AURIC, Propriétaire

Nîmes
GRAND HOTEL DU MIDI ET DE LA POSTE
Confort moderne. — Chauffage central. — Eau courante chaude et froide dans toutes les chambres. — Salles de bains. — Garage gratuit. — Téléphone 1.86. L. DENIS, Propriétaire

Nîmes
GRAND HOTEL DU CHEVAL BLANC ET DES ARÈNES
1er ordre. — *Bien situé en face des Arènes.* — Chambres modernes au ripolin. — Exposition au midi. — Vue agréable sur jardins. — Lavabos avec eau chaude et froide. Chauffage central. Bains. Douches. W.-C. à chasse. Garage gratuit à l'hôtel. *Cuisine et cave soignées.* — Prix modérés. — Omnibus gare. — Tél. 0 03. — Correspondant Auto-Club France et Belgique. L. AUBERT, Propriétaire

Nîmes
GRAND HOTEL D'EUROPE ET DE PROVENCE
Place de la Couronne
Chauffage central. — Electricité. — *Cuisine très recommandée.* — Omnibus à tous les trains. — Prix modérés. — T. C. F. — T. C. B. The C. T. C. E. FISCHBACH, Propriétaire

Nîmes
DURAND
MAISON FONDÉE EN 1790. — Boulevard de l'Esplanade et Amiral-Courbet sur la route Nationale de Montpellier-Lunel à Remoulins. — Restaurant de tout premier ordre. — Réputation mondiale *comme cuisine et cave.* Chauffage central. Tél. 0.34 pour toute la France. DURAND, Propr.

Orléans
GRAND HOTEL SAINT-AIGNAN
Square Gambetta, Orléans. — De tout premier ordre. — Appartements avec salon particulier et bain-toilette. W.-C. — Chauffage à vapeur. — Auto-garage. — English spoken. — Lift. — Autobus à la gare. — *Téléphone* : 0.13. André LEMAIRE, Propriétaire

Pau
GRAND HOTEL GASSION

OUVERT TOUTE L'ANNÉE. — *Entièrement remis à neuf.* — Situation unique au midi sur le boulevard des Pyrénées. — Appartements avec bains. — Eau chaude et froide. — Luxe, confort, hygiène moderne. — Ascenseur, téléphone, garage, jardin d'hiver. — Chauffage central dans toutes les chambres. — Arrangements, pension pour séjour.
A. MEILLON, Propriétaire de l'*Hôtel d'Angleterre*, à *Cauterets*.

Pau
GRAND HOTEL DU PALAIS ET BEAUSÉJOUR

Sur le boulevard des Pyrénées, à côté du Palais d'Hiver. — Ouvert toute l'année. — De tout 1er ordre. — Recommandé aux familles. — Vue unique sur la chaîne des Pyrénées. — Plein midi. — 160 chambres. — 25 salons. — Grand confort. — Ascenseurs. — Chauffage central. — Electricité partout. — Bains et appartements avec salles de bains. — Beau jardin abrité — Arrangements, pension pour séjour. — Garage. — Tél. 1.07.
F. BONNAFON, Propriétaire

Pau
LE GRAND HOTEL

De tout premier ordre. — Ouvert du 1er octobre au 1er juillet. — Tout le confort moderne, avec chauffage central, ascenseur, salles de bains, etc., etc. — Grands et luxueux appartements. — Select Society. — Arrangements pour familles et pour séjour. — Cuisine de tout 1er ordre. — L'été, Grand Hôtel d'Angleterre, Luchon.
F. SEGHIN, Propriétaire-Directeur, Successeur de GUICHARD.

Pau
GRAND HOTEL DE LA PAIX

Place Royale. — La plus belle situation. — Grand confortable. — Electricité. — Bains. — Chauffage à vapeur. — Lavabos à eau courante dans les chambres. — Téléphone. — Ascenseur. — Restaurant. — Prix en pension et arrangements pour familles. — Correspondant du T C. F. — Garage attenant à l'hôtel. — Autobus à la gare.
BERNIS, Propriétaire

Pau
HOTEL DE FRANCE
Place Royale et Boulevard des Pyrénées
Entièrement reconstruit. — Clientèle de grandes familles

Remeublé par la Maison Maple et Cie. — Magnifiques hall et salons. — Appartements et chambres avec salle de bains. — Vue incomparable sur les Pyrénées. — Ascenseurs électriques. — Garage moderne et gratuit. — Le Grand Restaurant, à l'instar des meilleurs de Paris, est ouvert toute l'année. — Chauffage à vapeur dans toutes les chambres.
F. CAMPAGNE, Nouveau Propriétaire

Pau
GRAND HOTEL DE LA POSTE
Près le Château et les Promenades. — Entièrement transformé. — Chauffage à vapeur dans toutes les chambres. — Electricité. — Bains. — Téléphone 0.51. — Ascenseur. — Le plus vaste auto-garage gratuit. — Cuisine et cave recommandées. — Restaurant. — *Arrangements pour familles.* — English spoken. — Se habla español. — Correspondant A. C. F. — Omnibus gare. — DABBADIE, Propriétaire.

Pau
HOTEL CONTINENTAL
Arrangements pour familles et séjour. — Appartements avec bains, W.-C. — Ascenseur. — Chauffage central. — Autobus à tous les trains. — Même direction : NANTES, Central-Hôtel ; POITIERS, Hôtel du Palais.

Pau
RÉGINA HOTEL
10, rue Gassion
Entièrement neuf. — Confort moderne. — Chauffage central. — Bains. — Depuis 14 fr. — PRAT, Propriétaire.

Pau
HOTEL BRISTOL
Ouvert toute l'année. — Au centre de la ville, près la Poste, le boulevard du Midi et le Palais d'Hiver. — Installation nouvelle et confortable. — Hydrothérapie. — Jardin. — Garage. — Téléphone 2.98. — English spoken. — Se habla español. — Pension depuis 15 fr. — Même Maison : Cauterets, 33, *rue de la Raillère.*
RAYMOND COUTURE, Propriétaire

Pau
HOTEL HENRI IV
Situation centrale, près la Poste et le Palais d'Hiver. — Lumière électrique. — Cuisine et cave renommées. — Prix modérés. — Arrangements pour familles. — *Se habla español.* — Omnibus à tous les trains. — GALY, Propriétaire.

Pau
HOTEL DU COMMERCE
9, rue de la Préfecture. — Situation la plus centrale, près la place Royale et le Palais d'Hiver. — Entièrement remis à neuf. — Confort moderne. — Electricité. — Chauffage central. — Recommandé aux Touristes. — Garage gratuit. — Téléphone 5.02. — Se habla español. — *English spoken.* — Pension depuis 15 fr, vin compris.
J. LACOUETTE, Propriétaire

Pau
HOTEL DE L'EUROPE ET MODERNE
Situation la plus centrale. — Entièrement transformé. — Confort moderne. — Chauffage central. — Bains. — Garage. — Appartements pour familles. — Pension depuis 14 fr. par jour (vin non compris). Téléphone 3.40. — *Recommandé du T. C. F.* — D. GRABETTE, Prop.

Pau
L.-O. SARRADET
12, rue Taylor, 12
La plus ancienne agence de location de villas et d'appartements. — Vente d'immeubles et de propriétés. — Fondée en 1847. — Renseignements prompts et précis. — Répertoires complets. — Téléph. 2.53.

Pau
AGENCE PYRÉNÉENNE
PLACE DE LA HALLE, 6, près de la Préfecture. — Location d'appartements et de villas meublés ou non meublés à Pau et dans la région pyrénéenne. — Vente et achat d'immeubles de toute nature. — Liste et renseignements. — Téléphone 456.   P. BARRÈRE

Pau
LOCATION D'APPARTEMENTS ET VILLAS
Vente de Terrains, Propriétés, Immeubles
(Renseignements gratuits)
AGENCE MODERNE, rue Samonzet, 5 (près la Poste)

Perpignan
GRAND HOTEL
Quai Sadi-Carnot, près de la Préfecture et de la Poste. — De tout premier ordre. — Hall superbe. — Ascenseur. — Bains. — Chauffage central. — Téléphone. — Electricité partout. — Arrangements sanitaires parfaits. — *Cuisine et cave spécialement recommandées.* — Prix modérés. — T.C.F. A.C.F.
Eugène CASTEL, Propriétaire

Pierrefitte-Nestalas
GRAND HOTEL DE FRANCE
Vis-à-vis de la gare. — Ouvert toute l'année. — Belle vue de montagnes. — Point de départ pour Cauterets, Gavarnie, etc. — Neuf. — Confort moderne. — Electricité. — Bains. — Garage avec fosse. — Chambre noire. — Fumoir. — Salle de billard. — Prix modérés. — Téléph 3. — T.C.F. — Madame REGOLIN Propriétaire

Plombières-les-Bains
GRAND HOTEL MÉTROPOLE et du PARC
Adresse télégraphique : *Métropole-Plombières*. — Téléph. 18.
Entre les Parcs et les Thermes. — Salles de bains à tous les étages. — Eau courante chaude et froide et chauffage central électrique dans chaque chambre. — Ascenseur. — Tables de régime. — Auto-garage. — Vastes jardins. — **Les Villas du Parc** (annexes). — English spoken. — BAUDOT, Propriétaire.

Poitiers
GRAND HOTEL DU PALAIS
Le plus recommandé aux familles. — Diplômé du Touring-Club. — Chambre avec toilette à eau chaude et froide courante. — Ascenseur. — Appartements avec bains. — Chauffage central. — Garage. — Téléphone 0.56. — Omnibus de l'hôtel aux trains. — PRIX MODÉRÉS.

Rambouillet
HOTEL SAINT-HUBERT
Sur le Parc. — Ouvert toute l'année. — Electricité. — Chauffage central. — Eau chaude. — Restaurant à prix fixe et repas fins à la carte. — Téléphone 38. — Cave, grands vins. — Tennis.

Rennes
HOTEL CONTINENTAL
Quai Lamartine et rue d'Orléans
De premier ordre. — Central et dans le plus beau quartier. — Garage pour autos. — Chambre noire. — Grand confortable. — Grand estaminet. — *Omnibus à la gare.* — Pierre DIOTEL, Propriétaire

Rouen
GRAND HOTEL DE LA POSTE
De tout premier ordre. — Grande réputation. — Entièrement transformé en 1911. — 150 chambres. — 50 appartements privés avec bains et W.-C. — 2 ascens. — Chauffage d'eau chaude. — *Mêmes maisons:* Royal Hôtel, Paris Gd Hôtel du Parc, Châtel-Guyon. — Majestic Hôtel, Tunis. — P. LEBRUN, Prop.

Royan
PALACE HOTEL
A. C. F. — *De tout premier ordre.* — En façade sur la mer. — Appartements avec salles de bains pour familles. — Chambres avec eau courante chaude et froide. — Arrangements spéciaux pour longs séjours. — Garage. — Téléphone 22. — Omnibus auto gare.   FANCIOLA et BIONNIER, Propriétaires.

Royan
GRAND HOTEL DE PARIS
Maison de premier ordre ouverte toute l'année. — Vue sur la mer. — Bains. — Électricité
DEJEAN, Propriétaire

Royan
FAMILY HOTEL AU PARC
Ouvert toute l'année. — Situation unique. — Chauffage central. — Salles de bains. — Électricité. — Garages. — Téléphone 1. — *Cuisine soignée.*   V. PINSON, J. VERDAGUER, Propriétaires

Royan-Pontaillac
HOTEL MIRAMAR
OUVERTURE EN 1913
Sur la plage. — Situation exceptionnelle. — *Très recommandé aux familles.* — Ameublement neuf. — Électricité. — Eau chaude et froide. — Téléphone dans chaque chambre. — Salle de bains. — Excellente cuisine. — Pension tout compris depuis 14 fr. — Téléphone 131.   L. DESPAGNET, Propriétaire

Royan-Pontaillac
NOUVEL HOTEL DE LA PLAGE
Entièrement neuf. — Vue superbe de la haute mer. — Chambres très confortables, éclairées à l'électricité. — Cuisine très soignée. — Prix très modérés. — Arrangements pour familles. — Service automobile pour gare et promenade. - Tél. 214. — BLANCHARD, Prop.

Royan-Saint-Georges-de-Didonne
GRAND HOTEL DE L'OCÉAN
Sur la plage. — *Ouvert toute l'année.* — Téléphone n° 8. — Chambres confortables. — Lumière électrique dans tous les appartements. — Table d'hôte. — Restaurant. — Cuisine très soignée. — *Pension de 12 à 15 fr. par jour, vin non compris.* — Garage pour autos. — *Agence de location.* — Omnibus à tous les trains.
A. LACAGE, Propriétaire

Royan
LOCATIONS DE VILLAS
AGENCE MODERNE, 34, rue Gambetta. — Tél. 24. — Paul BROTREAU, directeur, correspondant du Crédit lyonnais. — GRAND CHOIX de villas, à louer ou à vendre.
Royan, Saint-Georges, Pontaillac, Saint-Palais. — Renseignements gratuits.

Royan
AGENCE DEVEAUD
31, rue Gambetta. — Téléphone 0.23.
Fondée en 1888. — La plus ancienne de Royan et du littoral.
VENTES ET LOCATIONS DE VILLAS
Grand choix. — Renseignements gratuits.

TÉLÉPH. 1.36   **Royan**   TÉLÉPH. 1.36
Pontaillac, Poncillon, les Parcs, le Chai, le Bureau St-Palais, St-Georges, Meschou
OFFICE DE L'OCÉAN
Ménard-Léger, directeur, 10, boul. Thiers, à Royan (Char.-Inf.). — **AGENCE SPÉCIALE** pour la *vente* et la *location* balnéaire d'immeubles (meublés ou non), de villas, chalets, terrains à bâtir ; 3 000 dossiers où vous trouverez *le plus beau choix de la Côte d'Azur*. — Renseignements gratuits en joignant timbre pour réponse.

Royat-les-Bains
GRAND HOTEL MAJESTIC-PALACE
Pavillon Majestic
Vaste parc privé. — *A proximité de l'Etablissement thermal*
SERVANT, Propriétaire

Royat-les-Bains
CASTEL-HOTEL
Sur le parc de l'Etablissement
Ouvert du 15 mai au 15 octobre. — Table d'hôte et salle de restaurant. — Lumière électrique. — Téléph. 1-14. — Ascenseur. — Garage. — Arrangements pour familles. — Eau chaude et froide partout. — HERPIN, Propriétaire-Directeur.

Royat
HOTEL DE FRANCE ET D'ANGLETERRE
A 100 m. de l'Etablissement thermal. — Vaste jardin ombragé. — Eau courante (chaude et froide) dans toutes les chambres. — *Chauffage central*. — Ascenseur. — Bains. — Prix modérés. — Plan-tarif sur demande. — **L. COHENDY, Propriétaire**, ex-Directeur des Hôtels de la Compagnie des Wagons-Lits.

Royat
GRAND HOTEL DE LYON
Dans la plus belle situation, avec tout le confort moderne. — *Vue splendide sur toute la vallée*. — Hall. — Ascenseur. — Chambres avec eau chaude et froide courante. — Salle de bains. — Électricité. — Terrasse. — Jardin. — Garage. — Arrangements pour familles. — Téléphone 0.12. — DELAVAL, Propriétaire

Royat-les-Bains
HOTEL DE LA PAIX ET FAMILY HOTEL
Près des bains. — Belle situation. — Vaste jardin ombragé. — Appartements privés pour familles. — Salle de bains. — Appartements avec eau courante chaude et froide. — Electricité. — Téléphone 1.23. — Garage (gratis) attenant. — Prix des plus raisonnables. — Arrangements pour familles. — Mme PRADET, Propriétaire

Royat
VILLA DE FLORE
Dans un beau parc privé près l'Etablissement
Toutes chambres avec bains ou toilette eau chaude et froide
GRAND HALL-RESTAURANT-CUISINE DE RÉGIME

Royat
Visitez la GROTTE DU CHIEN
Identique à celle de Naples, au pied du Vésuve
mais bien plus vaste
A elle seule la GROTTE DU CHIEN de Royat vaut le voyage d'Auvergne

Plage de Saint-Cast (C.-d.-N.)
AGENCE BERRY
LOCATIONS ET VENTES DE VILLAS, TERRAINS
V. BERRY, Directeur Expert, Géomètre, Membre du T.C.F
Renseignements gratuits. — Ouvert toute l'année. — Téléphone n° 2 — English spoken. — Descendre gare terminus Saint-Cast-Isle. — L'agence est à 200 m. de la Gare et de la Plage.

Saint-Cyr-sur-Mer (VAR) Plage des Lecques
ENTRE MARSEILLE ET TOULON
LE GRAND HOTEL
Premier ordre. — Parc de 40 000 m. carrés de pins et mimosas en pente douce jusqu'à la mer. — *Chauffage central.* — Eau courante chaude et froide. — Pension depuis 18 francs.

Le Fayet-St-Gervais-les-Bains (H.-Savoie)
TERMINUS-HOTEL ET MÉTROPOLE
P. GILLES, Propriétaire. — Près du Parc de l'Etablissement, de la Poste et de la gare. — Vue splendide sur les glaciers du Miage. — Cuisine particulièrement recommandée. — Auto-garage. — Grande terrasse vitrée.
Même direction { Grand Restaurant, col Voza, altit. 1700 m. { *Crémaillère*
{ Buffet. Glacier de Bionnassay, altitude 2400 m. { *du mont Blanc*
TERMINUS-HOTEL, CANNES (A.-M.)

Saint-Gervais-les-Bains (Village, Cure d'air)
LE GRAND HOTEL
Admirablement situé. — Vue incomparable sur la vallée de l'Arve, la chaîne du mont Blanc et le mont Fleury. — Dernier confort. — Grandes terrasses, vaste hall. — *Chauffage central.* — Bains. — Installation sanitaire perfectionnée. — Appartements avec salon. — Salle de bain particulière et cabinet de toilette. — Ascenseur électrique. — Parc et terrasses ombragés. — Tennis. — Garage. — Fosses. — Téléphone n° 5.
Adresse : MARTIN, Le Grand-Hôtel, Saint-Gervais-les-Bains

St-Gervais-les-Bains (VILLAGE, CURE D'AIR)
MONT-JOLY PALACE
Premier ordre. — 200 chambres et salons. — Appartements et chambres avec salle de bains et cabinet de toilette. — Lavabo eau courante. — Ascenseur. — Chauffage central. — Grand parc et jardin ombragés. — Tennis ; croquet. — Le plus près de la gare du tramway du mont Blanc. G. DORIN, Propriétaire-Directeur

Saint-Jean-de-Luz
GRAND HOTEL DE LA POSTE
Exposition midi et nord. — Belle vue des Pyrénées. — Chauffage à vapeur. — Lumière électrique. — Salles de bains. — Magnifique jardin devant l'hôtel. — Prix modérés.   Mlle A. DUMAS, Propriétaire

Saint-Jean-de-Luz
GOLF-HOTEL-BEAU-RIVAGE
1ᵉʳ ordre. — Situation unique sur la mer avec panorama des Pyrénées. Le mieux exposé pour séjour d'hiver. — Appartements complets avec tout le confort moderne. — Cuisine très soignée. — Chauffage central. — Jardin. — Tennis. — Garage. — Tél. 0.40.
Changement de propriétaire, Henri SAVAGLIO

Saint-Jean-de-Luz
MODERN HOTEL
(TERMINUS-PLAGE) *Situation incomparable au centre de la Baie à côté des Bains.* Panorama splendide sur l'océan et les Pyrénées. Eau chaude et froide dans toutes les chambres. Chambres avec cabinet de toilette et W.-C. privés. Chambres avec vérandas sur la mer. Grands et petits appartements avec salon et salles de bains pour familles. Arrangements amiables. Electricité. Chauffage. Ascenseur. Garage. Plans des chambres et appartements sur demande. **HIGNY, Propriétaire**

Saint-Jean-de-Luz
HOTEL DE FRANCE
Boulevard des Pyrénées, presque en face la gare. — Chambres confortables. — Bains. — Douches. — Téléphone n° 30. — Pension depuis 12 fr. tout compris. — Restaurant. — Déjeuner, 5 fr. — Dîner, 5 fr., avec vin. — Service à la carte. — Chambres depuis 3 fr. **GÉLOS, Propriétaire.**

Saint-Jean-de-Luz
HOTEL DE PARIS ET DU PARC
Grand restaurant en face la gare
Entièrement remis à neuf. — Vue splendide sur les Pyrénées. — Golf et plage à proximité. — Electricité. — Chauffage central. — Bains. — Garage avec fosse. — Cuisine et cave recommandées. — Pension. — Arrangements pour familles et pour séjour. — Téléphone 62. — **DULOUT Fils, Propriétaire.**

Saint-Jean-de-Luz
HOTEL BEAU-SÉJOUR
Grand restaurant. — Service à la carte et à prix fixe
Boulevard Thiers au centre de la ville
Confort moderne. — Eau courante chaude et froide dans toutes les chambres. — Vue splendide de la montagne et vue de mer. — Chauffage central. — Salles de bains. — Ascenseur. — Cuisine très soignée. — Prix modérés. — **B. Delrieu, Propriétaire.**

Saint-Jean-de-Luz
AGENCE GONZALEZ
BOULEVARD THIERS
Location de Villas. — Vente de Propriétés, Terrains, Villas. Agence de la Cie internationale des wagons-lits. - Librairie-Papeterie de luxe. Adresse télégr. : Agence Gonzalez -- Téléphone : 2.25.

Saint-Malo
GRAND HOTEL de FRANCE et de CHATEAUBRIAND
PLACE CHATEAUBRIAND. Entièrement restauré en 1919. A l'entrée de la plage, vue sur la mer. Tél. : 0.89. De tout premier ordre, exclusivement fréquenté par les familles soucieuses du bien-être et de la bonne tenue. 135 chambres. - Salles de bains. Eclairage électrique - Installation sanitaire - Chambre noire - Interprètes - Auto-garage. A. C. F. - C. T. C. — Prix de pension : 15 à 20 fr. — *Même direction* Grand café restaurant Continental, déj. et dîners. Prix fixe et à la carte. Tous les concerts symphoniques

St=NECTAIRE — Albuminuries
Auvergne (Puy-de-Dôme)
Par la gare d'Issoire (P.-L.-M.) et par celle du Mont-d'Or (P.-O.)
Services automobiles. — Traitement des **ALBUMINURIES.** — *Etablissement thermal.* — Cure de buvette. — Hydrothérapie. — Affusions lombaires par les Eaux chaudes naturelles. - Sources minérales à domicile sur prescriptions médicales : Source du PARC, Source ROUGE. Eaux de table et de régime des **ALBUMINURIQUES** : Source des GRANGES, pure, limpide, légère, repose le REIN. — Principaux hôtels : des Bains Romains, du Mont-Cornadore, du Parc, de Paris. — Chauffage central. — Casino. — Parc. — Tennis. — Villas. — Lac Chambon et sa plage, châteaux de Murols, etc. — Saison du 1er mai au 1er octobre. — Pour tous renseignements, s'adresser : **Administration, 63, rue de Turbigo, PARIS.** — *Téléphone :* Archives 12.50.

Saint-Raphaël
HOTEL BEAU-RIVAGE
PREMIER ORDRE

Magnifiquement situé plein midi avec grand jardin-terrasse sur la mer. — Chauffage central. — Ascenseur. — Appartements complets avec bains et W.-C. privés. — Garages.

BRUNET, Propriétaire

Saint-Raphaël
HOTEL DE LA PLAGE

Premier ordre. — Le plus récent et le mieux situé avec grand jardin. — Terrasse sur la mer. — Chauffage central. — Ascenseur. — Appartements complets avec salle de bains et W.-C. privés. — Toutes les chambres avec cabinet de toilette, eau courante chaude et froide. — Garages.

ANDRAU, Propriétaire

Saint-Raphaël
TOURING-HOTEL
OUVERT TOUTE L'ANNÉE

Sur le port. — Plein midi. — Vue sur le golfe et les Maures. — Chauffage. — Electricité. — Bains. — Auto-garage. — Pension (prix modérés). — Correspondant du T.C.F. — Recommandé tout particulièrement aux familles.

PACQUEMANN, Propriétaire

Saint-Raphaël
HOTEL "LES ALGUES"
RESTAURANT — PENSION POUR FAMILLE

Boulevard La Corniche-d'Or. — Très recommandé. — Maison de premier ordre. — Cuisine très soignée. — Confort moderne. — Vue sur la mer. — English spoken.

E. COURDOUAN, Directeur

Saint-Raphaël
AGENCE IMMOBILIÈRE
FONDÉE EN 1880
Louis BRÉMOND, architecte-expert, Directeur

La consulter pour louer et acquérir des Villas. — Acheter des terrains admirablement situés. — Construire sur tout le littoral.

Saint-Raphaël
THE ANGLO-AMERICAN BANK

Toutes Opérations de Banque

Location et Vente d'Immeubles — Places de Luxe et Wagons-Lits

W. F. KING, Propriétaire

SAN SÉBASTIAN
(ESPAGNE)
La plus belle plage du Monde

Climat incomparable toute l'année
La mer et la montagne réunies
~~~~~~ 11 *heures de Paris* ~~~~~~
20 *minutes de la frontière française (Hendaye)*
SAISON D'HIVER, Printemps. SAISON D'ÉTÉ, Automne

Tirs aux pigeons. — Courses de taureaux, les meilleures en Espagne. — Grandes régates internationales, les plus importantes du littoral. — Concours hippique international avec des prix très importants. — Footbal. — Tennis. — Golf. — Pêche. — Tous les sports. — Centre d'excursions. — Pays splendide.

GRANDES COURSES DE CHEVAUX
Deux meetings par an : Avril-Mai et Septembre-Octobre
Un million et demi de prix

GRAND CASINO *Ouvert toute l'année*
MÊMES ATTRACTIONS QUE SUR LA RIVIERA

Orchestre de 80 musiciens. — Deux concerts par jour. — Concerts classiques. — Concerts artistiques avec les plus grands artistes. — Festivals. — Représentations théâtrales. — Grands bals cotillons. — Fêtes de nuit. — Restaurant de tout premier ordre à prix fixe et à la carte. — **OUVERT TOUTE L'ANNÉE.**

Saint-Sébastien
CONTINENTAL PALACE
Le seul avec vue sur la mer
OUVERT TOUTE L'ANNÉE — DE TOUT PREMIER ORDRE

Entièrement transformé. — La plus belle situation sur la Plage, entre le Palai Royal et le Casino. — 220 chambres, 120 avec salle de bains et cabinet de toilette. — **Ascenseurs.** — Garage. — Tél. 104. — Interprètes. — **François ESTRADE**, Prop.
Même maison : Hôtel Moderne, Grenoble

San Sébastian (ESPAGNE)
HOTEL MARIA CRISTINA
Sous le patronage de la Famille Royale
OUVERT TOUTE L'ANNÉE

Vue splendide sur la mer et les montagnes. — Superbes terrasses et galeries pour five o'clock tea. — 200 chambres et salons. — 100 salles de bains. — American-bar. — Salon de coiffure. — 2 ascenseurs. — Garage. — Auto-gare. — Téléphone 5-7-6.
Pierre LOUSTALET, Directeur

Saint-Sébastien
HOTEL DE LONDRES ET D'ANGLETERRE
SUR LA PLAGE
Veuve DUPOUY, Propriétaire

Saint-Sébastien
HOTEL EZCURRA
Sur la promenade de la Zurriola. — Délicieuse vue du Mont Ulia. — Premier ordre. — Appartements avec salle de bains. — Chauffage central. — Cuisine française très soignée. — Electricité. — Ascenseur. — Garage. — FILLES DE EZCURRA, Propriétaires.

Saint-Sébastien
HOTEL DE PARIS
Complétement transformé. Restaurant. — Calles Fuenterrabia et Principe. — Situation centrale. — Confort moderne. — Eau chaude et froide dans toutes les chambres. — Chauffage central. — Ascenseur. — Prix modérés.
I. SESMA, Propriétaire

Salles-de-Béarn (Basses-Pyrénées)
Grand Hôtel du Parc et de l'Etablissement Thermal
Hôtel de tout premier ordre, médaillé et diplômé par le Touring-Club et l'Automobile-Club de France. — Attenant aux bains et aux douches. — Eclairage électrique. — Téléph. n° 2. — Eau chaude et froide dans les chambres. — Chauffage central à eau chaude. — Appartements privés avec salles de bains et water-closets. Ascenseur.
GRANER, Propriétaire

Salles-de-Béarn
VILLA SAINT-JOSEPH
Boulevard de Paris
Maison de toute confiance pour familles, dames, jeunes filles. — Cure d'air et repos. — Chapelle. — 12 fr. 50 à 14 fr. 50. — Grand parc. — Installation spéciale pour enfants : 6 à 8 francs. Mme CURTET, Dir.

Saujon (CHARENTE-INFÉRIEURE)
GRAND ETABLISSEMENT THERMAL
Villégiature médicale, dans laquelle les malades peuvent s'isoler ou vivre en famille, avec une direction médicale constante.
Maladies nerveuses. — Maladies d'estomac. — Rhumatismes
Hydrothérapie — Massage — Electrothérapie

Tarbes
GRAND HOTEL MODERNE
Place Maubourguet. — Ascenseur. — Chauffage central. — Bains. — Electricité. — *Eau chaude et eau froide.* — English spoken. — Se habla español. — Grand garage — Prix modérés.
Jean BESQUES, Directeur

Tarbes
TERMINUS HOTEL LOUSTAU
En face de la gare, entièrement neuf. — Chambres Touring-Club. — Confort moderne. Electricité. — Téléphone 0.33. — Garage. — Petit déjeuner 2 fr. — Déjeuner 5 fr. — Dîner 5 fr. — Cuisine très soignée. — Chambres depuis 5 fr.; grand lit 2 personnes, de 6 à 8 fr. ; à 2 lits depuis 12 francs. — Correspondant du T. C. F. — Transport des bagages gratuit.
Madame Vve LOUSTAU, Propriétaire

Toulon
GRAND HOTEL
Plein midi. — Vue sur la mer. — Ascenseur. — Chauffage central. — Bains privés avec W.-C. — Appartements laqués. — A. T. C. et T. C. F. — Tarifs affichés dans les chambres. — **J. BOUILLOT**.

Toulouse
Hôtel de la Compagnie des Chemins de fer du Midi
En communication directe avec la gare. — Tout le confort moderne. — Géré par la Société des chemins de fer et hôtels de Montagne aux Pyrénées.

Toulouse
Grand Hôtel et Hôtel Tivollier
(RÉUNIS)
Rue de Metz, rue Boulbonne et rue d'Astorg. — Installation de 1er ordre, avec tout le luxe et le confort désirables. — **200 chambres et salons**. — Appartements de luxe. — Salles de bains à tous les étages et dans les principaux appartements. — **3 ascenseurs**. — Chauffage central. — Eclairage électrique. — Téléphone. — Hôtel diplômé par le Touring-Club de France. — Dans l'hôtel : postes et télégraphe. — *Garage pour automobiles, avec fosse de réparation.* — **RESTAURANT TIVOLLIER ET GRAND HOTEL**. — TOUT PREMIER ORDRE. — Service à la carte et à prix fixe. — Cuisine et cave renommées.

Toulouse
GRAND HOTEL DE PARIS
Rue Gambetta, 66 (*Capitole, centre de la ville*). — Très recommandé. — Confort moderne. — Chauffage central, etc. — Très belles chambres. — Cuisine soignée. — *Service par petites tables.* — Salle à manger vitrée. — Bonne exposition. — Hall. — Garage. — Tram. Gare-Capitole. — *Arrangements pour familles.* — Prix modérés.
A. METTEIX, Propriétaire

Toulouse
GRAND HOTEL DE LA POSTE
36-38, rue Alsace-Lorraine. — 150 chambres. — Electricité. — Ascenseurs électriques. — Chauffage à eau chaude dans toutes les chambres. — Eau chaude et froide. — Bains à tous les étages. — Salles de lecture et de correspondance. — Jardins d'hiver. — Chambre noire. — Téléphone urbain et interurbain 0.75. — *Se habla español*.
CARDON, Propriétaire

Le Touquet-Paris-Plage
AGENCE PRINCIPALE ROBERVAL
Fondée en 1886. — Rue de Paris
Location de Villas et Chalets. — Grand choix d'Appartements meublés. — Vente de terrains et propriétés. — Gérance et garde. — Renseignements gratuits et précis. — Téléphone n° 6. — Adresse télégr. : Roberval-Le Touquet-Paris-Plage. — *Location de cabines et de tentes.* — **BUZELIN-ROBERVAL**, Successeur.

Le Touquet-Paris-Plage
AGENCE PARÉ
Fondée en 1893. — Rue de Paris
Location de Chalets et Appartements. — Ventes de Propriétés et Terrains. — **RENSEIGNEMENTS GRATUITS**. — Téléphone 13.

Le Touquet Paris-Plage (Pas-de-Calais)
LA MER — LE PARADIS DES SPORTS — LA FORÊT

A 3 heures de Paris. — A 4 heures de Londres

Plage de sable fin. — Forêt de sapins de 800 hectares en bordure de la mer. — Golf. — Tennis. — Concours hippique. — Polo. — Pêche. — Chasse en rivière et en mer. — Aviation. — Canots automobiles. — Eau de source. — Gaz. — Electricité. — Casinos. — Grands Hôtels. — Nombreuses villas

Tours
HOTEL DE L'UNIVERS
TOUT PREMIER ORDRE
200 Appartements avec salles de bains et W.-C. privés
Garage. — Golf. — Tennis. — Jardin. — Téléphone 0.50
Laurent TREYNET, Directeur

Tours
GRAND HOTEL DE BORDEAUX
Sur le Boulevard en face de la Gare
Premier ordre. — Renommée universelle. — Prix réduit pour séjour. — Chauffage central. — Garage. — Téléphone 0.32. — Chambre noire. — Salles de bains. — Omn. à tous les trains. **Jules BLANC, Propr.**

Tours
HOTEL MÉTROPOLE
14, Place du Palais. — TÉLÉPH. 0.51
Entièrement neuf et pourvu de tout le confort moderne. — Eau chaude et froide dans tous les appartements et chambres. — Salles de bains. — Ascenseur. — Jardin. — Garage. Prix modérés. — Arrangements pour séjour.

Tours
HOTEL DU CROISSANT
Rue Gambetta, en face de la Poste. — Chambres et appartements confortables. — Cave et cuisine renommées. — Chauffage central. — Electricité. — Salles de bains. — Téléphone 1.93.
Maurice MARIE, Propriétaire

Tours
HOTEL DU PALAIS — RESTAURANT TELLIER
6, Place du Palais. — Face à l'Hôtel de Ville
Chambres très confortables. — Chauffage central. — Electricité. — Restaurant attenant à l'hôtel, à prix fixe et à la carte. — **Cuisine recommandée.** — Prix modérés. — Téléphone 4.47. — BRUNET, Succ.

Le Trayas (Entre Cannes et Saint-Raphaël)
RÉSERVE-HOTEL
Route de la Corniche-d'Or. — Bord de la mer. — Grand confort. Véranda restaurant. — Electricité. — Chauffage central. — Salles de bains. — Garages. — Restaurant de premier ordre. — Centre d'excursions pour l'Estérel. — Autos et voitures p. excurs. — **J. COSTE, Propr.**

Le Trayas (Entre Cannes et Saint-Raphaël)
ESTÉREL GRAND HOTEL
Dans une forêt de pins dominant la mer. — Confort moderne. — Lavabos à eau courante. — Salles de bains. — Chauffage central. — Electricité. — Billard. — Tennis. — Garage. — Voitures et mulets d'excursions. — Prix mod. — T.C.F., T.C.R., F.C.A. — GUICHARD, Prop.

Vals
GRAND HOTEL DES BAINS
Premier ordre. — Electricité. — Bains. — Garage avec boxes. — Parc. — Tennis. — Tout le confort moderne. SAINT-BONNET, Directeur.
(Voir page de garde à la fin du volume.)

Vannes
HOTEL DU COMMERCE & DE L'ÉPÉE
Rue du Mené, au centre de la ville. — Premier ordre. — Electricité. — Chauffage central. — Eau courante chaude et froide. — Appartements avec salle de bains et W.-C. attenant. — Omnibus à la gare. — *Téléphone* n° 11.
H. MENARD, Propriétaire

Vernon
Route nationale 182 (macadam), 80 kil. de Paris. Route Paris-Deauville-Rouen.
RESTAURANT DE LA TOUR DE CLAIRE
Place Chantereine, aux bords de la Seine. Jardin. *Tout 1er ordre. Cave 1er ordre. Cuisine irréprochable.* Bâtiment neuf. Grand confort. Site admirable. Chambre de luxe. Petits salons. Chauffage central. Electricité. Salle de bains. American bar. Télép. 166.
Jules DEVRON, ex-chef de chez Bignon, Paillard et Foyot (24 ans).

EN VOYAGE ou EN EXCURSION
avec quelques

COMPRIMÉS
VICHY-ÉTAT

on rend instantanément

toute boisson

ALCALINE et GAZEUSE

Dans toutes pharmacies
en flacon de 100 comprimés

VICHY

Hôtel du Parc et Majestic

400 CHAMBRES -- 200 SALLES DE BAINS
RESTAURANT

Golf – Tennis – Croquet

Thermal Palace

300 CHAMBRES -- 300 SALLES DE BAINS
RESTAURANT

Vichy
HOTEL ET VILLAS DES AMBASSADEURS

200 chambres. — Salles de bains. — Grand jardin. — Situation unique entre les deux parcs. — Le tout dernier confort. — Garage.

Vichy
INTERNATIONAL HOTEL
SUR LE PARC EN PLEIN CENTRE THERMAL ENTIÈREMENT NEUF
DE TOUT PREMIER ORDRE — FIRST CLASS
L. SOALHAT et ses Fils, Propriétaires

Vichy
ASTORIA PALACE
Hôtel de grand luxe sur le parc. — *Ouvert toute l'année.* — Appartements complets avec bains et W.-C. — Eau chaude et froide. — Toutes les chambres chauffées. — Deux ascenseurs. — Restaurant de premier ordre. — *Même maison* : Royal Hôtel Aubrac, Aveyron. — Cure d'air. — Altitude 1 430 mètres. — I. GILBERT.

Vichy
HOTEL DES PRINCES
Sur le Parc en face le Casino. — *Entièrement reconstruit et remis à neuf.* — De premier ordre. — Appartements avec salle de bains. — Chambres avec cabinet de toilette à eau courante chaude et froide. — Table d'hôte par petites tables. — Restaurant à la carte et à prix fixe. — Hall. — Ascenseur. — Chauffage central. — Téléphone 1.55. — H. COFFIGNEAU, prop., chef de cuisine l'hiver au Gd Hôtel de Cannes.

Vichy
HOTEL DE LA PAIX (Excelsior)

Sur le Parc. — En face le Casino et les Sources. — Vaste hall. — Jardin. — Ascenseur. — Electricité. — Lavabos à eau courante dans toutes les chambres. — Menus de régime pour diabétiques, dyspeptiques. — Arrangements spéciaux pour familles en mai et septembre. — **E. FLEURY**, Propriétaire

Vichy
HOTEL DE CHERBOURG
ET RESTAURANT PRINTANIA

Sur le Parc et les jardins du Casino. — Eau courante. — Pension depuis 20 francs.

Marcel PÉRIN, Directeur

Vichy
GRANDE-BRETAGNE & QUEEN'S HOTEL

Situation tranquille, dans le Parc de l'Allier, face aux bains de 1re classe
— RÉGIMES —
Pension à partir de 20 francs   **A. MURIS**, Propriétaire

Vichy
HOTEL DU NOUVEAU PARC
ex-DESFARGES

Le seul attenant à l'Etablissement Thermal de 1re classe
Rue de l'Etablissement et boulevard des États-Unis

Toutes les chambres avec cabinets de toilette, lavabos à eau courante chaude et froide. — Salles de bains. — Chauffage central. — Ascenseur. — Chambres avec salle de bain et W.-C. privés. — Restaurant. — Service par petites tables. — Régimes. — Grand jardin ombragé. — Anglais. — Espagnol. — Téléphone 1.72.

Léon PAULME, Propriétaire

Vichy
HOTEL DU HAVRE ET DE NEW-YORK

SUR LES PARCS. — En face le Casino. — Ascenseur. — Salle de bains. — Electricité. — Chauffage central. — Toutes les chambres avec cabinet de toilette et lavabos à eau courante chaude et froide. — Restaurant. — Régimes. — Table d'hôte par petites tables. — Arrangements pour familles. — Pension depuis 20 fr. suivant la situation et l'étage.   **L. THAUREAUD**

Vichy
HOTEL DE PLAISANCE ET DE BELLECOUR

Sur le Parc, près le Casino et les Sources
Situation unique sur le Parc. — Confort moderne. — Ascenseur. — Eau courante chaude et froide. — Téléphone 0.61 — Calorifère. — Restaurant avec vue sur le parc. Bonne cuisine. — Se habla español. — Prix modérés.
SERVAGNET, Propriétaire

Vichy
GRAND HOTEL D'AMÉRIQUE

Meilleure situation entre les deux Parcs, les Bains et les Théâtres
Régimes spéciaux strictement observés. — Chauffage central. — Eau courante. Ascenseur. — Tout confort moderne. — Téléphone 2-04. — **DESIGAUD et Cie**, Prop.
L'HIVER A NICE Hôtel International

Vichy
GRAND HOTEL DE LA CLOCHE
Boulev. des Etats-Unis et rue d'Angleterre. — Situé entre les deux gares. — 100 mètres du Casino et près des Sources. — Ascenseur. — Lavabos eau courante. — Salles de bains. — Maximum de confort. — Minimum de prix. — Téléphone 2.88. — De MOURGUES, Propriétaire

Vichy
HOTEL DE GRIGNAN
Place Sévigné
Près des Sources, du Parc, du Casino. — *Entièrement neuf.* — Ascenseur. — Lavabos. — Eau courante. — Salles de bains. — Garage. — Cuisine soignée. — Tables de régimes. — Arrangements pour familles. — Téléphone 3.59.   J. BOISSEAU, Propriétaire

Vichy
HOTEL DE L'HERMITAGE ET DU PONT NEUF
Square de la Marine et place Sévigné
Au centre des Sources et des Parcs, à proximité du Casino
Toutes les chambres avec cabinet de toilette et lavabos à eau courante. — Prix modérés — Electricité. — Tél. 0.74. — Garage.
B. LAFAYE Propriétaire

Vichy
GRAND HOTEL DE LONDRES
Boulevard de l'Hôtel-de-Ville. — Sur le Parc, en face le Casino et au centre des Sources. — Entièrement remis à neuf — Table d'hôte et service par petites tables. — *Tables de régimes.* — Arrangements sanitaires. — Téléphone. — Electricité. — *Depuis 14 francs par jour.* — Omnibus.   BERTHON, Propriétaire

Vichy
FAMILIAL HOTEL DES CHARMILLES
Sur les nouveaux parcs. — Boulevard des Etats-Unis, 62, 64, 66, Rue du Pont, et rue Batillat, 3 et 5. — Confort moderne. A proximité des sources et du Casino. Véritable maison de famille très recommandée. — Table d'hôte et petites tables. — Restaurant. — Régimes. — Prix depuis 13 fr. par jour, tout compris. — Electricité. — Garage. — Téléphone. — Omnibus à tous les trains.
A. TIXIER, Propriétaire, A. CAMPAN, Successeur

Vichy
HOTEL DU PALAIS
Rue du Maréchal-Foch
Près du Parc, du Casino et des Sources
CONFORT MODERNE. — PRIX MODÉRÉS
A TACHARD, Propriétaire — L'HIVER, *Hôtel de Liège*, à Nice

Vichy
HOTEL DE MENTON
En face l'entrée des Célestins, 4, Rue du Général-Gallieni. — Au centre des Sources et près du Casino. — Confort moderne. — Jardin. — Restaurant. — *Régimes.* — Cuisine renommée faite par le propriétaire. — Conditions pour séjour. — Garage. — Automobile à tous les trains. — Téléphone 1.91.   L. VIZIER, Propriétaire

Vichy
HOTEL DES ALPES
Rue du Maréchal-Foch

Maison moderne. — Recommandé aux familles. — Près des Sources, du Parc et du Casino. — Lavabos à eau courante. — Table de régime. Grand jardin. — Prix modérés. **Mme VERNET, Propriétaire**

Vichy
HOTEL DE LA POSTE

Rue de Paris, près des Sources. — Table d'hôte. — Restaurant, cuisine très recommandée, faite par le propriétaire. — Confort moderne. — Lumière électrique. — Grand jardin ombragé. — Pension depuis 11 fr. par jour, vin non compris et arrangements pour familles. **A. LEYMARIE, Propriétaire**

Vichy
HOTEL VILLA PARMENTIER

Pension de famille, avenue de la Gare, 22. — Près des Sources, à une minute du Parc et à côté de l'Eglise. — Installation sanitaire parfaite, lavabos à eau courante dans toutes les chambres. — Electricité. — Salle de bains. — Cuisine bourgeoise. — Service par petites tables. — Jardin.
CORNIL-NOILAT, Propriétaire

Vichy
HOTEL DES ARCHERS et Restaurant Parisien
Rue de Paris, 32, 34 (à 4 minutes des Sources et du Parc)
Prix modérés et spéciaux pour familles
Electricité. — Téléphone 4.44. — **G. BOUCHER, Propriétaire**

Vichy
SAVOIA HOTEL et HOTEL DU RHONE

8, Rue de Paris. — A deux minutes de la Grande Grille et du Parc. — Près le Casino. — Entièrement remis à neuf. — Lavabos à eau courante — **Cuisine recommandée.** — Service par petites tables. — Prix modérés. **ALLE-ISCHARD, Propriétaire**

Vichy
BUFFET-HOTEL DU PRINTEMPS

En face de la Gare. — Chambres hygiéniques genre Touring-Club. — Salles de bains — Electricité. — *Chauffage central.* — Terrasse et jardin. — Téléphone. — Prix modérés et arrangements pour familles. — Transport des bagages gratuit. **C. BERTUCAT, Propriétaire**

Wimereux-Plage
HOTEL MULIER

(Première station du chemin de fer du Nord entre Boulogne-sur-Mer et Calais)
(La plus réputée, au point de vue sanitaire, de tout le littoral)
Entièrement neuf; à l'angle des rues Carnot et des Anglais Confort moderne. Prix modérés. Restaurant à la carte ou à prix fixe Table d'hôte à midi et à 7 heures Cuisine et cave renommées.

IV. PAYS ÉTRANGERS
BELGIQUE

VOYAGES EN BELGIQUE

Pour préparer votre voyage de vacances
consultez le

GUIDE EN BELGIQUE

200 pages, combinaisons de billets, description détaillée, 80 photogravures, carte en 3 couleurs, plans, histoire de Belgique, hôtels

Expédié franco, contre envoi de **1 fr. 50** en timbres poste ou, de préférence, en un mandat-carte, à

M. LIBOUTON
32, rue de Richelieu, PARIS

DIRECTEUR DE L'OFFICE DES CHEMINS DE FER
ET DE LA MARINE DE L'ÉTAT BELGE

Cet Office fournit, *gratis, tous renseignements* sur les Voyages, les Transports, la Douane, les Industries belges pouvant fournir en France.

Téléphone : **LOUVRE 07-09**
Métro : **PALAIS-ROYAL**

ANVERS
GRAND HOTEL TERMINUS
En face de la gare centrale

Le plus vaste Hôtel de la ville, tout en étant de premier ordre, avec tout le confort moderne et grand jardin d'hiver. — Adresse télégraphique : *Terminus-Anvers*. — Téléphone : 2236-6290. — Cuisine très soignée. — Cave renommée. — **Prix raisonnables.**

BRUXELLES
RESTAURANT LE HELDER
« *Ancien Café Riche* », fondé en 1851
29, rue de l'Ecuyer, 29
Le premier Restaurant de Bruxelles
Cuisine et Caves incomparables
CAVALLO, Propriétaire
Même Maison à Ostende : THE PRINCESS-HOTEL, sur la digue de mer

BRUXELLES
TAVERNE ROYALE
Rue d'Aremberg et Galeries du Roi

Téléphone : 7690 à 7692. — Café-Restaurant et Tea-Room. — Cuisine de tout premier ordre. — Cave renommée. — Service à la carte et à prix fixe. — Concert de 3 h. 1/2 à 6 heures.

V. SUPPLÉMENT
Spécialités pharmaceutiques

ANÉMIE — CONVALESCENCE
Pâles Couleurs Guéries par le
FER BRAVAIS
Recommandé aux Personnes Affaiblies par la Maladie, les Fièvres, etc.
Toutes Ph¹ᵉˢ et Paris, 16, Rue de Rocroy.

---

les **MEILLEURS PRODUITS**
GRANDE PHARMACIE CENTRALE DU NORD
132 et 134, Rue La Fayette, PARIS
Service spécial pour les Expéditions rapides en Province
le **MEILLEUR MARCHÉ**

USINE A VAPEUR ET MAISON D'EXPÉDITION

Maison Aug. GAFFARD, à Aurillac

APERÇU DE QUELQUES PRODUITS SPÉCIAUX

Ayant obtenu les plus hautes récompenses dans toutes les Expositions où ils ont figuré :

Fébrifuge Gaffard, infaillible contre les fièvres paludéennes; prix 6 fr., franco. — **Pilules panchymagogues**, dépuratif au suprême degré, contre toutes les humeurs; prix 6 fr. la boîte. — **Produits des montagnes d'Auvergne** : Gland doux, Moka français, Malt-Gaffard, Cafés hygiéniques recommandés par les sommités médicales. — **Mélanogène Gaffard**, poudre pour encre noire, violette, rouge et bleue. — **Muricée phosphorée**, pour la destruction des rats et autres rongeurs. — **Spécialité d'Encens pour églises.**

Envoi de notices détaillées sur demande affranchie

Contre l'Asthme
POUDRE D'ABYSSINIE
EXIBARD
Efficacité certaine.
Soulagement Immédiat.
8, Rue Dombasle, PARIS et toutes Pharmacies.

La CÉRÉBRINE FOURNIER

147, boulevard Montparnasse  *et dans toutes les pharmacies*

Liqueur agréable, agit remarquablement contre toutes les formes de **MIGRAINES, NEVRALGIES REBELLES** et surtout contre les **COLIQUES PERIODIQUES**.
Les femmes peuvent en prendre en tout temps

FRUIT LAXATIF CONTRE **CONSTIPATION** Embarras gastrique et intestinal **TAMAR INDIEN GRILLON** — 13, Rue Pavée, Paris — Se trouve dans toutes Pharm^ies

60 ANS DE SUCCÈS
PILULES MORISON-MOULIN
Nᵒˢ 1 et 2. DÉPURATIVES — PURGATIVES

Purgatif végétal, dépuratif du sang. Guérison des Douleurs, Maladies de Foie, de l'Estomac, Hydropisie, Affections nerveuses. — **2 FRANCS.**
PILULES MOULIN sur chaque boîte. Guérissent aussi les Maladies de la Peau, Eczéma, Prurit, Hémorroïdes.
30, Rue Louis-le-Grand, PARIS, et les bonnes Pharmacies.

EN PAYS OCCUPÉ SUR LA RIVE GAUCHE DU RHIN

CE QU'IL FAUT EN SAVOIR

PAR

MARCEL REMON

> CE petit volume, écrit suivant un plan méthodique qui lui permet d'être aussi complet que concis, renferme, en moins de deux cents pages, tous les renseignements historiques, géographiques et pratiques nécessaires à qui veut connaître le grand-duché de Bade, le Palatinat bavarois, la Hesse rhénane, la Province rhénane.

UN VOLUME IN-16
BROCHÉ : **4 FRANCS**

LIBRAIRIE HACHETTE
PARIS :: 79, BOULEVARD ST-GERMAIN :: PARIS

LIBRAIRIE HACHETTE 79, bd St-Germain, PARIS

COLLECTION ARS-UNA

HISTOIRE GÉNÉRALE DE L'ART

Chaque volume de la collection ARS UNA *est spécialement consacré à l'étude de l'art d'un seul pays. D'autre part, les auteurs choisis pour la rédaction des textes jouissent près du public de la meilleure notoriété. C'est plus qu'il n'en faut pour assurer le succès de cette collection, véritable publication de luxe, qui doit figurer dans toutes les bibliothèques et que tous les touristes doivent emporter en voyage.*

Chaque vol. illustré de 4 planches hors texte en coul. et de plus de 600 grav. dans le texte, rel. toile. **15 fr.**

VOLUMES PARUS DANS LA COLLECTION :

SIR WALTER ARMSTRONG
Directeur de la National Gallery d'Irlande
Grande-Bretagne et Irlande

LOUIS HOURTICQ
Inspecteur des Beaux-Arts de la Ville de Paris
France
(Nouvelle édition, 20 fr.)

MAX ROOSES
Conservateur du Musée Plantin, à Anvers
Flandre

MASPERO
Directeur des Antiquités égyptiennes
Egypte

MARCEL DIEULAFOY
Membre de l'Institut
Espagne et Portugal

CORRADO RICCI
Directeur des Beaux-Arts à Rome
Italie du Nord

LIBRAIRIE HACHETTE 79, bd St-Germain, PARIS

Collection de Guides-Manuels Artistiques et Archéologiques

Complément indispensable des guides pratiques du voyageur, ces guides-manuels ont été réalisés dans le double but de diriger ses pas et de fixer ses souvenirs.

Celarié (Henriette) : *Un mois en Corse.* 1 vol. avec grav. et plans, in-16 mi-relié. 15 fr.

Commaille (J.) : *Guide aux ruines d'Angkor.* 1 vol. in-16, illustré de 152 grav. et de 3 plans, cart. percaline. 8 fr.

Fouchier (L. et Ch. de) : *Un mois aux Pyrénées,* 1 vol. avec gr. et pl., in-16 mi-relié 15 fr.

Gruyer (Paul) : *Huit jours à Versailles.* 1 vol. avec grav. et plans, in-16 mi-relié. 15 fr.

Maurel (André) : *Un mois à Rome,* ouvrage illustré de 152 gravures et de 32 plans. 1 v. in-16, mi-relié. 15 fr.

— *Quinze jours à Naples.* 1 vol. avec 124 grav. et 16 plans, mi-relié. 15 fr.

— *Quinze jours à Venise.* 1 vol. avec grav. et plans, in-16, mi-relié. 15 fr.

— *Quinze jours à Florence.* 1 vol. avec grav. et plans, mi-relié. 15 fr.

Reinach (Salomon), de l'Institut : *Apollo,* histoire générale des arts plastiques, professée en 1902-1903 à l'Ecole du Louvre. 6ᵉ édition revue. 1 v. in-16, illustré de 606 gravures, cart. percal. 15 fr.

Rochegude (Marquis de) : *Promenades dans toutes les rues de Paris par arrondissement.* 20 vol. in-16, cart., contenus dans un élégant étui. 40 fr.

Chaque arrondissement se vend séparément : I, II, III, IV, V, VI, VII, VIII, IX et XVI. Chaque, 2 fr. 50
X, XI, XII, XIII, XIV, XV, XVII, XVIII, XIX et XX Chaque fr. 50

Rodocanachi (E.) : *Le Capitole romain antique et moderne.* 1 vol. in-16, 47 gravures et 1 carte en couleurs, cart. percal. 5 fr.

Thédenat (H.), de l'Institut : *Le Forum romain et les Forums impériaux.* 4ᵉ édition refondue. 1 vol. in-16, avec 46 gravures et 2 grands plans, cart. percaline. 6 fr.

CORS FEUILLE de SAULE
Willow leaf corn plaster
SOULAGE de SUITE
GUÉRIT en quelques jours.

Envoi franco contre 2f 45 timbres adressés à :
MICHOTTE & GILBERT, 34, Rue de Lübeck, PARIS
2f 20 *DANS TOUTES LES PHARMACIES*

VIRESCIT ELINDO

PLUS DE 40 ANS DE SUCCÈS
POMMADE MOULIN
DERMATIQUE
DÉMANGEAISONS, DARTRES, BOUTONS, ECZÉMA, CHUTE DES CHEVEUX, PELLICULES, HÉMORROÏDES

Le pot : 4 fr. 40. Toutes pharmacies
Franco contre mandat à VIDAL et OUDOT, à MELUN

Employer en même temps comme traitement interne les Pilules Vidal-Oudot, dépuratives, calmantes. La cure de 3 boîtes, 13 fr. 20 *franco*.

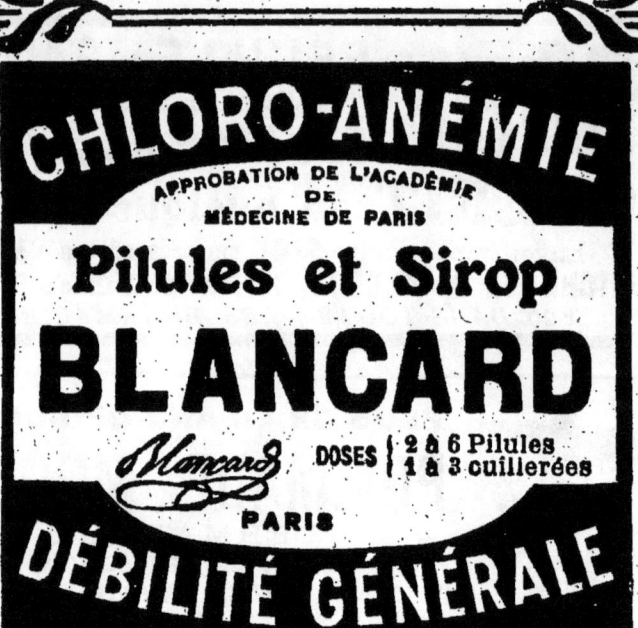

Au bord du Lac du Bourget, en Savoie, à 8 heures de Paris

AIX=LES=BAINS

Cure Thermale
célèbre dans le monde entier
pour la guérison de la goutte et du rhumatisme
Le plus beau
Centre du Tourisme dans les Alpes
Deux somptueux Casinos
TOUS LES SPORTS
GOLF — TENNIS — YACHTING

Pour renseignements et brochures écrire :
Au Comité d'Initiative, à Aix-les-Bains

Eau de table gazeuse idéale

VALS SAINT-JEAN

Dans tous les bons hôtels, restaurants et cafés

EN BOUTEILLES, 1/2 BOUTEILLES ET QUARTS

DIRECTION VALS-GÉNÉRALE
Boul. Haussmann, 53, PARIS (9ᵉ). — Téléph. 227-76

LE TOUQUET-PARIS-PLAGE
(PAS-DE-CALAIS)

LA MER — LE PARADIS DES SPORTS — LA FORÊT
à 3 heures de Paris, à 4 heures de Londres
DIGUE-PROMENADE DE 1 600 MÈTRES DE LONG
Plage de sable fin — Forêt de sapins de 800 hectares
en bordure de mer — Golf — Tennis
Concours hippique — Polo — Pêche — Chasse en rivière
et en mer — Aviation — Canots automobiles.
Eau de source — Gaz — Électricité
CASINOS — GRANDS HOTELS
NOMBREUSES VILLAS

GUIDES DIAMANT

FORMAT in 32'

BRETAGNE SUISSE
DAUPHINÉ-SAVOIE PARIS
NORMANDIE AUVERGNE
PYRÉNÉES PROVENCE

MONOGRAPHIES ILLUSTRÉES
Format in 16

Nota: *Les Monographies traduites en anglais sont soulignées*

LIBRAIRIE HACHETTE
79, BOULEV. St GERMAIN, PARIS

www.ingramcontent.com/pod-product-compliance
Lightning Source LLC
Chambersburg PA
CBHW051859160426
43198CB00012B/1678